통합교육

일반교사와 특수교사를 위한 안내서

Julie Causton · Chelsea P. Tracy-Bronson 공저 | 이효정 역

The Educator's Handbook for Inclusive School Practices

학지사

The Educator's Handbook for Inclusive School Practices

by Julie Causton Ph.D. and Chelsea P. Tracy-Bronson M.A.

Copyright © 2015 by Paul H. Brookes Publishing Co., Inc.

Originally published in the United States of America by Paul H. Brookes Publishing Co., Inc.

Korean translation copyright © 2018 by Hakjisa Publisher, Inc.

This Korean edition was published by Hakjisa Publisher, Inc. in 2018 by

arrangement with Paul H. Brookes Publishing Co., Inc. through KCC

(Korea Copyright Center Inc.), Seoul.

이 책은 (주)한국저작권센터(KCC)를 통한

저작권사와의 독점계약으로 (주)학지사에서 출간되었습니다.

저작권법에 의해 한국 내에서 보호를 받는 저작물이므로

무단 전재와 복제를 금합니다.

[역자 서문]

    통합교육의 성공은 일반교사와 특수교사에게 달려 있다. 사범대학에서 앞으로 교사가 될 학생을 대상으로 특수교육 강의를 하다 보면 통합학교란 어떤 모습이며, 그런 학교에서 필요한 통합교육교사의 교직소양은 무엇인지 고민하게 된다. 이 책은 통합교육 현장에서 만나는 이러한 고민을 함께한다. 그러나 번역을 하면서 나는 이 책의 내용이 우리가 지향하는 통합학교의 모습을 잘 보여 주지만 지금 우리의 교육현장을 생각하면 어떤 접근은 당장 적용하기에 너무 많은 장벽이 있다는 생각도 들었다.

    그럼에도 불구하고 이 책은 학교와 교사가 통합교육의 궁극적인 목적인 모든 학생의 온전한 성장과 삶의 질 증진을 위해 접근할 때 얼마나 많은 어려움이 해결될 수 있는지를 잘 보여 준다. 1990년대 이후 급증한 특수학급의 수만큼이나 확대되어 온 우리의 지난 통합교육 역사는 지금 당장 할 수 있는 것과 할 수 없는 것, 그럼에도 불구하고 해야 하는 것에 대한 끊임없는 고민의 과정이었다고 생각한다. 특히 장애아동의 부모님과 가족의 고민들은 한국의 통합학교 상황을 그대로 보여 주는 중요한 지표이다. 통합교육이 강조되기 시작한 초창기에 자녀를 상급학교로 진학시킬 때마다 특수학급 설치를 요구하며 힘들게 싸워야 했던 부모님들의 고민과 많은 장애학생이 이미 일반학교에 통합되어 있는 지금 학교에서 자녀가 겪는 학교폭력이나 지원 부족의 어려움으로 힘든 부모님들의 고민은 근본적으로 다르지 않다. 통합교육의 지향은 학교에 있는 모든 학생이 함께 배우고 연결되며, 학교를 졸업한 후에도 서로 어울려 살아가는 공동체를 만드는 데 있다. 이 책을 번역하면서 그동안 만났던 많은 장애학생과 부모님 및 가족의 고민이 결코 우리만의 문제가 아니라는 것을 새삼 느꼈다. 그리고 다양한 경로에서 만난 통합교육 현장의 교사와 관련 전문가 그리고 가장 어렵고 중요한 곳에서 학생을 보조해 주시는 분들의 이야기가 이 책에는 모두 잘 담겨 있다고 생각했다.

이 책의 저자는 서문을 통해 '전통적이고 낡은 특수교육 서비스 지원을 중단시키고자' 이 책을 썼다고 과감히 말한다. 전통적인 학교체계와 낡은 특수교육 지원이 오히려 통합교육의 걸림돌이 되는 것을 목격하는 시대가 된 것이다. 그나마 위안이 되는 것은 통합교육 환경이 우리보다 나을 것이라 생각했던 미국에서조차 통합교육은 꽤나 어려운 일이자 과정이라는 점이다. 대부분의 장애학생이 통합되어 있는 미국에서도 통합교육의 실제는 여전히 분리된 특수학급 지원의 확장 수준에 머무는 경우가 많기 때문이다. 하지만 이 책은 학교교육의 일부로서 '특수교육'이 아닌 '통합 특수교육'이 지향하는 바를 분명히 한다. 이것은 모든 학생을 위한 학교교육이 결국 통합교육과 동의어임을 명확히 하고, 일반교사와 특수교사가 서로 내용전문가와 교수를 지원하는 전문가로서 협력하는 동료이자 한 팀의 구성원임을 강조한다. 또한 이 책은 특수교육을 일반교육과 구분되는 별개의 교육이 아닌 학교에서 제공되어야 하는 '교육지원의 하나'로 바라보는 접근이다. 통합교육은 학교문화임을 강조하는 저자들의 이러한 접근은 현장에 대한 연계와 지원의 특성에도 고스란히 담겨 있다.

이 책을 번역하면서 가장 어려웠던 점은 저자가 다분히 의도적으로 사용하고 있는 '사람이 먼저인 언어(people first language)'에 적합한 우리말 번역에 대한 고민이었다. 한자어를 사용하는 우리말의 특성상 장애가 있는 사람을 지칭하는 말은 어떻게 번역해도 결국 '장애'가 먼저 등장한다(예: 장애가 있는 사람, 자폐성장애를 가진 학생). 뜻과 의도를 그대로 전하는 것도 중요하지만 핵심은 우리가 사용하는 용어가 사회적으로 어떤 가치를 지니는가에 있다는 점을 생각하며, 적절한 용어로 번역하기 위해 노력하였다. 그리고 이러한 저자의 의도와 접근이 잘 전달될 수 있도록 필요한 설명은 역자 주를 통해 추가하고자 하였다.

　이 책이 통합교육 현장에서 힘들지만 올바른 방향으로 묵묵히 나아가고 계신 특수교사와 일반교사, 그러한 교사들과 함께 성장하고 있는 장애학생을 포함한 모든 학생과 가족 그리고 좋은 교사가 되기 위해 준비 중인 예비교사에게 작지만 분명한 도움이 되기를 바란다. 이 책이 나오기까지 많은 도움을 주신 분들께 감사드리며, 특히 내가 존경하는 교사이자 소중한 친구로서 많은 조언과 함께 이 책을 세심히 검토해 준 조영미 선생님께 고마움을 전한다. 또한 이 책의 시작부터 편집, 출간에 이르기까지 함께해 주신 학지사 소민지 선생님과 박지영 선생님께도 감사드린다.

2018년 9월
역자 이효정

[추천사]

통합교육 분야에서 일하기 시작한 후로 나는 인간의 잠재력과 다양성에 대한 나의 사고방식을 영원히 변화시킨 세 명의 학생과 그 가족을 만났다. 나는 이 추천사를 통해 세 가지의 주요 이유를 말하면서 그 세 학생의 이야기를 하고 싶다. 첫째, 30년 전에 배운 교훈이 무엇인지 역사적으로 돌아보고 그러한 교훈들을 어떤 곳에서는 여전히 배우고 있다는 것에 주목하는 게 중요하다. 둘째, 통합교육의 기본원리는 장애가 있는 개인들의 인생 경험을 반드시 존중해야 한다는 것이다. 장애인과 가족들은 통합교육이 그토록 중요한 이유에 대한 가장 열정적인 지지자들이며—그들은 '직접적인 이해관계'가 있다—통합교육이 성공하도록 도울 수 있는 전략을 공유할 수 있다. 세 번째로, 나는 이 이야기들이 책을 읽는 여러분에게 영감을 주고, Julie Causton과 Chelsea P. Tracy-Bronson이 이 책에서 나누고 있는 전략들을 여러분이 실행에 옮기기를 희망한다. 여러분은 통합교육에 대한 실제적인 조언을 구하려고 인터넷을 검색하는 데 시간을 들이거나 많은 돈을 들여 학회나 워크숍에 참여하지 않아도 된다. 이 책은(그리고 앞서 나온 다른 책들도) 모든 교육자, 행정가, 보조인력, 관련서비스 전문가의 서재에 있어야 할 필독서이다.

조슬린

　조슬린 커틴은 자신의 지역사회 초등학교 일반학급에 통합되어 있던 4학년 학생이었다. 조슬린은 똑똑하고, 열정적이었으며, 일생 동안 자신에게 도움을 줄 친구를 사귀는 능력이 있는 매력적인 학생이었다. 조슬린의 교육팀은 어떻게 하면 그녀가 일반학급에서 일반교육과정에 좀 더 적극적으로 참여할 수 있을지 나에게 도움을 요청해 왔다. 조슬린은 레트증후군이 있었고 그 시점에는 표정과 눈동자 움직임을 통해서만 의사소통을 할 수 있었다. 나 또한 조슬린의 교육팀이 좀 더 근본적인 문제들로 어려움을 겪고 있다는 것을 알 수 있었다. 왜 일반학급에 이처럼 심한 장애가 있는 학생이 있어야 하는가? 학업 내용이 분명히 조슬린의 현재 이해수준보다 훨씬 높은데 학생이 과연 어떻게 할 수 있을까? 하루 동안 해당 학급을 관찰한 후 나는 조슬린의 교육팀을 만나 조슬린의 통합교육이 그녀가 비장애학생들과 의미 있는 관계를 발전시키는 데 얼마나 도움이 되는지에 대해 열정적인 강연을 하였다. 또한 교육팀에게 조슬린의 참여를 위해 "학급 전체가 아즈텍, 잉카, 마야 문명에 대해 공부할 때 조슬린은 보조교사와 함께 각설탕으로 피라미드를 만들 수 있습니다."와 같은 몇 가지 아이디어를 주었다. 정말 괜찮은 조언이라고 생각했다! 조슬린은 학습 단원과 관련된 일을 하며 동시에 수 세기와 소근육 운동 기술을 익힐 수 있지 않은가! 그때는 조슬린이 더 많은 것을 할 수 있을 것이라 생각하지 않았으며, 그녀의 협동학습 팀원들과 함께 여러 문명이 현대 공학기술에 공헌한 내용을 조사하기 위해 공부하거나 마야문명에 대해 포스터 발표 정도를 할 수 있으리라 생각했다.

　효과적인 의사소통 체계가 부족함에도 불구하고 조슬린은 통합학급에서 잘해 냈다. 또한 그녀는 평생친구를 많이 사귀었고, 모델링을 하고, 지역사회 극장에서 자원봉사를 하였으며, 미국에서 고등학교 졸업식에 첫 번째로 참여한 중도장애 학생(students with significant disabilities) 중 한 명이었다. 그녀의 중학교 시절에 대한 다큐멘터리 영화 〈우정의 목소리(Voice of Friendship)〉(Martin, Tashie, & Nisbet, 1996)

는 세계적인 호응을 얻었다. 조슬린이 20대일 때 몇 년간 뉴햄프셔대학교에서 통합교육 기초 과목을 나와 함께 가르쳤다. 학생들의 강의평가를 생각할 때마다 나는 웃곤 한다. 말하자면 강의평가의 핵심은 다음과 같다. "저희는 셰릴 선생님으로부터 연구와 교수전략에 대해 배웠습니다만, 조슬린 선생님은 장애인과 통합교육에 대한 저희의 사고방식을 바꾸는 데 기여하셨습니다." 조슬린은 20대가 되어서야 마침내 의사소통 도구를 갖게 되었으며 우리가 초기에 인정했던 것보다 그녀는 사실 훨씬 더 많은 것을 알고 있었다는 것이 드러났다. 우리는 그녀가 중앙아메리카 원주민 사회의 역사와 문화에 대해 학습할 때 그저 각설탕 피라미드를 쌓게 하는 것보다 더 많은 것을 기대하고 지원했어야 했다. 오늘날 자신의 집을 소유하고 있는 조슬린은 이제 30대 초반에 들어섰으며, 여전히 지역사회 공연활동에 참여하고 있고, 넓은 친구관계를 맺고 있으며, 사랑하는 사람들이 있다.

한때 내가 했던 생각과 지금 알고 있는 것

조슬린을 만나기 전에 나는 장애가 심한 학생은 분리된 학급이나 지역사회 환경에서 가르치는 기능적 기술에 기초한 특별교육과정이 필요하다고 생각했다. 지금 나는 학생들이 자신들의 학교 공동체의 완전한 일부가 됨으로써 학교 일과를 통해 정말 중요한 기능적 기술(예: 테이블 세팅하기보다는 친구의 생일 기억하기)을 배울 수 있다는 것을 안다(Shapiro-Barnard et al., 1996). 한때 나는 심한 장애가 있는 학생들은 결코 진정한 친구를 가질 수 없을 것이며, '자신과 같은 이들'과 함께 있는 것이 필요하다고 생각했다. 지금의 나는 우리가 장애학생과 비장애학생을 서로 떼어 놓는 태도와 제도적 장벽을 처리할 때 모든 학생이 진정한 친구를 가질 수 있다는 것을 알고 있다. 마지막으로, 나는 한때 일반교사는 장애가 심한 학생들을 가르치기 위한 기술이 없다고 생각했다. 이제 나는 장애가 심한 학생이 일반학급에 통합되었을 때 그 학생의 교육팀에 있는 모든 구성원이 자신들의 전문성을 제공하게 되며, 일반교사 혼자서 모든 일을 해야 하는 것이 아니라는 것을 안다. 장애학생에게 효과적인 교수란 비장애학생에게 하는 교수와 다르기보다 오히려 더 유사하기 때문에 훌륭한 일반교사는 장애학생에게 줄 것이 더 많다. 통합교육은 다음과 같은 급진적인 생각의 전환에 대한 것이다. 모든 학습자는 능력이 있으며 가치 있다는 믿음, 사회적 관계와 우정을 지원하고자 하는 열의, 창의적으로 문제를 해결하기 위한 헌신 말이다.

앤드류

나는 자녀의 통합교육을 위한 부모의 권리 옹호 강화를 위해 계획된 '정책입안의 동반자들(Partners in Policymaking)'이라는 뉴햄프셔 리더십 과정에 참여한 어머니 베스를 통해 그녀의 아들 앤드류 딕슨을 처음 만났다. 앤드류는 일생을 통해 다양한 명칭—뇌성마비, 주의력결핍 과잉행동장애, 자폐증, 엔젤만증후군—을 얻었는데, 나는 앤드류가 친절하며, 호기심 많고, 에너지가 넘치며, 매우 고집이 세고, 대부분 집에 있으며, 가족들과 오는 여름캠프 때에는 주로 물가에 있다는 것을 알게 되었다. 리더십 과정이 끝날 무렵 베스는 앤드류를 위한 그녀만의 삶의 질을 회복했고 통합교육 최상의 실제를 배웠으며, 옹호하기와 지역사회 조직화에 대한 기술을 숙달하였다. 그녀는 앤드류를 장애전담 어린이집에서 완전통합 유치원으로 전환하는 계획을 다루기 위한 개별화교육회의에 나를 초대했다. 아! 그 회의장으로 걸어 들어가 준비된 보고서와 평가서 더미가 쌓여 있는 탁자 주위로 둘러앉은 21명의 전문가를 보았을 때 나를 압도하던 그 공포감은 아직도 기억한다. 내가 그 회의에 얼마나 기여했는지는 확실하지 않지만 베스의 침착한 결정은 승리를 거두었고 교육팀은 앤드류가 일반 유치원에 등록하는 데 동의했다. 조슬린과 마찬가지로 통합학급에서 잘해 낸 앤드류는 자신의 고등학교에 있는 회원제 동아리의 활동적인 구성원이었으며 자신의 열여덟 번째 생일이 지난 직후 졸업해 몇 개의 대학수업을 들었다. 오늘날 앤드류는 자신의 집에서 자신을 지원해 주는 조건으로 무료 숙박을 제공받는 룸메이트와 함께 살며, 뉴햄프셔 중심 지역에서 밴을 타고 이동하면서 문서파쇄 관련 사업을 운영하고 있다.

한때 내가 했던 생각과 지금 알고 있는 것

앤드류를 만나기 전 나는 의사소통과 이동에 심각한 어려움이 있는 학생은 이러한 결함을 해결하고 능력을 최적화하기 위한 집중적인 일대일 치료가 필요하다고 생각했다. 이제 나는 장애학생이 어떤 선수기술을 얻거나 혹은 통합되기 위해 '정상'이 될 필요가 없으며, 이들이 자신의 장애정체성을 포용할 권리가 있다는 것을 안다(Giangreco, 1996; Hehir, 2005). 학생의 어려움에 대한 교정에만 초점을 두는 대신 언어, 작업 및 물리 치료사들은 통합학급과 기타 자연스러운 학교 활동에서 학생의 완전한 참여를 촉진할 수 있으며, 이러한 학생들이 고등학교를 떠나 통합된 지역사회에서의 직업과 대학을 준비하는 데 필요할 학업 및 기능적 성과에 초점을 둔다.

제프

내가 제프 윌리엄슨과 그의 어머니 재닛을 만난 건 1980년대 말로, 재닛이 그 지역 고등학교 일반학급에 제프를 통합시키기 위해 싸우고 있을 때였다. 제프는 뇌성마비가 있고, 휠체어를 사용하며, 타이핑 지원을 통한 의사소통을 하고 있었다. 그는 풍자적인 유머감각이 있으며 사람들과 어울리는 것을 정말 좋아하는 이로, 국내와 해외 여행을 즐긴다. 유치원부터 중학교 때까지 제프는 공립학교의 분리된 특수교육 건물에서 전일제 특수교육을 받았다. 중학교에서 제프는 자신의 교육 프로그램에 대한 심각한 불행감과 의사소통 수단이 없다는 것에 대한 좌절감을 자신의 행동을 통해 표현하기 시작했다. 이러한 행동들은 그를 고등학교 일반학급에 통합할 수 없다는 주요 근거가 되었다. 해당 고등학교는 좀 더 복잡한 지원 요구가 있는 학생을 받아 본 적이 없고 일반학급은 더욱 그러하기 때문이었으며, 또한 학교 측에서는 제프가 학교폭력을 당할 것이라는 우려도 하였다. 그러나 일단 제프가 일반학급과 비교과수업에 통합되자 강력한 또래지원 모임이 생겼고, 그를 둘러싼 사람들은 그가 역량이 있다고 추정해 주고, 의사소통할 권리를 지원하였다. 그러자 제프는 완전히 다른 사람이 되었다. 진정한 제프—재미있고, 풍자적이며, 탐구심 많고, 사랑스러운—가 나타난 것이다. 조슬린과 앤드류처럼 제프는 현재 자신의 집에서 그가 면접을 보고 감독하는 돌봄지원 제공자와 함께 살고 있다. 그는 지역사회에서 다양한 직함을 갖고 있으며, 여행에 대한 자신의 열정을 위해 돈을 쓴다.

한때 내가 했던 생각과 지금 알고 있는 것

제프를 만나기 전 나는 어떤 학생의 행동은 일반학급에 너무 방해가 될 뿐이라고 생각했다. 이제 나는 소속감에 대한 학생의 욕구, 감각 지원, 의사소통의 수단이 충족되었을 때 일반학급에서 그들의 행동은 분리된 특수학급에서의 행동보다 대체로 훨씬 좋아진다는 것을 안다. 한때 나는 통합교육이 초등학교에서는 적절하지만, 고등학교에 갈 때 즈음에는 그들이 지역사회 환경에서 학습해야만 한다고 생각했다. 이제 나는 장애학생이 장애가 없는 자신의 또래들과 나란히 학년을 보내면서 성장해야 하고, 12학년 동안 일반교육과정에 접근해야 한다는 것을 안다. 이들은 자신의 비장애 급우들과 나란히 방과후 학교, 여름방학 아르바이트, 자원봉사, 지역사회봉사, 협동학습의 기회를 통해 지역사회 학습 경험을 해야 한다. 심한 장애가 있는 학생들은 18세 즈음 졸업식에 참여한 후 21세 혹은 학교를 떠나야 하는 나이가 될 때까지 중등이후교육, 진로개발, 지역사회 생활에 초점을 둘 수 있다.

나는 장애가 심한 학생들은 자신의 다름으로 인해 급우들에게 놀림을 받거나 괴롭힘을 당할 것이라 생각했다. 이제 나는 이러한 괴롭힘과 학교폭력이 학교문화 및 분위기와 관련된 더 큰 문제의 증상이라는 것을 안다. 일반교육에 통합된 장애학생이 분리된 특수학급에만 있을 때보다 더 놀림이나 괴롭힘을 당할 것이라는 증거는 없다. 사실 문화, 언어, 장애에 있어 다양성이 있는 급우들과 함께 학습하는 것은 일반적으로 다양성에 대한 좀 더 긍정적인 태도를 촉진한다는 것을 보여 주고 있다.

요약

저자인 Julie와 Chelsea가 쓴 이 책을 다 읽은 후, 나는 학생과 그들의 가족, 친구들로부터 내가 배운 여러 교훈을 깨달았고, 통합교육교사들은 저자들이 이야기한 내용과 정확히 일치하고 있었다. 이 책에서 이러한 교훈들은 어디에 살든, 학교 크기나 예산 혹은 학생의 독특한 특성이 어떠하든 상관없이 폭넓게 적용 가능한 실제적인 교육전략으로 바뀌었다. 나는 이 책이 여러분을 좀 더 열정적이며, 자신감 있고, 협력적이면서 창의적인 통합교육교사가 되게 하는 데 도움을 주리라 확신하며, 여러분의 여정에 행운을 빈다.

통합교육 자문가
뉴햄프서대학교 부속 장애연구소 겸임교수
Cheryl M. Jorgensen, Ph.D.

참고문헌

Giangreco, M. (1996). "The stairs didn't go anywhere!" A self-advocate's reflections on specialized services and their impact on people with disabilities. *Physical Disabilities: Education and Related Services, 14*(2), 1-12.

Habib, D. (Producer). (2009). *Including Samuel*. Durham, NH: Institute on Disability, University of New Hampshire.

Hehir, T. (2005). *New direction in special education: Eliminating ableism in policy and practice.* Cambridge, MA: Harvard Education Press.

Martin, J., Tashie, C., & Nisbet, J. (Producers). (1996). *Voices of friendship.* Durham, NH: Institute on Disability, University of New Hampshire.

Shapiro-Barnard, S., Tashie, C., Martin, J., Malloy, J., Schuh, M., Piet, J., & Lichtenstein, S. (1996). *Petroglyphs: The writing on the wall.* Durham, NH: Institute on Disability, University of New Hampshire.

[저자 서문]

구성원 중 누구 하나라도 배제하는 공동체는 공동체가 아니다.

— Dan Wilkins

창의적인 통합교육교사가 핵심이다

우리가 뉴욕에 있는 어느 초등학교 2학년 학급에 들어갔을 때 이젤 근처에 있는 카펫 위에서 비명을 지르고 있던 마크라는 이름의 다운증후군이 있는 작은 소년을 만났다. 그는 근처에 누가 오든 발로 찼으며, 완전히 화가 나 있었다. 그 학급에 있던 다른 학생들은 음악수업을 위해 한 줄로 서 있었는데 누구 하나 거의 관심을 주지 않았다. 마치 마크와 그 상황을 받아들이고 있는 듯했다. 한 학생이 마크를 바닥에서 떼어 내려고 했다. 그 학생은 마크 옆으로 가서 무릎을 굽히고 팔을 뻗으며 말했다. "자…… 나랑 같이 음악수업에 가자." 그러나 이때까지도 마크는 너무나 흥분해 있었다. 일련의 일은 마크가 발로 찬 이젤이 넘어지고 그 학급에 있던 모두가—

특히 마크가—놀란 후 극적으로 종결되었다.

　우리는 마크의 교육팀으로 합류해 수업 간 이동(예: 미술, 음악, 점심, 기술, 도서관을 오가는 이동이 있는 수업)을 지원해 달라는 요청을 받았다. 우리는 약 두 달간 마크의 팀과 일하면서 교사, 치료사, 보조인력이 실행할 수 있는 아이디어와 제안 사항을 제공했다. 이러한 제안에는 그림일정표, 이동 파트너, 심리적 안정감을 주는 물건, 타이머, 시각적 촉진이 포함되었다. 그러나 우리가 최선의 노력을 했음에도 불구하고 수업 이동 시 문제는 계속되었다. 마크는 자주 당황하였으며, 많은 중재와 전략에도 불구하고 때로는 카펫 위를 웃으며 구르거나 일어나기를 거부하였다. 모든 팀원은 마크에게 이동이 심각한 불안의 요인이라는 것을 확신했다. 두 달 후 그리고 몇 번의 협력회의 후에 팀의 한 교사가 이렇게 제안했다. "혹시 마크에게 열쇠를 줘 보면 어떨까요?" 그녀는 설명했다. "정말로요. 만약 우리가 교실을 떠날 때마다 마크에게 교실을 잠그도록 도와 달라고 부탁해 보면 어떨까요? 그런 다음 돌아올 때 마크에게 빨리 가서 교실 문을 열 수 있게 서두르라고 부탁할 수 있잖아요." 팀은 이 새로운 전략을 시도해 보기로 했다.

　네 달 후 우리가 미술실에서 교실로 돌아가는 이동시간에 마크를 관찰했을 때 학생들은 미술실에 줄을 서 있었다. 마크는 자신의 붓을 헹구고 있었다. 마크의 친구인 마리사는 이렇게 물었다. "마크, 네가 열쇠를 가지고 있지?" 마크는 대답했다. "응." 그러고는 정말로 미술실의 줄 서기에 합류하기 위해 뛰어갔다. 그 반 학생들이 복도를 걷는 동안 마크는 급우들을 계속 재촉했다. 마크는 교실 문을 열어 주면서 자신 있게 서서 웃었으며, 꽤 자랑스러워 보였다. 급우 중 한 명이 일상적인 말처럼 "고마워, 마크."라고 하며 교실로 들어갔다. 마크는 열쇠를 열쇠걸이에 걸었고 다음 읽기 수업시간을 위해 카펫에 앉으려고 활기차게 걸어갔다.

　이토록 달라지다니! 얼마나 멋진 아이디어였나! 교사들이 스스로 어떤 질문을 했는지에 주목해 보자. '어떻게 하면 우리가 마크를 가장 효과적으로 교육할 수 있을까? 어떻게 하면 마크가 우리 공동체의 가치 있는 구성원이라는 것을 우리가 확신할 수 있을까? 마크가 자신의 존엄성을 유지하도록 도우면서 그의 행동을 효과적으로 지원할 수 있는 창의적인 아이디어는 무엇일까?' 또한 이들이 묻지 않은 질문에 주목해 보자. '우리가 시행할 수 있는 행동 프로그램 유형은 무엇인가? 마크가 여기 소속되어 있기는 한가? 그가 교육받을 수 있는 다른 장소는 없는가? 그와 함께 일할 수 있는 다른 사람은 없는가?' 창의적인 통합교육교사는 옳은 질문을 하며 그들은 통합교육의 성공과 실패의 열쇠이다. 통합교육의 성공은 일반교사와 특수교사에게 달려 있다. 학생이 얼마나 잘 통합되는가는 교사의 의지, 창의성, 인내, 지속적인 반성, 점진적 변화, 협력하려는 노력 그리고 기술이다.

통합교육에 대해

단 하루도 우리가 통합교육에 대해 생각하지 않고 지나가는 날은 없다. 우리 둘 다 우리에게 가르치는 특권을 준 놀라운 학생들을 생각하면서 그들이 우리에게 얼마나 좋은 '선생님'이었는지를 상기했다. 그들은 우리에게 모든 사람은 소속될, 친구를 가질, 매력적인 교육과정을 가질, 매우 효과적인 교수를 받을 권리가 있다는 것을 가르쳤다. 모든 사람은 존엄하며, 다정하고 존중하는 지원을 받고, 학습은 학급의 일부라는 기분과 친밀하게 연결되어 있다는 것을 경험을 할 권리가 있다. 모든 학생은 따뜻하고 환영하는 장소에서 지원을 제공받아야 마땅하다. 이런 일들이 더 많아질수록 우리는 실질적인 학습을 위한 환경을 더 많이 만들 수 있다. 그러므로 이것은 소속된 자를 위한 소속감을 만드는 일이 아니다. 이는 연대감, 학업과 사회적 성장을 위한 길을 닦는 것이다. 그러므로 이 책은 온화하고 존중하는 방식으로 장애학생을 통합하려는 일을 하는 일반교사와 특수교사, 기타 교육팀의 구성원을 위한 안내서로 설계되었다.

이 책의 구성

처음 세 장은 이 책의 나머지 부분을 위한 맥락을 제공한다. 1장은 교사의 역할에 초점을 둔다. 2장은 통합교육에 대한 배경을 제공한다. 3장은 특수교육에 대한 정보를 제공한다. 이 앞부분의 내용은 이 책의 나머지 부분을 좀 더 효과적으로 해석하는 데 필수적인 기초를 제공한다. 4장은 교사가 학생에 대해 다시 생각하는 것을 돕도록 고안되었다. 4장에서 우리는 교사들이 모든 학생에게 좀 더 효과적으로 다가가고 가르칠 수 있도록 강점과 능력의 렌즈—부정적인 요소들에 대해 재고해 보도록 하는—를 통해 학생을 바라보게 한다. 5~8장은 특정 전략에 관한 것으로 협력, 학업지원, 행동지원, 사회적 지원에 초점을 둔다. 이러한 특정 전략에 관한 장에서는 학교에서 즉시 적용할 수 있는 아이디어를 제공한다. 9장은 보조인력을 어떻게 하면 가장 효과적으로 활용하고 감독하는지에 초점을 두고 있다. 10장은 자기돌봄과 문제해결에 관한 것이다. 우리의 학교체계에서 매우 도전적이고 가장 복잡한 문제해결이 요구되는 학생을 가르치는 일은 결코 쉽지 않다. 따라서 여기서는 교사들이 학생에게 최선의 교육을 제공하기 위해 교사 자신을 어떻게 돌볼 수 있는지에 대한 유용한 아이디어를 주고자 했다.

이 책은 누구에게 유용한가

점점 더 많은 학교가 통합교육을 지향하면서 교사는 그 최전선—수업을 계획하고, 학급 공동체를 조성하며, 교육과정과 또래에 대한 접근을 지원하거나 거부하는 결정을 매일 하는—에 있기 때문에 성공을 위한 가장 핵심 요인이 된다. 일반교사와 특수교사 모두의 역할은 변하고 있으며, 이 책은 최신의 통합교육 지원을 보여준다. 또한 이 책은 전통적이고 낡은 특수교육 서비스 지원을 중단시키고자 한다.

이러한 작업은 제거와 교정(remove-and-remedial)의 철학에서 벗어나 장애학생의 통합을 촉진한다. 비록 이 책이 일차적으로는 통합학급에서 학생을 지원하는 것에 대해 더 배우기 원하는 교사를 위한 것이지만, 통합학교 공동체에서 학생의 지원팀 으로 함께하고 있는 학교행정가, 관련서비스 종사자 그리고 부모가 이 책을 읽는 것 역시 중요하다.

- 현장교사와 예비교사: 이 책은 교육실습생 혹은 초·중등학교 환경의 통합학 급에서 가르치기를 희망하는 사람들을 위해 특별히 쓰였다. 그러나 교육대학 이나 사범대학에 있는 학생에게도 적합하며, 이 현장(예: 개별화교육계획, 법적 장애유형, 법적 부분)에 낯선 사람들에게도 유익하도록 자세히 설명되었다.
- 일반교사와 특수교사: 이 책은 여러분, 바로 교사를 위해 쓰였다. 우리는 일반 교사와 특수교사 모두에게 힘을 실어 주는 것을 목표로 이 자료를 만들었다. 여러분이 초등학교에 있는 일반교사이든 중학교 수학교사 혹은 고등학교 생물 교사이든 이 책은 여러분, 바로 초·중등교육 환경에 있는 일반교사를 위해 계 획되었다. 또한 이 책은 통합교육에서 조금은 다른 역할을 하는 특수교사를 위 해 작성되었다. 이 책은 장애학생을 교육하는 특수학급이나 전일제 특수학급, 특수학교를 포함해 현재 다양한 교육적 배치환경에 있는 특수교사와 통합환경 에서 특수교육 서비스를 전달하는 특수교사를 위한 것이기도 하다. 이 책은 통 합학급에서 모든 학생을 가르치기 위한 여러 접근, 전략, 제안을 알아보기 때문 에 협력교수팀이 내용을 함께 읽고 논의하는 것은 대단히 유익하다. 우리는 교 육팀들이 전문가 연수 혹은 독서모임 형태로 최대한 토론해 볼 것을 권한다.
- 장애학생의 부모: 부모는 이 책에서 통합교육을 위한 최상의 실제를 이해하는 데 도움을 얻을 수 있다. 부모에게 이 책은 자녀와 일하는 교사들을 위한 적절 한 연수와 지원이 확보되도록 하는 자원이 될 수 있을 것이다.
- 전문가 연수 담당자: 이 책은 장애학생을 위한 교육을 제공하는 데 가장 최신의 접근과 자원을 제공하며, 모든 전문가 연수 혹은 교육팀 연수에 매우 적합하다.

통합학교 실제를 위한 교사 핸드북

- 『통합학급에서의 효과적 지원을 위한 보조인력 핸드북(The Paraprofessional's Handbook for Effective Support in Inclusive Classrooms)』(Paul H. Brookes Publishing Co., 2009)
- 『통합학교를 이끄는 학교장 핸드북(The Principal's Handbook for Leading Inclusive Schools)』(Paul H. Brookes Publishing Co., 2014)
- 『통합학교 실제를 위한 작업치료사 핸드북(The Occupational Therapist's Handbook for Inclusive School Practices)』(Paul H. Brookes Publishing Co., 2014)
- 『통합학교 실제를 위한 언어병리학자 핸드북(The Speech-Language Pathologist's Handbook for Inclusive School Practices)』(Paul H. Brookes Publishing Co., 2014)

앞의 책들은 서로 연계해 함께 사용하도록 설계되었다. 물론 여러분은 이 책을 혼자서도 읽을 수 있다. 이 책은 여러분의 업무를 즉시 향상시킬 전략과 아이디어로 가득하다. 하지만 우리는 학교팀이 지식을 공유하고, 각 전문가의 관점과 역할에 대해 좀 더 배울 수 있도록 핵심 교육전문가들이 집단으로 모여 이 책을 함께 읽는 것 역시 유익하리라 생각한다. 이 책은 의도적으로 다른 교재들과 같은 제목과 정보를 포함해 동일한 방식으로 구성하였으며, 매우 다른 관점과 시각도 포함하였다. 통합환경에 있는 모든 학생을 지원하기 위해 교육팀이 협력적으로 일함에 따라 이와 같은 책들이 현재 현장에서 함께 활용되고 있다.

[일러두기]

• 인명 표기

사례에 등장하는 인물의 이름은 외래어 표기법에 따라 모두 한글 표기하고, 참고 문헌이나 인용된 인명은 모두 원어로 표기하였다.

• 용어 표기

원서에 팀(team)으로 표현된 내용은 맥락에 따라 학령기의 경우 '개별화교육지원 팀' 혹은 '교육팀'으로, 성인기는 '지원팀'으로 번역하였다.

• 각주 표기

이 책의 모든 각주는 역자 주이다. 역자가 추가한 설명이나 보충 자료는 모두 각 주 처리하였다.

• 법령 표기

미국 법령은 원서 그대로 표기하였다. 예를 들어, '20 U.S.C. §1400[c]'는 특정 조 문의 인용 표기로 '연방법 제20편 1400조의 c'라고 읽는다. 이때 U.S.C.는 연방 법률 을 묶은 미국법전(United States Code, U.S. Code, U.S.C.)을 의미하며, 총 50개 주제에 따른 편(Title)과 장(Chapter), 조(Section, '§'로 표기)로 구성되어 있다.

[차례]

Chapter 1 일반교사와 특수교사   29

일반교사와 특수교사

놀라운 통합교육교사 변신 기계

작년에 마샤 선생님과 나는 서로 다른 학급에서 일했습니다. 마샤 선생님은 복도 끝 쪽에서 특수교육 대상학생을 가르쳤고 나는 4학년을 가르쳤습니다. 우리는 서로 교직원 회의 때나 보았으며 등사실에서 가끔 마주치는 정도였습니다. 그러나 지금 우리는 매일 학교에서 거의 절반의 시간을 함께 가르치면서 보냅니다. 그리고 우리는 정말 많이 함께 계획합니다! 협력교수는 좋은 점이 너무 많습니다. 대부분은 특별한 요구가 있는 학생들을 위한 것이지만 모든 학생을 위해서도 정말 그렇습니다. 마샤 선생님은 확실히 나를 더 좋은 교사로 만들어 주었으며, 나도 그녀에게 한두 개 정도는 알려 주었다고 생각하고 싶습니다.

– Lisa (일반교사)

리사 선생님과 마샤 선생님의 이야기처럼 모든 학생, 특히 장애학생을 더 잘 가르치기 위해 학교가 통합교육 서비스 지원모델(inclusive service provision model)을 수용함에 따라 이제 많은 일반교사와 특수교사는 함께 가르치고, 협력하며, 밀접하게 같이 일한다는 것을 깨달았다. 교육과정을 계획하고 수업을 함께 구성하는 것은 통합교육과 사회 및 여가 기회 등을 향상시키게 된다. 또한 많은 사람이 협력교수가 서로에게 유익하며, 통합교육 모델은 모든 학생을 위해 더 좋다고 믿는다.

이 책의 목적은 일반교사 혹은 특수교사인 여러분을 돕는 것이며, 이러한 새로운 역할을 합의하고, 도구와 전략을 제공하는 것이다. 이는 여러분이 놀라운 통합교육 교사로 변신하는 데 기여할 것이다. 이 책은 학생들을 의미 있게 통합하기 위한 여러분의 수업도구상자를 만들 수 있게 의도되었다. 우리가 앞서 언급한 마샤 선생님과 리사 선생님 그리고 매튜라는 이름의 학생을 어떻게 알게 되었는지부터 시작하려고 한다.

왼쪽 맨 끝 교실

우리는 학교 행정실에 등록을 하고 방문자 스티커를 발부받은 후 33호 교실이 어디에 있는지 물었다. 우리는 매튜라는 이름의 4학년 초등학생을 관찰하기 위해 가고 있었다. 안내데스크에 앉아 있던 여성은 깊은 숨을 들이쉬었다. "그래요. 왼쪽에 있는 첫 번째 복도로 쭉 내려가서 끝까지 가세요. 그런 다음 오른쪽으로 돌아서 복도 끝까지 쭉 가세요. 몇 개의 교실과 사물함을 지나치시게 될 거예요. 거기가 33호, 왼쪽 맨 끝 교실이에요."

우리는 고개를 끄덕이고는 몇 개의 복도를 걸어 내려가서 사물함을 지나 매튜를 만나기 전에 마샤 선생님의 방으로 들어갔다. 매튜는 자폐성장애 학생을 위한 학급에 놓여 있는 빈백의자(beanbag chair)에 푹 들어가 있었다. 그의 무릎에는 작은 클립보드가 놓여 있었다. 아마 터치매스(TouchMath)를 사용한 수학 학습지를 하고 있어야 할 모양이었다. 터치매스는 각 숫자 값을 학생들이 시각화할 수 있도록 하기 위해 숫자 위에 점(dots)이 있는 학습 교구이다. 이 교구는 구체물의 형태로 추상적인 숫자 개념을 표현하기 위한 전략이다(Bullock, 1992). 그곳은 멋지고 깔끔하고 잘 구조화된 교구를 갖춘 그야말로 잘 관리되고 있는 교실임이 분명했다. 알록달록하게 장식된 포스터가 '열심히 공부하자' '최선을 다하자'의 주제로 외곽을 따라 벽에 붙어 있었다. 모든 학생은 서로 다른 활동에 참여하고 있었다. 세 명의 성인이 있었는데 그들은 각각 돌보는 학생들 곁에 서 있었다.

한 학생은 헤드폰을 끼고 있었다. 다른 학생은 에어컨이 나오는 송풍구에 얼굴을 가까이 대고 바람을 즐기고 있는 것 같았다. 두 학생은 컴퓨터로 수학 게임을 하고 있었다. 다른 학생들보다 어려 보이는 한 소년은 교실 구석에 앉아 '막힌(stuck)'이라는 단어를 반복적으로 외치며 울고 있었다. 꽤 시끄러웠다. 그 소년 옆에는 커다란 시각타이머가 작동하고 있었다. "제이콥, 이제 4분 남았어." 보조교사는 그의 타이머를 가리키며 친절한 목소리로 상기시켰다.

그 방을 둘러보면서 우리는 매튜에게 다가가 인사를 하고 그의 빈백의자 옆 바닥에 앉았다. 그는 두 자리 숫자를 더하기로 되어 있었으나 그 대신 종이 위에 희미한 선을 계속해서 그리는 바람에 연필이 뭉툭해져 닳아 있었다.

"매튜, 뭐 하니?"

"제이콥은 슬퍼요."라고 그는 조용히 대답했다.

우리는 고개를 끄덕이며 그의 터치매스 과제를 도우려 했으나 매튜는 교실 구석에서 울고 있는 제이콥에게 계속 신경을 썼다.

"제이콥은 슬퍼요."라고 매튜가 다시 말했다.

우리는 매튜에게 제이콥은 괜찮다고 안심시키고 그에게 다시 집중하려고 노력했다. 그는 수학과제를 푸는 데 집중하기 어려워 보였다. 특수교사인 마샤 선생님이 우리를 눈치채고 다가왔다. "매튜." 그녀가 말했다. "'안녕하세요.'라고 말할 수 있지?"

"'안녕하세요.'라고 말해 봐." 그녀는 웃으며 반복했지만 매튜는 조용했다. "말해야지. 선생님을 보렴." 마샤 선생님은 매튜의 턱을 손으로 잡고 매튜가 그녀를 보게 했다. "말할 수 있겠니?"

매튜는 자기 얼굴을 잡은 마샤 선생님의 손을 밀며 중얼거렸다. "안녕하세요." 그는 일어나 창가로 달려가더니 손으로 자신의 머리를 세게 치기 시작했다.

오른쪽 맨 첫 번째 교실

4개월 후, 우리는 초등학교 4학년 통합학급에 있는 매튜를 관찰했다. 그 시점에 매튜는 완전통합의 교육으로 배치되어 있었다. 그는 다른 4학년 학생들과 함께 모둠 책상에 앉아 있었다. 아이들은 해결해야 하는 문제에 대해 이야기를 나누고 있었다. 매튜는 자신의 아이패드에 글자를 치는 방식으로 대화에 참여했다. 우리는 매튜의 오른쪽에 앉은 또래가 매튜가 방금 친 내용을 읽는 것을 지켜보았다.

일반교사인 리사 선생님은 학급을 주의집중시킨 다음 질문을 했다. 매튜는 무언가를 타이핑하느라 바빴다. 학급을 순회하던 보조교사는 매튜가 대답으로 친 글을 가리키며 손을 들었다. 리사 선생님이 고개를 끄덕이자 보조교사는 매튜의 모둠으로 가서 그가 아이패드에 쓴 대답을 소리 내어 읽었다. "그 정수가 음수인지 아닌지에 따라 다릅니다."

리사 선생님은 미소 지었다. "맞아요, 매튜. 정수가 음수인지 아닌지에 따라 다르죠. 정답은 양수인지 음수인지에 따라 결정되겠지요."

매튜는 기뻐 보였고, 수학시간 대부분을 계속해서 참여했다. 그는 세 개의 질문을 더 맞혔는데 이때 보조교사 혹은 또래 중 한 명이 소리 내어 말해 주었다. 매튜는 일반학급에 성공적으로 참여하고 있는 자신감 있고 적극적인 사회적 학습자가 되어 있었다. 그때 우리가 33호 교실에서 만났던 매튜는 지금 4학년 통합학급에 있는 매튜가 아니었다. 또래 및 교사와 함께하고 있는 매튜와 그의 학업교육과정은 극적으로 바뀌어 있었다. 첫 번째와 두 번째 관찰 사이에 도대체 무슨 일이 있었던 걸까? 왜 매튜는 관찰할 때마다 이렇게 다른 걸까? 매튜를 이런 학습자로 변신시킨 요소는 무엇이었을까?

많은 요인이 매튜와 매튜의 일반학급 전환을 지원하였다. 우리는 매튜의 가족을 자문해 달라는 요청을 받았는데 가족들은 매튜를 일반교육에 통합시키기 위한 법적 절차상 청문과정을 밟고 있었다. 마샤 선생님과 리사 선생님에게는 사회적, 학업적, 의사소통 및 행동지원을 어떻게 제공하는지에 대한 전문가연수가 직접 제공되었다. 우리는 어떻게 성공적인 수정(adaption)과 조정(accommodation)을 할 수 있을지 그리고 다양한 의사소통 방법을 어떻게 활용할지를 논의하였다. 매튜와 일하는 모든 교직원은 매튜를 통합하는 방법과 그의 의사소통을 지원하는 방법에 대한 연수를 받았다. 이런 연수 요소의 실행이 합쳐져서 학교에서 매튜의 적극적인 참여라는, 우리가 본 극적인 변화를 가져온 것이다.

매튜의 변화도 놀라웠고 교사들 역시 매우 유능하였지만, 그럼에도 불구하고 이것이 매우 특이한 이야기는 아니다. 다시 말하지만, 우리는 학생들이 분리된 장소에서 통합 맥락으로 이동할 때 그리고 교사들이 통합적인 방식으로 학생을 지원하기 위해 배울 때 근본적인 변화가 일어나는 것을 발견한다. 통합특수교육 지원의 실행을 위한 학교 변혁을 목격할수록 우리는 이 책의 핵심적인 기반이 되고 있는 교사들로부터 중요한 교훈을 배웠으며, 그것은 이러한 교훈의 실행을 지원하는 연구와 일치했다. 이 장의 뒷부분에는 이 책의 주요 주제와 내용에 대한 소개로서 그 교훈들의 개요를 설명한다.

교육자들이 틀렸다는 것을 인정하기

특수교육자로서 인정하기 힘든 일이지만, 교육계는 그동안 학생을 분리하는 것에 관해 잘못을 해 왔다. 앞의 경우에 해당 교육구는 매튜에 대해 완전히 틀린 것이다. 행정가와 교사들은 학생의 인지수준, 학생에게 붙은 장애명, IQ 점수를 이해했다고 생각했다. 전일제 특수학급이 학생의 기술을 발달시킬 거라는 생각이었다. 학생을 위한 이런 생각과 교육배치는 준비성과 발달 모델(readiness and developmental models)[1]에 기초한 것이었다. 매튜는 '그의 수준'에 적합한 과업을 부여받았다. 그러나 매튜가 의사소통하는 법을 배우고 교사들이 그를 좀 더 효과적으로 지원하는 법을 배우자 변화가 시작되었다. 매튜가 성취할 수 있는 것에 대한 교육구의 생각이 틀렸다는 것이 명백해졌다. 사실 매튜를 교육하는 데 있어 본질적으로 모든 것이 틀렸다. 의미 있는 수정 및 지원과 함께 적절한 학년 수준의 과업이 주어지자, 매튜는 학업적으로 비상하기 시작했다. 적절한 의사소통 지원이 있다면 그는 학년 수준의 과업을 할 수 있었던 것이다.

기회와 적합한 지원이 제공되었을 때 학생들은 교육자들이 전에 생각하던 것보

---

1) 역자 주: 아동의 발달은 생활연령(나이)에 따라 일정한 순서 혹은 단계를 거치며, 교육과정은 이것을 위계화한 것이므로 이를 수행하기 위해서는 규준집단의 발달수준에 도달해야 한다는 전통적인 접근방식이다. 하지만 지적장애나 자폐성장애와 같은 발달장애가 있는 아동의 경우 나이가 들수록 발달연령과 생활연령의 격차가 커지게 되며, 결국 또래와 함께 교육받지 못할 뿐 아니라 연령에 적합한 기술이나 교육을 받기 어렵게 된다.

다 훨씬 더 유능해진다. 2장과 3장은 통합특수교육(inclusive special education)의 주제와 역량이 있다고 추정하기, 소속감 증진하기, 통합학급의 요소 인식하기의 중요성에 대해 탐색한다.

생각 전환하기

매튜가 매우 지적인 학생이었다는 사실을 깨달은 것은 모두에게―마샤 선생님과 리사 선생님, 급우들, 보조교사, 치료사, 심지어 가족까지도―중대한 전환이었다. 매튜와 그의 잠재력, 그를 교육하는 데 있어 최선의 맥락과 전략에 대한 팀의 생각을 바꾸는 것에는 많은 정신적 노동이 있었다. 생각을 전환함으로써 우리는 그를 다양한 강점, 지적 능력, 가능성이 있는 학습자로 바라보기 시작했다. 4장은 교육자들이 학생에 대해 생각하고 말하는 방식을 전환하는 것에 대한 새로운 아이디어를 제공하는데, 이러한 신념은 학생을 교육하기 위한 접근에 궁극적으로 영향을 준다. 그러나 학생이 높은 지적 수준을 보이는 것이 일반학급에서 장애학생을 통합하는 데 있어 전제 조건이 아니라는 점은 명확히 하고자 한다.

협력하는 교사는 더 창의적이다

통합학급에서 새로운 역할을 맡으면서 마샤 선생님과 리사 선생님은 전체 학급을 위한 흥미롭고 참여적인 교실을 만들었다. 이것은 두 선생님의 협동적인 문제해결과 협력을 통해 일어난 것이었다. 통합학급에서 교육 전문성은 시너지 효과를 내며, 그들은 각각 모든 학생을 위해 고유한 기술을 제공하게 된다. 5장은 협력적인 통합교육팀(collaborative inclusive team)으로 일하기, 역할과 책임 협의하기, 협동교수(collaborative instruction)를 위한 전략에 대해 탐색한다.

의미 있는 학습 경험을 계획하라

매튜가 통합학급에 있을 때 교육과정 및 수업의 계획하기와 차별화는 다른 모습이었다. 그곳에서 학습내용은 일반교사와 특수교육에 의해 함께 계획되었고 주로 협력교수가 이루어졌다. 관련서비스 제공자들은 통합교육 서비스 지원을 실행하며, 학교 일과를 통해 치료 기술을 개발하고 일반화하는 데 자신들의 전문성을 기여했다. 통합교육교사들은 모든 학습자가 성공할 수 있게 하는 보편적 교수설계(universal design for instruction), 차별화 교수(differentiation), 통합수업 만들기와 같은 개념에 익숙해질 필요가 있다. 6장은 여러분이 모든 학생을 위해 의미 있는 학습 경험을 설계할 수 있도록 하는 중요한 주제에 대해 강조한다.

인본주의적 행동지원을 하라

학생들이 분리 환경에서 통합교육 환경으로 이동한 것처럼 행동지원에 있어서도 커다란 변화가 있었다. 학생이 통합학급에서 긍정적인 행동 모델인 또래에 둘러싸여 있을 때 문제행동은 줄어드는 경향이 있다. 매튜의 경우도 그랬다. 짜증, 머리를 심하게 흔드는 행동, 기타 부정적인 행동이 감소했다. 그러나 그는 여전히 광범위한 행동지원이 필요했는데 통합교육교사(inclusive educators)들은 학생의 소속감에 초점을 두고, 학생과의 밀접한 관계를 개발하며, 학생이 필요로 하는 것을 제공하는 긍정적 행동지원(positive behavior support: PBS)을 실행한다. 7장은 인본주의적 행동지원의 개념을 제시하고 학생의 행동을 성공적으로 지원하는 방법에 대한 여러 새로운 전략과 아이디어를 제공한다.

진정한 사회적 관계를 촉진하라

분리된 특수학급은 분리된 삶을 만들어 낸다. 학생들이 일반교육 환경에서 제거

될 때 이들은 자신의 또래 공동체로부터 분리된 학업적·사회적 삶을 산다. 매튜의 경우 특수학급에 있을 때 어느 비장애학생과도 놀아 본 적이 없었다. 일반학급으로 옮긴 후 그의 사회생활 일정은 꽤 많아졌다. 매튜는 고등학교 졸업 후에도 분리된 삶을 살 계획이 없다. 즉, 통합사회에서 사는 법을 배우는 가장 좋은 방법은 통합학급에 있는 것이다. 8장은 사회적 지원을 제공하고 급우들과 사회적으로 밀접한 연결을 맺도록 촉진하는 여러 전략을 설명한다.

의미 있는 지원체계를 개발하라

장애학생 바로 옆에 보조인력이 함께 앉아 있는 모습은 보는 건 흔한 일이다. 이는 학생을 지원하는 데 있어 가장 효과적인 방법은 아니다. 우리는 매튜가 받았던 유형의 지원을 면밀히 검토했으며, 매튜가 원했던 주요 변화 중 하나는 좀 더 독립적이 되는 것이었다. 9장은 지원에 대해 신중할 것과 통합학급에서 학생을 지원하게 되는 보조인력을 효과적으로 활용하고 안내하는 방법에 대해 초점을 둔다.

통합교육의 실행은 도전이다

통합교육을 성공적으로 제공하기 위해서는 창의력, 문제해결력, 노력이 필요하다. 효과적인 통합교육을 하기 위해서는 시도하고, 실패하고, 다시 시도하려는 의지가 반드시 있어야 한다. 더욱 중요한 것은 학생들을 위해 통합교육의 기회를 만들려는 노력이다. 이는 말 그대로 장애학생의 삶을 변화시킨다. 이것이 차이를 만든다. 저 복도 끝 사물함 옆에 위치한 자폐성장애 학생을 위한 특수학급은 학생들의 잠재력으로 가득 차 있다. 그 교실은 매튜와 같이 풍부한 학업 내용에 접근하는 것뿐 아니라 우정, 관계, 소속감을 깊이 갈망하고 또 그래야 마땅한 학생들로 가득 차 있다. 이런 학생들은 더 이상 기다릴 수만은 없다. 이 책의 마지막 장인 10장은 좀 더 통합적인 학급과 학교를 만드는 데 있어 여러분이 어렵고도 중요한 일을 하는 동안 추진력을 유지하기 위한 방법을 담고 있다. 그러한 실용적인 전략들은 여러분이 가르치고 있는 학생들의 삶을 계속해서 변화시키는 동안 핵심적인 신념을 유지하도록 도와줄 것이다.

변화의 주체가 되라

매튜와 같은 학생들은 더 이상 기다릴 수 없다. 이 책은 독자인 여러분이 자신의 학교에 존재할 수 있는 실제를 비판적으로 생각할 것을 요청한다. 변화를 향해 열려 있으라고. 여러분이 변화의 주체가 됨으로써 옹호기술을 연마하라고. 여러분의 학급과 학교에서 영향력을 넓히고 이를 지속하라고. 이 책에서 우리는 여러분이 이런 차이를 만들 것이라고 생각한다. 그리고 여러분이 이 도전을 받아들이기를 제안한다.

이런 중요한 일을 위한 맥락을 제공하기 위해 이 장은 통합교육교사의 역할 진화에 대해 설명한다. 일반교사와 특수교사의 역할을 논의하기 전에 먼저 통합교육의 간략한 역사를 개관한다. 또한 자주 묻는 질문에 대해 대답하면서 이 장과 이 책의 매 장을 마무리한다.

통합특수교육의 진화와 교사의 역할

통합교육의 역사는 교사의 역할에 혁신적인 영향을 끼쳐 왔다. 1975년 「전장애아교육법(Eduction for All Handicapped Children Act)」(PL 94-142)의 통과로 장애학생은 공립학교에 다닐 수 있는 권리를 법적으로 보호받게 되었다. 역사적으로 장애학생들은 집이나 분리된 학교 혹은 분리된 시설에서 주로 교육받았다. 결과적으로 일반교사들은 장애라는 이름표가 붙은 학생들과 거의 일한 적이 없었다.

1970년대와 1980년대에는 비장애학생과 함께하는 일반교육 환경에서의 장애아동교육에 대한 강한 그리고 부모 주도적인 압박이 시작되었다. 이 시기에 일반교육주도(regular education initiative) 정책이 시작되었으며(Will, 1986), 부모들은 주류화(mainstreaming)의 개념에 대해 배우기 시작하였다. 소위 경도장애(mild disabilities)가 있는 학생들이 주로 이러한 통합의 대상이 되었으나 여전히 방문자처럼 여겨졌고, 일반학급에서 완전한 구성원 자격(membership)은 얻지 못했다. 또한 온전히 특수교사에게만 책무가 주어지는 상태가 지속되었다.

1990년대 무렵에는 좀 더 넓은 범위의 중도장애 학생까지 모든 학년 수준에서 통합되었다. 장애학생이 일반학급에 참여하기 시작하면서 교사의 역할도 변하였다. 2000년 이후 통합교육은 교육공동체에서 점차 정착되어 갔다. 2001년 「아동낙오방지법(No Child Left Behind)」으로 불리는 「초중등교육법(Elementary and Secondary Education Act)」은 장애학생을 포함해 모든 학생에 대한 책무성과 교육기준을 최초로 설정하였다. 특히 장애학생에게 영향을 끼친 연방법은 특수교육과 관련서비스를 제공받는 장애학생에게 기대하는 성과를 달성하도록 한 2004년 개정된 「장애인교육법(Individuals with Disabilities Education Improvement Act: IDEA)」(PL 108-446)이었다. 2004년 「장애인교육법(IDEA)」의 법안 배경설명을 보면 의회는 "모든 장애아동이…… 이들의 독특한 요구에 부합하도록 설계된 특수교육과 관련서비스를 강조하는 무상의 적절한 공교육을 받도록 보장"(20 U.S.C. §1400[c])하고 그럼으로써 이들이 "가능한 최대로 정규학급에서 일반교육 교육과정에 접근하도록"(IDEA 2004, 20 U.S.C. §601[c][5][A]) 함을 목적으로 승인하였다.

통합학급에서 일반교사와 특수교사는 모든 학생을 위한 책무성을 공유한다. 통합교육교사는 모든 학습자의 요구를 적합하게 충족하는 학습 환경을 만든다. 교사는 장애학생들이 일반교육 상대 학생들만큼이나 학습 가능성이 있다는 것을 배웠다. 결과적으로 많은 학생의 경우 현재 자신의 개별화교육계획에 있는 목표가 동일한 연령 또래들의 목표와 좀 더 비슷해졌다.

저는 제 자신을 학습전략과 교육기법 전문가라고 생각하고, 리사 선생님은 내용전문가라고 생각해요. 우리는 학생들이 성공하기 위해서는 우리의 지식과 전문성을 공유해야만 한다는 것을 배웠어요.

– Marsha (특수교사)

주요 용어 정의

다음은 이 책에서 논의된 중요한 개념 중 일부에 대한 소개이다.

장애의 사회적 모델

매튜의 사례에서 두 학급에서 보인 그의 수행과 능력을 비교할 때 이 둘은 완전히 다른 학생 같았다는 것이 명백해진다. 장애의 사회적 모델은 장애가 특정 환경에서 만들어지거나 조명된다는 점을 제안한다. 다시 말해, 인간은 환경, 태도, 지원의 부족 등으로 인해 장애를 경험할 수 있다는 것이다. 이 모델은 해당 학급, 타인의 기대, 유효한 지원과 자원이 실제로 장애를 구성하거나 혹은 야기한다고 제안한다. 그러므로 교사들은 장벽을 제거하고, 기대를 바꾸고, 학생들을 다르게 지원함으로써 학생을 도울 수 있다. 이런 생각을 좀 더 보편적이지만 낡은 모델인 장애의 의학적 모델, 즉 장애란 학생에게 있는 것이고 해당 학생은 치료받거나 고쳐져야 한다는 생각과 비교해 보자. 이 책을 통해 우리는 장애의 사회적 모델을 강조하며, 교사들이 소속된 기관에서 학생들이 자신의 잠재력을 완전히 발휘하도록 돕기 위해 이를 상기시킨다.

통합학급

통합학급이란 장애학생과 비장애학생이 함께 배우는 교육환경이다. 모든 학습자의 요구와 지원, 관련서비스는 통합적이고 다양성이 존재하는 환경에서 다루어진다. 기타 현재 사용되는 용어로는 일반학급, 3학년 학급, 교과교실(예: 역사수업) 혹은 전형적인 학급이 있다. 주류화(mainstreaming)라는 용어는 이전까지 공교육에서 분리되어 있던—예를 들면, 학교에 전혀 다니지 않거나 시설에 수용되었던—장애학생이 일반교육(공립학교) 환경으로 이동하던 때인 1970년대에 대중화되었다. 주류화란 대체로 일반교육에 학생을 물리적으로 배치하는 것을 의미했으며, 학습에 대한 장벽을 제거하도록 돕는 종합적인 서비스나 조정에는 초점을 거의 두지 않았다. 그러나 1990년대에는 통합교육(inclusion)이 주류화를 대체하기 시작했다. 이제 더 이상 학생들은 일반학급에서 겨우 책상 하나만 받는 것이 아니라 이들의 학습을 지원하기 위해 필요한 어떤 혹은 모든 특수교육 서비스를 신중하고 종합적으로 제공받게 되었다. 이는 통합학급에서 관련서비스나 치료 중재와 지원이 학급 안에서 전달될 수 있음을 의미한다. 통합교육에 대한 더 많은 정보는 2장에서 찾아볼 수 있다.

치료교실

치료교실(therapy room)이란 최소제한환경(least restrictive environment: LRE; 예: 일반학급, 급식실, 복도 등 보편적인 학교환경)으로 돌아가기 전에 일반적으로 짧은 기간 에 학생이 특별한 기술이나 수행 혹은 일과에 대해 훈련하는 장소이다. 통합학교에서 치료사들은 교사들과 협력해 학생의 학교 일과 중 자연스러운 맥락에서 주로 자신들의 관련서비스 영역(예: 작업치료, 언어치료, 물리치료 등)을 제공한다.

학습도움반

학습도움반(resource room)[2]이란 대개 일반학급으로 돌아가기 전 학생이 특정 기술이나 과목에 대해 짧은 시간 동안 공부하는 장소이다. 이러한 학급에서의 교수는 대개 소집단으로 진행되어 한 명의 교사가 소집단 학생을 가르치거나 한 명의 교사가 한 학생을 직접 가르친다.

전일제 특수학급

전일제 특수학급(self-contained classroom)[3]이란 오직 장애학생만을 가르치도록 설계된 학급이다. 이런 유형의 학급이 생긴 본래 목적은 비슷한 학습 요구를 지닌 학생집단을 위한 것이었다. 이러한 종류의 학급은 매우 논란이 되는데, 그 이유는 특수학급에 있는 학생은 비장애학생과 매우 제한적인 상호작용을 하거나 아예 상호작용이 없을 뿐 아니라 일반학급에 통합된 장애학생에 비해 더 큰 교육적 효과도 없기 때문이다(Banjeri & Daily, 1995; Causton-Theohairs & Theoharis, 2008; Causton-Theohairs, Theoharis, Bull, & Cosier, 2011; Vaughn, Moody, & Schumm, 1998; Waldron & McLeskey, 1998). 통합을 지향하고 있는 학교는 대부분 전일제 특수학급을 운영하지 않는다.

특수학교 혹은 위탁학교

특수학교(self-contained school) 혹은 위탁학교(alternative school)란 비슷한 학습, 행동, 사회적 요구가 있는 학생들이 모든 학교 수업을 받는 곳이다. 이러한 학교는

---

2) 역자 주: 우리나라에서도 학교에 따라 특수학급의 명칭을 '학습도움반'으로 부르는 경우가 있으나 법적 명칭은 모두 '특수학급'이다. 다만 '일반학교에 재학하는 특수교육 대상학생이 일부 학교수업이나 일과를 특수학급에서 지원받는 형태'를 '시간제 특수학급'으로 본다. 「장애인 등에 대한 특수교육법」 제2조 제11항에 따르면 '특수학급'이란 특수교육대상자의 통합교육을 실시하기 위하여 일반학교에 설치된 학급을 말한다.

3) 역자 주: 물리적으로는 일반학교 안에 있으나 장애학생이 일반학생과 완전히 분리되어 특수학급에서만 교육을 받는 형태이다. 우리나라의 경우 '일반학교에 재학하는 특수교육 대상학생이 모든 학교 수업이나 일과를 특수학급에서 지원받는 형태'를 전일제 특수학급으로 본다(국립특수교육원, 2014).

매우 논란이 되는데, 특수학교 학생들은 모든 학교 수업에서 비장애 또래와 전혀 교류가 없기 때문이다. 통합을 지향하는 대부분의 교육구에서는 특수학교를 운영하지 않는다.[4]

지역사회 중심 교수

어떤 특수교사들은 지역사회 중심 환경에서 가르친다. 지역사회 중심 교수(community-based instruction)의 배경이 되는 생각은 어떤 학생들에게는 학교에서 직장으로의 전환을 촉진하는 직무기술과 독립생활 기술을 배움으로써 지역사회에서의 삶을 준비하도록 가르칠 필요가 있다는 것이다. 그러므로 어떤 학생들은 직업현장, 여가시설, 식료품점 혹은 기타 지역사회 장소에서 배우게 된다.

이 책의 활용

매튜가 체험한 변혁적 교육 경험은 학생이 소속감을 갖고 지적 자극이 있는 학업적 학습 경험, 의미 있게 설계된 교수, 자연스러운 성인과 또래의 지원에 접근할 때 변화를 가져온다는 것을 보여 주었다. 이러한 요소들은 학습자의 요구를 생각하며 설계된 통합적인 학습 환경을 만들기 위한 성공의 열쇠가 된다.

반성적 사고와 함께 이 책에 다가서 보자. 여러분 학교의 특수교육 구조와 조직에 대해 생각해 보라. 여러분이 통합교육의 실제를 개발하고 실행하기 위해 목표로 했던 것을 비판적으로 바라보자. 협력적 팀과 함께 문제해결에 참여해 보자. Kunc(1992)은 소속감과 접근권이 첫 번째 단계라는 것을 우리에게 상기시켜 주었다.

---

4) 역자 주: 우리나라의 경우 전국적으로 국·공·사립 특수학교가 운영되고 있으며, 교육부의 「2017년 특수교육 연차보고서」에 따르면 전체 특수교육 대상학생의 약 30%가 특수학교에 배치되어 교육받고 있다.

우리의 사회와 학교 구조가 한 일이란 나를 분리된 학급에 배치시키고 '너는 다른 아이들과 있기에는 부족하니 안 돼.'라고 말한 것이다. 일단 네가 좀 더 잘 걷고, 좀 더 잘 말하는 법을 배우면 좀 더 다른 아이들처럼 될 거고, 그러면 너는 거기 속할 수 있을 거야. 물론 너는 그런 것들을 할 수 없겠지. 왜냐하면 처음부터 절대 속할 수 없었으니까. 그러면 너의 부족한 진전은 너를 좀 더 분리하는 것을 정당화하는 데 쓰이게 되지(p. 4).

이 책은 초·중등 일반교사와 특수교사에게 필수적인 지식과 지침을 제공하는 데 목적이 있다. 특히 이 책은 ① 통합학교 환경에 있는 일반교사나 특수교사의 의미, ② 통합교육에 대한 필수적인 정보, ③ 특수교육의 주요 기초, ④ 학생에 대해 새롭게 생각하고 말하는 방식, ⑤ 협력적 팀에서 일하는 방법, ⑥ 학업적 지원을 제공하기 위한 도구와 전략, ⑦ 효과적인 행동지원을 제공하는 방법, ⑧ 사회적 지원을 제공하는 방법, ⑨ 보조인력의 업무를 지원하는 방법, ⑩ 이런 중요한 일을 하는 동안 자신을 돌보는 방법에 초점을 두고 있다.

통합교육에 대해 자주 묻는 질문[5]

Q 학생을 분리해서 서비스를 제공하는 것이 왜 잘못인가요?

A 학생을 분리해 서비스를 제공하는 것은 학생의 자존감과 학습능력에 좋지 않은 영향을 끼치며 소속감을 저해합니다. 장애학생은 자신과 같은 학년의 또래와 함께 학습하고 사회화될 권리가 있습니다. 그러나 이러한 서비스의 가장 중요한 목적은 학생들이 자신의 학교 일과를 잘 헤쳐 나가며 독립적이 되도록 지원하는 것입니다. 학교생활에는 보통 혼자서 하게 되는 특정 기술, 일과, 활동 혹은 수행 과제가 자연스럽게 발생하는 맥락이 있습니다. 이러한 맥락이 바로 학생이 배우고 연습하

---

5) 역자 주: 우리나라의 통합교육 관련 법조항은 부록 1. 「장애인 등에 대한 특수교육법」을 참조한다.

는 최소제한환경(IDEA 2004)입니다. 많은 교사가 자신의 관행을 바꾸고, 특수교육 서비스는 이동 가능하다는 점, 즉 자연스러운 맥락에서 직접 제공될 수 있다는 것을 명심하고 있습니다.

Q 우리 학교가 통합교육을 받아들이거나 거부할 수 있는 선택권이 있나요?

A 공립학교는 통합적인 학교구조를 만들기를 원하는지 아닌지를 '결정'할 수 없습니다. 학교는 2004년 개정된 「장애인교육법(IDEA)」에 의해 모든 장애학생을 최소제한환경에서 교육하도록 의무화되었습니다. 이는 장애학생이 가능한 최대로 자신이 장애가 없었다면 다녔을 학교에서 자신의 비장애 또래와 함께 일반학급에서 교육받을 권리가 있음을 의미합니다(IDEA 2004). 학생들은 단지 학교가 이런 아동의 요구에 대해 준비가 되어 있지 않다든가 혹은 통합교육을 '하는 것'을 원하지 않는다고 생각한다는 이유로 일반교육 환경으로부터 격리될 수 없습니다.

Q 통합학급에서 성공하기 위해 모든 장애학생에게 보조인력이 필요한가요?

A 일반학급에서 통합교육이란 학생에게 그들을 지원하도록 배정된 성인이 반드시 필요하다는 것을 의미하지는 않습니다. 일반교사와 특수교사는 해당 학생을 위한 접근과 지원을 제공하기 위해 교수, 학습 경험, 환경을 수정하도록 함께 일할 수 있습니다. 이런 지원은 일반학급에서 또래 혹은 관련서비스 종사자에 의해 주로 가장 잘 제공될 수 있습니다. 하지만 만약 보조인력의 지원이 필요한 경우라면, 이 역시 각 학생에게 개별화되어야 한다는 것과 해당 학생의 학교 일과 전체 혹은 일부(예: 영어 혹은 체육 수업시간에만 한정)에 제공될 수 있다는 점을 아는 것이 중요합니다.

Q 통합교육은 초등학교 수준에서 더 쉬운가요?

A 아닙니다. 고등학교와 중학교 통합교육이 더 어렵지는 않습니다. 어떤 학교에서는 상급생의 통합교육이 더 쉽다고도 합니다. 일정이 좀 더 유연하고 학생들은

수강하는 수업의 유형을 좀 더 선택할 수 있으며, 교사들은 주로 자신들의 특정 교과 내용을 차별화하고 가르치는 방법에 대해 좀 더 깊은 이해를 하고 있는 내용전문가입니다. 또한 자연스러운 또래지원을 활용하는 것은 유익한 것으로 알려져 있는데, 이는 중등학교 학생들이 좀 더 성숙하고 좋은 또래 관계를 형성할 수 있기 때문입니다.

Q 일반교사나 특수교사가 통합학급에서 소집단 수업을 이끌고 진행할 수 있나요?

A 그렇습니다. 일반교사와 특수교사 모두 통합학급에서 전체 수업과 소집단 수업을 진행할 수 있습니다. 핵심은 모든 교수가 협력을 통해 함께 계획된다는 것입니다.

Q 특수교육 서비스를 받는 학생을 가르쳐야 할 궁극적인 책임은 특수교사에게 있나요?

A 통합교육에서 학생은 능력이나 장애에 의해 구분되지 않습니다. 일반교사와 특수교사가 함께 협력하여 학생들의 참여와 흥미, 기쁨을 만들고, 모든 학생은 두 선생님들에게 배우며, 다양한 능력의 이질적인 학생들로 구성된 학급에서 배우게 됩니다. 일반교사와 특수교사는 모두 장애학생의 교육에 대한 책임과 책무성을 공유합니다.

Q 개별화교육계획(IEP)의 목표를 관리할 책임은 궁극적으로 누구에게 있나요?

A 해당 학생에게 배정된 특수교사, 일반교사, 관련서비스 제공자는 모두 책임이 있습니다. 다시 말해, 교사와 치료사 팀은 함께 장애학생이 자신의 개별화교육계획 목표를 달성하는 것을 보장하도록 합니다.

Q 만약 해당 학생과 그 또래 간의 학업 격차가 '너무 크다면' 어떻게 해야 하나요?

A 학생에 대한 학교에서의 배치는 학년수준의 또래와 비교한 성취나 인지 수준이 아니라 개인적 요구에 기초합니다. 특수교육의 역할은 개별 학생이 일반교육 내

용에 접근하도록 도와주기 위한 학업적 지원을 제공하는 것입니다. 미국 전역에는 자신의 또래들과 다른 수준에서 공부하는 많은 학생이 통합학급에서 연령에 적합한 일반교육 내용에 적극적으로 참여하고 있습니다. 예를 들어, 만일 어떤 학생이 아직 쓰기를 하지 않는다면 그 학생은 생각을 전달하도록 도와주는 테크놀로지를 활용할 수 있습니다. 우리는 여러분이 통합학급에서 모든 수준의 학습자를 지원하도록 돕는 더 많은 수정, 조정, 조절의 예를 제공하는 데에 목표를 두고 있습니다.

Q 통합학급을 만들고 유지하려면 무엇이 필요한가요?

A 창의성, 협력, 학생 옹호, 관련 체계, 충분한 자원, 이러한 일에 대한 열의, 통합교육에 특별히 관련된 기술이 필요합니다. 통합교육은 모든 학생을 위한 학습에 도움이 되는 환경을 만들기 위해서 비판적 반성에 참여하고 지속적인 문제해결력을 기릅니다. 이 책을 통한 우리의 목표는 여러분에게 이러한 목표를 성취하기 위한 도구들을 제공하는 것입니다.

결론

이 장에서 우리는 여러분에게 매튜를 소개했고 통합교육의 중요한 기초를 조사했으며 오늘날 교사의 역할과 책임에 대해 논의했고, 자주 묻는 질문에 대한 답을 제공했다. 여러분이 본 것과 같이 통합교육은 모든 학생의 요구를 충족시키기 위해 교사가 협력적으로 새로운 역할과 책임을 받아들이는 것을 요구한다. 다음 장은 통합교육에 대한 배경을 제공한다.

Chapter 2

통합교육

수영 강습의 진화:
일반교육에서 장애학생 통합하기의 진화과정과 놀랍게도 유사하다.

저는 여러 해 전에 지적장애 학생을 위한 특수학급에서 교사생활을 시작했어요. 그 후로 우리 학교는 통합교육을 지향해 왔어요. 이런 특수교육 서비스 전달 모델이 학생들의 소속감과 학업 성과, 사회성 기술에 더 좋아요. 이런 변화를 만들기 위해 우리 모두는 새로운 교수전략을 배워야 했고, 교육과정 설계에 있어 좀 더 신중하고 능동적이 되었으며, 협력은 필수적인 것이 되었죠. 지금도 저는 여전히 우리 학교에서 특수교사로 있지만 이 의미는 곧 내가 여러 교사와 그리고 그들의 학급에 있는 모든 학생과 함께 일한다는 뜻이지요.

— Kim (특수교사)

어떠한 형태의 분리를 통해서든 한 사람의 목소리라도 강요된 침묵은 우리의 집단적인 대화로부터 나오는 경험을 말살하고 공동체 문화를 사라지게 한다.

— Christopher Kliewer (1998, p. 5)

교사에게는 선택권이 있다. 우리는 장애 정도에 따라 분리된 교실에서의 진전 결핍에 대해 계속 비난할 수도 있고 혹은 장애학생이 졸업 후 지역사회로 진입하도록 준비시킬 수 있는 좀 더 효과적인 방법이 실제로 존재하지는 않는지에 대해 진지하게 질문할 용기와 정직함을 지닐 수도 있다.

— Norman Kunc (1992, p. 27)

교사들은 평등과 관용의 환경을 만들 수 있는 힘이 있지만 때로는 이를 위한 용기가 필요하다. 나는 내 자신이 역할모델이 되어야 하며, 필요하다면 우리가 교육한다고 믿고 있는 모든 이의 이해와 수용, 통합을 장려하는 교육현장을 위한 활동가가 되어야 할 책임을 느낀다.

— Kathleen (버몬트주 올해의 교사, Remick, 2006에서 발췌)

이 장에서는 소속감, 통합교육의 역사, 주요 법률 개념, 통합교육의 정의, 통합교육의 지표, 개별화교육계획, 자주 묻는 질문과 같이 통합교육을 이해하는 데 필요한 개념에 대해 확인한다.

소속감

> 뿌리를 내린다는 건 아마도 인간 영혼에 있어 가장 중요하지만 가장 인식되지 않는 욕구이다.
>
> – Simon Weil (2001)

장애학생이 일반교육 환경에 포함되고 있는 한 가지 중요한 이유는 장애가 있든 없든 모든 아동은 소속될 권리를 가진다는 것이다. 모든 인간은 우정, 관계, 학업도전을 갈망한다. 장애학생도 다르지 않다.

잠시 자신을 생각해 보자. 당신이 정말 어딘가에 속해 있다고 진심으로 믿었던 순간을 생각해 본다. 그것이 어떤 집단이나 동아리, 운동팀 혹은 직장 환경이었는가? 자, 이제 그 환경에서 당신의 행동에 대해 생각해 보자. 당신은 어떻게 행동했는가? 어떤 기분이었는가? 만약 어떤 사람이 힐끔거린다면 당신은 어떻게 행동했는가? 대부분의 사람은 그런 환경에서 좀 더 위험을 무릅쓰거나, 기여하려고 하며, 공유하고, 배우려 한다. 집단에 강한 연대감이 있을 때 당신은 좀 더 말이 많아지고, 좀 더 참여하게 되며, 좀 더 자연스럽게 행동하는 경향이 있다. 이것은 학생들도 똑같다.

그럼 반대로 당신이 어떤 집단에서 배제되었거나 속하지 못했다고 느꼈던 순간을 생각해 본다. 당신은 어떤 행동을 했는가? 어떤 기분이었는가? 그런 상황에서 많은 사람은 위축되고 조용해지며, 자신을 닫아 버리는 반응을 한다. 어떤 사람은 그런 상황을 떠나거나 점점 화가 나기도 한다. 학교에 있는 학생들도 그렇다. 학교 공동체의 집단 혹은 부분에 연결되어 있다는 기분은 필수적이다. 이것은 자아존중감을 위해서뿐 아니라 학습을 위해서도 중요하다.

우리가 교사, 치료사, 보조인력과 함께 일할 때 앞에서 한 질문을 해 보았다. 그 대답은 〈표 2-1〉에 제시되었다.

〈표 2-1〉에 나타난 반응을 살펴보자. 여러분의 학교에 있는 학생들과 어떻게 연관되는가? 학교에서 힘들어하고, 화를 내며, 위축되거나 상처받는 학생들을 본 적이 있는가? 여러 방식의 행동으로 여러분에게 자신이 속해 있다고 믿지 않음을 알려 주는 학생들을 본 적이 있는가? 반면에 활동에 참여하고, 자연스럽게 행동하며, 자유로이 위험을 감수하는 학생들을 보았는가? 교사로서 우리는 연대감을 느끼는 학생과 그렇지 않은 학생을 늘 목격한다. 연대감을 느끼는 학생들은 좀 더 교육적 위험을 감수하려 하고, 참여하려고 하거나 동기화되어 있으며, 결과적으로 학습을 한다. 학생이 소속감을 느끼도록 도와주는 것은 교육팀의 가장 중요한 업무이다.

만일 특수교육 체계가 사람들을 배제하고 아동들을 여러 학급과 복도, 학교로 배치해 일반교육 학생으로부터 분리한다면 이러한 아동은 적절한 행동을 하지 않게 되거나 학습하지 않게 될 가능성이 있다. 전국의 학교행정가, 치료사, 교사는 하나의 학급에 장애학생들을 고립시키거나 서비스를 이유로 학생을 교실에서 빼내는 현장에 대해 다시 생각하고 있다(Causton-Theoharis & Theoharis, 2008; McLeskey & Waldron,

표 2-1 통합과 배제에 연합된 감정

내가 포함되었을 때	내가 배제되었을 때
나는 편안함을 느낀다.	나는 당혹감을 느낀다.
나는 사랑받는다고 느낀다.	나는 화가 난다.
나는 보살핌을 받는다고 느낀다.	나는 위축된다.
나는 위험을 감수한다.	나는 조용해진다.
나는 똑똑하다고 느낀다.	나는 남을 의식한다.
나는 자신감이 있다.	나는 상처받는다.
나는 내 자신이다.	나는 운다.
나는 자주 웃는다.	나는 기분이 좋지 않다.
나는 창의적이다.	나는 참여하지 않는다.
나는 배움에 개방적이다.	나는 그 집단을 떠나려고 노력한다.

2006). 이런 방식으로 학생을 고립시키는 것은 이들에게 자신이 다른 사람들과 다르며, 학교 공동체의 일부가 아니라는 기분을 느끼게 한다. 이런 형태의 분리는 실제로 학생의 자존감과 학습능력에 영향을 주는 결과를 가져온다(Peterson & Hittie, 2002). 장애학생의 교육적 배치는 학생이 보완적 지원과 서비스(supplementary aids and services)를 받으며 일반교육과정에 접근하도록 질 높은 교육과정 설계와 교육을 제공하는 것만큼이나 중요하다.

> 나는 일반학급이 좋아요. 왜냐하면 내 친구들이 거기에 있고 거기서는 이미 알고 있는 것을 가르치지 않으니까요.
>
> – Jesse (ADHD와 아스퍼거증후군이 있는 13세 아동)

통합교육의 역사

여러분은 아마 장애학생이 복도 맨 끝, 분리된 장소나 건물에서 교육받았던 학교에 다녔을 수도 있다. 또한 여러분은 장애학생의 옆에 앉아 학교를 다녔을지도 모른다. 여러분 자신의 학교경험은 통합교육에 대한 개인적인 생각을 형성했을 것이다.

1975년 이전에 장애학생은 학교에 다닐 법적 권리가 없었다. 결과적으로 장애가 좀 더 심한 많은 학생은 분리된 학교(부모가 수업료를 지불하는 사립학교)나 시설에서 교육을 받았고, 어떤 사람들은 전혀 교육받지 못했다. 1975년 미국 의회는 「전장애아교육법(Education for All Handicapped Children Act)」(PL 94-142)을 통과시켰는데, 이 법은 「장애인교육법(IDEA)」(2004, PL 108-446)이라는 이름으로 재승인되었다. 모든 장애학생이 공교육을 받을 권리를 보장한 이 법은 장애인과 그 가족에게 있어 중대한 진전이었다. 이 법은 모든 장애학생이 최소제한환경에서 무상의 적절한 공교육에 접근하도록 보장한다.

무상의 적절한 공교육

무상의 적절한 공교육(free appropriate public education: FAPE)의 의미를 설명하기 위해 각 용어를 개별적으로 살펴보자.

- 무상의: 모든 장애학생은 학교에 다닐 권리가 있고 그들의 교육에 필요한 지원과 서비스는 공공비용으로 지불될 것이다.
- 적절한: 모든 장애학생은 개별화교육계획을 통해 허가된 교과와 비교과 활동에 참여하는 데 필요한 보조공학, 보조도구, 서비스를 제공받아야 한다.
- 공교육: 특수교육과 관련서비스는 공교육 환경에서 보장된다.

최소제한환경

법률에서 통합교육을 지원하기 위해 사용된 용어는 최소제한환경(least restrictive environment: LRE)이다. 이 개념은 「장애인교육법(IDEA)」(2004)에서 명확하게 인용되었는데, 모든 장애학생은 최소제한환경에 배치될 법적 권리가 있음을 규정하고 있다.

최소제한환경이란 최대한으로 적절한 범위에서 학교구는 학생이 장애가 없었더라면 다니게 되었을 학교에서 비장애 또래와 함께 '보완적 지원과 서비스'라고 언급되는 적절한 보조도구와 지원을 받으며 일반학급에서 모든 장애학생을 교육해야만 한다는 것을 의미한다(IDEA 2004).

최소제한환경에서는 일반학급을 우선하며 이는 좀 더 제한적인 선택이 고려되기 전에 장애학생을 위한 첫 번째 배치 장소로 여겨진다. 다시 말해, 서비스는 일반학급에서 먼저 제공되어야 한다.

보완적 지원과 서비스

이 법률이 의도하는 바는 학생들이 특수교육뿐 아니라 보완적 지원과 서비스에 접근함으로써 혜택을 얻도록 하는 것이다. 보완적 지원과 서비스에는 "일반학급, 기타 교육관련 환경, 비교과(extracurricular)와 비학업(nonacademic) 환경에서 장애아동이 가능한 최대 범위까지 적절하게 비장애아동과 함께 교육받는 것을 가능하게 해 주는 보조도구, 서비스, 기타 지원"이 포함된다(34 C.F.R. §300.42). 그 목적은 장애학생이 비장애학생과 함께 완전한 참여자이자 학습자가 되도록 하며, 일반교육의 맥락과 교육과정에 접근할 수 있도록 하는 데 필수적인 지원을 제공하는 것이다. 교사들이 성공적으로 사용한 보완적 지원과 서비스는 일반교육과정의 조정과 조절(예: 우선 자리배치, 컴퓨터의 사용, 강의 녹음, 착석시간 축소, 여러 수준의 내용, 학습 결과물의 생성 방식 변경, 교수과정 전달 변경), 특수교육 연수를 받은 교사의 보조, 일반교사에 대한 특수교육 연수, 컴퓨터 보조도구 사용, 대필자 제공, 교구와 교재에 대한 변경이 포함된다. [그림 2-1]은 활용해 볼 수 있는 보완적 지원과 서비스의 목록이다.

교사들은 학생이 일반학급에서 나가야 한다고 결정하기 전에 반드시 가능한 모든 보완적 지원과 서비스를 활용해야만 한다. 통합교육(inclusion)이 법률에 언급되어 있지는 않지만 그 의미는 내포되어 있으며, 통합교육의 이념과 일반교육 맥락 안에서 특수교육과 관련서비스의 제공을 지원하기 위해 사람들은 최소제한환경과 다양한 보완적 지원과 서비스를 사용한다.

보완적 지원, 보조, 서비스 체크리스트

사용 설명

학생을 위한 개별화된 지원, 보조, 서비스 요구를 고려할 때 어떤 지원이 가장 덜 개입적이면서 불가피한 경우에만 특별하고 학급 맥락에 가장 자연스러운 방식인지를 판별하도록 돕기 위해 이 체크리스트를 활용한다.

환경

☐ 우선 자리배치

☐ 계획된 자리배치

    ☐ 버스

    ☐ 학급

    ☐ 급식실

    ☐ 강당

    ☐ 기타

☐ 물리적 학급 배치 바꾸기(구체적으로: _____)

☐ 칸막이가 있는 개인 독서실용 책상 혹은 조용한 공간 활용

☐ 구체적으로 영역 정의하기(예: 카펫이 있는 공간, 테이프로 구획이 표시된 바닥, 깔개가 있는 영역)

☐ 산만함 줄이기/최소화

    ☐ 시각적

    ☐ 공간적

    ☐ 청각적

    ☐ 활동적

☐ 공간 사용을 위한 긍정적인 규칙 교수

교수 진도

☐ 시간 연장

☐ 활동을 자주 다양화하기

☐ 휴식 허락

☐ 정해진 시간에 베껴 쓰기가 필요한 과제 생략

☐ 여름방학 안내에 대한 가정통신문 추가로 더 보내기

☐ 예습 혹은 복습을 위한 교재 가정에 제공하기

교과 제시

☐ 학생의 학습 양식/강점이 있는 지능에 맞게 교수

    ☐ 구어적/언어적

    ☐ 논리적/수학적

    ☐ 시각적/공간적

    ☐ 자연적

    ☐ 신체적/운동적

    ☐ 음악적

    ☐ 상호작용형

    ☐ 독립형

☐ 활동적이고 경험적인 학습 활용

☐ 맞춤형 교육과정 활용

☐ 교실 수업을 기록하고 이후 재생하며 논의

☐ 수화 혹은 총체적 의사소통(total communication) 활용

☐ 사전 노트, 개요, 구성도(예: 마인드맵) 제공

☐ 급우의 공책을 복사하여 제공(예: 먹지 활용, 복사)

☐ 기능적이고 의미 있는 학업기술의 적용을 활용

☐ 시연과 시범 제시

☐ 수학시간에 교구와 실물 활용

- □ 핵심 정보 혹은 주제 강조
- □ 어휘 사전교수
- □ 단어 파일을 만들어 사용 혹은 단어장 제공
- □ 읽기 과제의 언어 수준 낮추기
- □ 촉진적 의사소통(facilitated communication) 사용
- □ 시각적 조직자(visual organizers) 혹은 시각적 연속성 사용
- □ 함께 읽기 혹은 쓰기 활용
- □ 학급이나 활동에서 착석시간 줄여 주기
- □ 일기 혹은 학습일지 활용
- □ 교수 혹은 질문을 할 때 단어 바꾸어 말하기 혹은 재진술해 주기
- □ 기본 언어의 주요 개념 예습과 복습하기

교재

- □ 페이지에 있는 교재 분량 제한하기
- □ 글 혹은 기타 수업 교재 녹음하기
- □ 학습안내지(study guides)와 선행조직자(advanced organizer) 활용
- □ 보충 교재 제공
- □ 강의록 복사
- □ 컴퓨터에 시험과 강의록 스캔
- □ 큰 활자 인쇄물 활용
- □ 점자 교재 활용
- □ 의사소통책 혹은 의사소통판 활용
- □ 보조공학과 소프트웨어(예: Intelli-Talk) 제공

특별한 장비나 절차

- □ 휠체어
- □ 스탠딩 보드

☐ 컴퓨터

☐ 전자타자기

☐ 변형 키보드

☐ 스위치

☐ 도뇨관

☐ 보조기

☐ 맞춤형 식사도구(수저, 접시 컵, 기타 도구)

☐ 보행보조기

☐ 자세유지구

☐ 컴퓨터 소프트웨어

☐ 비디오

☐ 음성합성기

☐ 보완대체 의사소통 도구

☐ 흡입기

☐ 화장실 보조장비

숙제 조정

☐ 짧고 명확한 단계로 안내 제공(쓰기/사진/구어)

☐ 구두 지시에 대해 서면의 보충자료 활용

☐ 구두 지시에 대한 보충자료로 사진 활용

　　☐ 난이도 낮추기

　　☐ 난이도 높이기

　　☐ 과제 줄여 주기

☐ 손글씨가 필요한 과제 줄여 주기

☐ 학생에게 숙제 안내를 읽거나 녹음해 주기

☐ 추가적인 단서나 촉진 제공

☐ 학생이 숙제를 녹음하거나 타이핑할 수 있게 허락하기

☐ 활동지나 묶음 과제 수정하기

☐ 수업의 요구가 학생의 능력에 맞지 않을 때 대체 과제를 제공함으로써 보상적인 절차를
　활용

☐ 철자 오류/엉성한 작업은 모른 척하기

☐ 글씨체 모른 척하기

자기관리/후속관리

☐ 일간 혹은 주간 일정을 그림이나 문서로 제공

☐ 학생 달력 제공

☐ 이해/검토 여부에 대한 잦은 확인

☐ 학부모 강화 요청하기

☐ 학생이 지시사항을 반복하게 하기

☐ 공부 기술 가르치기

☐ 교재를 잘 정리하도록 바인더 사용하기

☐ 장기 과제에 대한 일정표를 계획하여 쓰고 사용하기

☐ 실전 상황을 검토하고 연습하기

☐ 여러 환경에서 가르친 기술을 일반화하도록 계획하기

시험 조정

☐ 시험 질문을 구두 지시문으로 제공하거나 읽어 주기

☐ 그림 지시문/질문 활용

☐ 학생에게 시험 읽어 주기

☐ 시험 질문의 언어 예습하기

☐ 실제 상황에서 응용 질문을 물어보기

☐ 개별 시험 치르기

　　☐ 더 짧은 답안 활용

　　☐ 선다형 활용

☐ 길이 줄여 주기

☐ 시간 연장하기

☐ 공책/교과서를 보면서 치르는 오픈북 시험 활용

☐ 시각적 복잡성 혹은 혼동을 줄여 주는 형식으로 변경하기

사회적 상호작용 지원

☐ 자연스러운 또래지원과 여러 명을 순환하는 또래 활용

☐ 또래 옹호자 활용

☐ 협력적 학습 집단 활용

☐ 또래교수 마련

☐ 사회적 의사소통을 위한 기회 구조화(예: 친구 동아리)

☐ 최종 결과로서가 아닌 사회적 과정에 초점

☐ 학교와 비교과 활동에서 공유하는 경험 구조화

☐ 학급 학생들에게 우정, 공유, 협상 기술 교수

☐ 사회적 의사소통 기술 교수

　☐ 인사하기

　☐ 대화

　☐ 차례 주고받기

　☐ 공유하기

　☐ 협상

　☐ 기타

교직원 지원 수준(이전 범주에 대한 검토 후 고려)

☐ 자문

☐ 방문 지원

☐ 팀티칭(평행교수, 지원교수, 보조교수, 협력교수)

☐ 매일 학급에서 일하는 인력 지원

□ 전체 교직원 지원(근접거리에서 교직원 지원)

□ 일대일 보조

□ 특수한 교직원 지원(만일 표기되었다면 필요한 시간 명시하기)

지원　　　　　　　　　　　　　　　　**필요 시간**

□ 수업지원 보조원　　　　　　　　　　　_____

□ 건강관리 보조원　　　　　　　　　　　_____

□ 행동 보조원　　　　　　　　　　　　　_____

□ 수화통역사　　　　　　　　　　　　　_____

□ 간호사　　　　　　　　　　　　　　　_____

□ 작업치료　　　　　　　　　　　　　　_____

□ 물리치료　　　　　　　　　　　　　　_____

□ 언어병리학자　　　　　　　　　　　　_____

□ 보완대체 의사소통 전문가　　　　　　_____

□ 교통/이동수단　　　　　　　　　　　_____

□ 상담　　　　　　　　　　　　　　　　_____

□ 수정된 체육수업　　　　　　　　　　　_____

□ 전환 계획　　　　　　　　　　　　　　_____

□ 방향정위와 이동　　　　　　　　　　　_____

□ 진로상담　　　　　　　　　　　　　　_____

[그림 2-1] 보완적 지원, 보조, 서비스 체크리스트 예시

출처: Villa, R. A., Thousand, J. S., & Nevin, A. I. (2013). *A guide to co-teaching: New lessons and strategies to facilitate student learning* (3rd ed., pp. 198-201). Thousand Oaks, CA: Corwin Press (adapted by permission).

통합교육 정의하기

통합교육을 정의하는 많은 방법이 있지만 우리가 가장 선호하는 통합교육의 정의는 다음과 같다.

Kunc은 통합교육을 이렇게 정의했다.

> 인간 공동체 안에서 다양성에 가치를 두는 것. 통합교육이 완전히 받아들여졌을 때 우리는 아이들이 세상에 기여하기 위해 '정상'이 되어야만 한다는 생각을 버리게 된다. 우리는 공동체의 가치 있는 구성원이 되는 전형적인 방법 너머를 보기 시작했고, 진정한 소속감을 가진 모든 아이에게 성취 가능한 목표를 제공하는 것에 대해 깨닫기 시작했다(1992, p. 20).

Udvari-Solner는 또 다른 통합교육 정의를 사용했다.

> 통합학교 교육은 현대 학교문화에 대해 비판하고, 현장전문가들이 그저 좀 더 인도적이고 민주적인 학습공동체가 무엇인지 그리고 어떠해야 하는지에 대해 혁신할 것을 격려한다. 대우와 교육기회에서의 불평등이 주목받으면서 다름과 다양성의 가치에 대한 존중이라는 인권에 대한 관심이 증가했다(1997, p. 142).

통합학급의 지표: 통합교육은 어떤 모습인가

통합학교 환경의 몇 가지 지표에는 자연스러운 비율, 함께 계획하기, 협력교수, 공동체 만들기, 차별화 교수, 접근권, 이질적 자리배치, 참여를 촉진하는 수업이 포함된다.

자연스러운 비율

　어떤 학급이라도 그 학급의 장애학생 수는 그 학교에 있는 전체 장애학생의 자연스러운 비율을 반영해야만 한다. 예를 들어, 만약 장애학생이 전교생의 12%를 차지한다면 어떤 학급이라도 장애학생이 학급 학생의 12%를 넘어서는 안 된다. 통합학급에서는 학급의 절반이 장애학생으로 채워져서는 안 된다. 너무 많은 수의 장애학생이 한 장소에 모인다는 것은 요구의 강도를 높이게 되고 그 학급은 좀 더 특수교육 환경처럼 된다.

함께 계획하기

　일반교사와 특수교사는 브레인스토밍을 하고, 다가오는 교육과정 단원과 수업을 위한 공동 계획시간을 주별로 세워야 한다. 또한 의사소통 체계가 실행되어야 교사들은 수업 관련한 특정 사안에 대해서뿐 아니라 발생하는 학생 요구와 사안에 대해 논의할 수 있다. 공동 계획이 관련서비스 제공자와 함께 일어나야 여러 치료기술이 일과 내내 완벽히 통합된다.

함께 가르치기

　통합학급에는 주로 두 명의 교사(한 명의 일반교사와 한 명의 특수교사)가 모든 학생을 교육하는 데 있어 동등한 책임을 지고 있다. 이 교사들은 유연하고 조화로운 방식으로 함께 일한다. 어떤 학생집단에 대해서도 한 교사의 단독 책임인 경우는 없다. 교사들은 일반학급에서 주로 함께 가르치거나 이질적인 소집단을 나누어 가르친다. 하지만 모든 통합학급에 두 명의 교사가 있는 것은 아니다. 때로는 특수교사가 설계한 조정과 수정을 일반교사가 수행하기도 한다. 또는 일반교사와 보조교사 간에 협력교수(co-teaching)가 일어나기도 한다. 협력교수는 팀티칭(team teaching)

혹은 협동교수(collaborative teaching)라고도 한다.

공동체 만들기와 문화

통합학급에서 교사는 지속적으로 학생들이 서로 그리고 교사와 연대감을 느끼게 하는 공동체 만들기를 한다. 공동체 만들기의 일반적인 주제는 서로 다른 이들이 서로 다른 방법으로 학습한다는 것이다. 공동체 만들기의 접근은 다양하지만 조례시간에 학생들이 급우들과 무언가를 나누거나 중요한 일들을 얘기하면서 통합학급의 일과 혹은 수업을 시작할 수 있다. 학생들이 체계적인 방식으로 서로에 대해 배우는 것에서 조직화된 공동체 만들기를 볼 수 있다. 예를 들어, 학생들은 '가방에 든 숙제(Homework in a Bag)'라고 불리는 공동체 만들기 연습을 할 수 있는데, 이때 각 학생은 자신을 대표하는 한 가지 물건을 가져와 소집단의 다른 학생들과 공유한다. 학생들이 연대감과 서로 긴밀히 연결된 공동체의 일부라는 점을 느끼게 하는 공동체 만들기 활동을 하면서 다양성, 차이, 장애는 포용된다.

차별화 교수

통합학급에서는 다양한 학업, 사회, 행동의 수준과 요구가 있는 학습자들이 하나의 학습 환경을 공유한다는 것은 명확하다. 차별화 교수(differentiation)는 통합교육 교사들이 다양한 학습 요구에 반응하기 위해 사용하는 전략이다(Tomlinson, 2000; Tomlinson & Kalbfleisch, 1998; Tomlinson & Strickland, 2005). 교과 내용, 과정, 결과물은 차별화된다. 학생들은 비슷한 목표를 갖고 공부할 수 있지만 학습목적과 목표에 있어서는 다양한 출발점이 허락되며 이를 서로 다른 방식으로 수행한다. 예를 들어, 모든 학생이 수학 문제를 풀 수 있지만 어떤 학생은 교구를 사용하고, 어떤 학생은 자신의 답을 그림으로 그리며, 어떤 학생은 계산기로 문제를 검토하고, 어떤 학생은 지워지는 마커와 화이트보드를 사용하는 것이다. 통합교육이 갖는 하나의 특징은

학업기술을 증진하는 의미 있는 차별화 교수를 계획하고 실행하는 데 있어 일반교
사와 특수교사가 모두 중요하다는 것이다.

학생은 배우기 위해 떠나지 않는다

통합학교에서는 모든 학생이 일반학급의 완전한 구성원이다. 통합학급에는 특
정 기술이나 교과에서 특별수업을 받기 위해 학생이 떠났다 다시 돌아오는 것을 반
복하는 사실상의 회전문이란 없다. 특수교육 서비스, 교과 영역 중재, 관련서비스는
바로 일반학급의 맥락 속에서 일어난다. 수업 교재는 학생이 성공하도록 차별화되
거나 조정 혹은 수정될 수 있다. 학생이 감각 교구의 사용을 위해 작은 치료실로 가
는 대신에 작업치료사는 영어나 수학 수업시간에 사용할 수 있는 감각식이(sensory
diet)[1] 활동을 위한 도구상자를 마련한다. 어떤 학생은 자연스럽게 연필 쥐기가 일
어나는 작문 수업시간 동안 연필 쥐는 방법인 삼각 잡기(tripod grip)를 배울 수 있다.
통합학교의 핵심 특징 중 하나는 학생들이 교정이나 치료를 위해 해당 학급에서 분
리되지 않는 것이다.

소집단 구성과 자리배치는 이질적으로

통합학급에서 교사는 자리배치와 소집단 구성(grouping)에 대해 반드시 심사숙고
해야 한다. 장애학생은 한 학급에서 물리적으로 분산되어 있어야 한다. 다시 말해,
한 학급에 장애학생을 함께 모여 있게 하거나 같이 앉게 해서는 안 된다는 것이다.
장애학생의 사물함 역시 자연스럽게 분산되어 있어야 한다. 소집단 교수를 할 때 교
사는 가능하면 주로 능력에 의해서가 아니라 다양한 학생으로 집단을 구성하도록

---

1) 역자 주: 작업치료사인 Patricia Wilbarger가 구성한 감각통합치료 프로그램으로, 과제나 기타 일과에 집중
　할 수 있도록 개인의 요구에 맞추어 설계된 감각자극을 제공하는 활동이다.

해야 한다.

참여를 촉진하는 교수

통합학급 교수는 모든 학생에게 가치 있고 적합하다. 수업은 교사가 주로 이야기하고 학생은 수동적으로 앉아서 듣는 대집단 강의를 많이 하지 않는다. 교사들은 학생들의 학습양식 범위를 생각하면서 교수 계획을 한다. 통합학급에서는 학생들이 능동적 학습을 경험하는데, 주로 자기 자리에서 벗어나 또래학습이나 소집단 학습에 참여한다. 교과내용은 움직이면서 학습할 필요가 있는 학생의 요구에 적합하게, 다른 이들과 함께 학습하도록, 교과 내용과 신체적으로 접촉하고 상호작용하도록 계획된다. 학습 경험은 여러 감각양식(sensory modalities)을 포함하도록 설계된다. 다시 말해, 훌륭한 교수 기법은 통합학급에서 필수적이다.

왜 특수교육과 관련서비스는 통합학급 안에서 제공되어야 하는가

특수교육과 관련서비스가 물리적으로 일반학급의 맥락 속에서 제공되어야 하는 첫 번째 이유는 법이 이를 지원하기 때문이다(IDEA 2004; NCLB 2001). 두 번째 이유는 '미국 언어병리학회(American Speech-Language-Hearing Association: ASHA)'나 '미국 작업치료협회(American Occupational Therapy Association: AOTA)' 같은 전국적인 전문가 단체와 '변혁을 위한 전체 학교 통합프레임워크(Schoolwide Integrated Framework for Transformation: SWIFT)'처럼 연방정부 출연 센터들이 통합서비스와 협력적 서비스 전달을 분명히 지지하고 있기 때문이다. 세 번째 이유는 학생들은 일반학급에서 나오기보다 자신의 또래 옆에서 함께 교육받을 때 학업 수행을 더 잘하는 경향이 있기 때문이다(Theoharis, Causton, & Tracy-Branson, 2015). 부분적으로는 학생들이 학급에서 분리되어 나가는 경우 해당 학급에서 배우고 있는 교과내용의 주요 부분을 놓치게 되기 때문이다. 마지막으로, 학급에서 분리되고 있는 학생이야 말로 매일 여러 번의 전환을 가장 조절하기 어려워할 것이다. 통합특수교육과 관련 서비스의 제공은 교육전문가들이 법정신과 정부 기관의 의도를 따르게 할 뿐 아니라 학생의 학업과 사회적 잠재력을 극대화하도록 학생에게 가장 최선의 교육환경을 제공하게 한다.

통합교육과 중재반응모형

미국 내 많은 학교와 교육구가 주로 삼각 형태로 표현되는 세 개의 층으로 구성된 예방 모델인 중재반응모형(Response to Intervention: RTI)을 적용하고 있다. 이 삼각모형의 기본은 좋은 교육과정과 교수이며, 그다음 어떤 학생들에게는 처방된 중재가 제공되고, 이보다 좀 더 적은 수의 학생들은 부가적이고 좀 더 집중적인 중재를 받게 된다. 중재반응모형(RTI)의 맥락에서 혹은 이와 유사하게 세 개의 층으로 구성된 체제인 긍정적 행동지원(PBS)의 맥락에서 보이는 진정한 통합교육이란 보편적인 층에서 전형적으로 어려움을 겪는 많은 학생이 좀 더 성공할 수 있도록 이러한 삼각 구조의 기초를 크게 확장하는 방법이다. 통합교육을 포용하고 있는 학교에서는 일반적으로 좀 더 제한된 환경에서 중재받는 학생들에게 긍정적인 결과가 나타나고 있다는 점을 인식하는 것이 중요하다.

어떤 학교는 특정 학생집단에게 전달될 수 있는 처방적인 중재를 찾고 있는 반면, 통합교육은 좀 더 매끄럽고 통합된 지원을 제공하는 방법을 제안한다. 통합교육을 포용한 학교는 차별화 교수를 통해 일반교육 환경이라는 맥락 안에서 모든 학생의 요구를 충족시키는 방법을 향상시키고 있으며, 이로 인해 학생들은 풍부한 사회적 환경과 지원체계를 갖춘 핵심교육과정에 접근하게 된다.

개별화교육계획에 대해 알아야 하는 것

특수교육 서비스를 받고 있는 모든 학생은 자신의 개별화교육계획(IEP)이 있어야 한다. 개별화교육계획이 있는 학생은 이미 평가 및 관찰되었고, 교육팀은 학생에게 장애가 있다고 결정한 것이다. 개별화교육계획은 개별화교육지원팀이 해당 학년 동안 학습의 우선순위를 문서화한 법적 계획이다(Huefner, 2000). 이 팀에는 부모, (적합한 경우) 학생 본인, 일반교사, 특수교사, 학교행정가, 기타 필요한 전문가(예: 심리학자, 언어병리학자, 작업치료사, 물리치료사)가 포함된다. 이 문서를 작성할 때 개별화교육지원팀은 학생의 독특한 요구와 이번 학년 동안 일반학교 교육과정에서 해당 학생의 참여를 고려한 목표를 결정하고 문서화하기 위해 매년 함께 모인다.[2] 미국 교육부(2004)에 따르면 모든 개별화교육계획에는 법적으로 다음과 같은 정보가 포함되어야 한다.

- 학생의 현행수준: 학생이 모든 주제 영역에서 어떠한 수행을 보이는지에 대해 진술한다.
- 측정 가능한 장기목표와 단기목표: 주제 영역별로 학생을 위한 연간 목표를 나타낸다.
- 특수교육과 특수교육 관련서비스: 특수교육 관계자들에 의해 제공될 서비스의 양, 유형, 수준을 의미한다.
- 비장애아동과 함께하는 참여 정도: 개별화교육계획은 해당 학생이 일반교육 또래와 함께 보내는 시간이 얼마인지를 기록해야만 한다.
- 아동의 진전을 어떻게 측정할지에 대한 진술: 개별화교육지원팀은 학생의 진

---

2) 역자 주: 우리나라의 경우 「장애인 등에 대한 특수교육법」 제22조 제2항에 따라 개별화교육지원팀은 '매 학기마다 특수교육대상자에 대한 개별화교육계획을 작성'하여야 한다.

전을 얼마나 자주, 어떻게 측정할지 설명해야 한다.

- 조정: 해당 학생에 대해 필요한 조정 혹은 수정의 내용이 목록화되어야 한다.
- 연합고사 참여: 개별화교육계획에는 해당 학생이 전국 단위의 연합고사에 참여할 것인지, 만약 그렇다면 어떤 조정이 제공될 것인지를 표시한다.
- 서비스 제공 장소: 학생이 서비스를 받게 되는 총 시간과 장소를 설명한다.
- 전환서비스에 대한 진술: 적어도 16세 이상의 각 학생에게는 성인기 준비에 대한 설명이 있어야 한다.

개별화교육계획 과정에서 일반교사와 특수교사의 역할은 학업, 감각, 사회, 행동 관리 목표와 관련한 현행수준을 구성하도록 돕는 데 매우 중요하다. 교사들은 이러한 요구 영역들에 관련된 목표를 작성하는 데 있어 개별화교육지원팀을 지원하게 된다. 또한 교사는 개별화교육지원팀이 서비스 전달 장소를 결정하는 데 있어서뿐 아니라 해당 목표를 충족하도록 아동을 지원하기 위해 특수교육과 관련서비스의 필요 시간을 결정하도록 협력해야 한다. 이런 절차에 있어 교사들에게 낡은 사고방식이란 개별화교육지원팀의 다른 구성원들과 함께 개별화교육계획의 목표를 구성하는 대신 미리 작성된 자신들의 교육목표와 완성된 정보를 가지고 개별화교육지원팀 회의에 참여하는 것이다. 〈표 2-2〉는 초등학생들을 위한 학업, 사회, 행동, 치료 목표의 예이다. 개별화교육계획의 목표를 만들 때 교육팀은 학년 수준의 학업 지표를 함께 참고하면서 연간 목표를 포함하는 것이 중요하다. 〈표 2-3〉은 고등학교 1학년 공통핵심교육과정(Common Core Standards)을 함께 고려한 학업, 사회, 행동, 치료 목표의 예이며, 〈표 2-4〉에 있는 개별화교육계획 목표들은 중학교 1학년 공통핵심교육과정을 함께 고려한 것이다.

표 2-2 통합환경에 있는 초등학교 2학년 학생들을 위한 개별화교육계획 예시

기술	통합목표의 예
쓰기	촉각으로 느낄 수 있게 선이 도드라진 종이, 받침대, 연필에 끼우는 그립이 주어지면 제임스는 논픽션 본문의 세 개의 완전한 문장을 학급 또래가 알아볼 수 있게 쓸 수 있을 것이다.
악력	쉬는 시간에 넬리아는 줄넘기를 하는 동안 연속 15번의 회전 동안 줄을 잡는 손의 위치와 쥐기를 유지할 것이다.
자르기	어휘에 대한 시각적 지원, 맞춤형 가위, 협동학습 집단에서의 역할, 프로젝트 과제가 주어지면 에디슨은 포스터에 붙일 적절한 이미지, 내용 관련 항목, 어휘 단어를 잘라 고정할 것이다.
수학	또래지원, 어린이용 전자계산기(예: See N Solve Visual Calculator), 조작 자료가 주어지면 페이지는 10까지의 숫자를 사용해 문장제 덧셈문제를 풀 것이다.
감각	중량조끼나 무게감 있는 동물, 디스크 모양의 쿠션, 손으로 만지작거릴 수 있는 작은 장난감, 로커보드(rocker board)가 주어지면 에이든은 학급 전체가 소리 내어 읽기를 한 후 문해적 이해와 추론적 이해가 필요한 문제에 10분 이내에 90%의 정확도로 반응할 것이다.
발음 산출	조회 시간에 /s/ 음을 사용한 구호 반복, 's' 소리의 시범, 소리에 대한 학급 또래 모델링이 주어지면 브라이슨은 다섯 번의 반복 시도 중 세 번은 /s/ 음을 들리게 조음할 것이다.
억양	학생이 질문을 하는 데 필요한 의사소통 도구가 주어지면 엔조는 적절한 억양(각 질문을 마칠 때 억양을 올리기와 호흡)으로 또래에게 질문할 것이다.
차례 주고받기	말하기에 사용하는 물건(예: 서로 주고받을 수 있는 공)을 사용해 소집단 과학실험 토론을 하는 동안 마리는 여덟 번의 반복된 기회 중 여덟 번 모두 자신이 공을 받을 때까지 말하기를 지연할 것이다.
음성 산출을 위한 턱의 위치와 근육 기억	대집단 강의시간 동안 큰 조각의 껌(예: 풍선껌)이 주어지면 조슬린은 음성 산출을 위한 턱의 힘과 대칭적인 안정성을 높이기 위해 껌을 15분간 점차 더 많이 왼쪽과 오른쪽으로 씹을 것이다.

표 2-3　통합환경에 있는 고등학교 1학년 학생을 위한 개별화교육계획 목표의 예

교과 영역	통합목표의 예
읽기: 문학	학년 수준의 음성 도서, 그래픽 조직자, 또래 촉진이 주어지면 케이렙은 연속된 세 번의 회기에 걸쳐 80%의 정확도로 해당 이야기의 설명 요소(예: 주제나 핵심 개념, 캐릭터, 이야기 구조)를 찾아내는 데 본문의 증거를 사용할 것이다.
읽기: 정보전달 글	학년 수준의 음성 도서, 그래픽 조직자, 또래 촉진이 주어지면 케이렙은 80%의 정확도로 주제를 판단하는 데 본문의 증거를 사용하고, 한 가지 추론을 그리며, 요약을 할 것이다.
읽기: 기초 기술	자신의 가독력 수준에 적절한 내용이 주어지면 케이렙은 90%의 정확도로 읽기 위한 모든 음운 일치, 음절구분의 방식, 언어형태론의 지식을 결합해 사용할 것이다.
쓰기	보조공학, 단서를 주는 소프트웨어, 또래지원, 시간 연장, 철자발달에 대한 접근이 되면 케이렙은 80%의 정확도로 지지적 증거를 포함하는 논쟁 혹은 주장을 하며, 논점을 지원하는 결론 문장을 산출할 것이다.
수학	계산을 보조하는 조작도구, 보조공학, 수학 도구가 주어지면 케이렙은 세 번의 연속된 회기에 걸쳐 80%의 정확도로 학년 수준의 수학 교육과정 문제를 완성할 것이다.
행동	속삭이는 정도의 언어 촉진 혹은 시각적 촉진이 주어지면 케이렙은 말하거나 소리 내어 부르기 전에 구조화된 수업시간 동안 자신의 손을 들 것이다.
언어	언어활동에서 청각적 자극이 주어지면 케이렙은 연속된 세 번의 치료시간 동안 80%의 정확도로 추론 질문, '어떻게' '언제' '왜' 질문에 합리적인 반응을 할 것이다. 성인지원이 주어지면 케이렙은 최소 다섯 번의 대화 주고받기에 구두로 참여하여 80%의 정확도로 학년수준의 또래와 핵심교육과정 내용에 대한 서로 간의 대화에 참여할 것이다.

표 2-4	통합환경에 있는 중학교 1학년 학생을 위한 개별화교육계획 목표의 예
교과 영역	통합교육 목표의 예
역사/사회 수업 문해력	수정된 본문, 보조공학(아이패드와 빅레드스위치), 또래지원, 시간연장이 주어지면 크리스티나는 80%의 정확도로 역사/사회와 관련된 본문 설명에서 핵심 단계를 파악할 것이다.
읽기: 문학	메이어-존슨(Mayer-Johnson)사의 보완대체 의사소통 상징을 사용한 수정판 본문, 보조공학, 또래지원이 제공되면 크리스티나는 80%의 정확도로 본문의 줄거리가 해결되어 감에 따라 인물의 기분이나 반응에 대해 묘사할 것이다.
쓰기	관련된 핵심개념의 목록, 함께 브레인스토밍할 또래, 쓰기 보조공학 도구가 주어지면 크리스티나는 75%의 정확도로 주제를 소개하고, 세 개의 큰 범주와 각 범주별 두 개의 하위내용, 소제목, 그래픽을 포함하는 설명문을 쓸 것이다.
수학	시각 계산기, 대필자, 또래, 필요한 공식이 제공되면 크리스티나는 90%의 정확도로 정삼각형과 기타 삼각형의 넓이를 구할 것이다.
행동	시도해 볼 수 있는 휴식 아이디어 목록과 타이머가 주어지면 크리스티나는 95%의 정확도로 활동시간을 분할하기 위해 휴식을 적절히 사용할 것이다.
언어	의사소통 도구, 의사소통판, 간단한 단서카드가 주어지면 크리스티나는 95%의 정확도로 또래와 함께하는 자유활동 시간에 짝과 상호작용을 시작할 것이다.

주인의식의 변화: '나의 학생'에서 '우리 학생'으로

통합학교의 교사들은 학생에 대한 생각이 '나의 학생' 혹은 '당신 학생'에서 '우리 학생'으로 변화한다. 언어 사용에 있어 이러한 변화는 모든 학생이 팀에 있는 모든 교육자의 책임이라는 좀 더 넓은 개념을 상징한다. 이러한 개념은 나아가 수업 공간과 교육과정 책임으로도 해석될 수 있다. 예를 들어, 어떤 교육팀은 학생들에 대해 이야기할 때 '나의' '나의 학생' 혹은 '나는'이라는 용어를 피하고 팀 접근을 포용해 다른 교사들과 의사소통하는 언어를 사용한다. 그러므로 일반교사는 학급을 '우리 학급'으로 부르고 '3학년 팀'으로서 가정통신문에 서명하며, 각 성인(교사, 치료사, 보조인력 포함)의 이름을 적는다. 모든 전문가의 이름을 학급 문 앞에 적어 놓고, 각 전문가들은 학급 안에 자신의 소지품과 교재를 놓을 수 있는 공간을 갖는다. 협력이 잘 된 경우에는 대개 학생들이 각 교사의 특정 역할을 잘 알지 못한다는 점에 주목하는 것이 중요하다. 학생들은 학급에 있는 모든 성인을 교사로 본다.

　통합교육은 우리에게 모든 학생이 환영받고 사회적 충만감을 느끼며, 학업적인 도전을 하는 학교환경 만들기를 안내하고 있는 것이다. 통합학교에서는 통일성이 아닌 다양성을 기리며 중시한다.

통합교육에 대해 자주 묻는 질문

Q 통합교육이 정말 어떤 특정한 학생에게도 최선인가요?

A 이것은 교사들이 흔히 하는 질문입니다. 그동안의 연구는 통합환경이 장애학생에게 교육적으로나 사회적으로 더 나은 것이라는 사실을 지속적으로 보여 주고 있습니다. 문제는 해당 학생의 요구에 적합한 일반교육 환경을 어떻게 만들 것인지를 해결하는 것입니다. 여기에는 문제해결력과 협력 그리고 해당 학생의 요구를 교육과정에 빈틈없이 통합하도록 차별화된 지원을 설계하는 것이 필요합니다.

Q 통합교육 서비스에 대해 제가 가족들과 무슨 의사소통을 해야 하나요?

A 어떤 경우에는 통합교육 서비스 지원이 새로운 개념이 될 것입니다. 교육전문가들은 분리된 특수교육, 특수학급 환경, 분리된 학교 건물 배치, 관련서비스의 개별적인 제공의 장점에 대해 오랫동안 극찬해 왔을 수 있습니다. 교육자들이 통합학교 교육의 미덕에 대해 어떻게 이야기할 수 있을까요? 통합교육 서비스에 대해 가족들과 이야기할 수 있는 아이디어는 〈표 2-5〉를 참조하세요.

표 2-5 통합교육 서비스에 대한 가족과의 의사소통

질문	가능한 답변
서비스는 어디에서 제공되나요?	학생이 서비스를 받기 위해 교실을 떠나는 대신 학생이 있는 곳에서 서비스가 제공됩니다.
우리 아이가 혹시 창피해할까요?	서비스는 다른 모든 학생이 보는 통합학급에서 별도로 놓인 책상에서 제공되는 것이 아닙니다. 그 대신 개별 학생의 교육적 목표는 자연스러운 방식으로 학교 일과에 통합됩니다.
서비스가 왜 통합적으로 전달되는 거죠?	교육자들은 중단되지 않고 일반학급에 지속적으로 접근한 학생이 전반적으로 더 나은 수행을 보인다는 것을 알게 되었습니다. 미국의 연방법은 학생들이 모든 특수교육 및 관련서비스를 학교 일과에 포함하여 받을 때 더 나은 수행을 보이므로 분리된 서비스보다 통합적인 서비스 전달을 우선시합니다. 많은 학생이 특별한 서비스를 받기 위해 학급을 떠나는 것은 낙인이 된다는 점을 발견하였으며, 이때 학생들은 사회·정서적으로 영향을 받습니다. 특별한 중재를 위한 학급이나 치료환경에서 배운 기술은 대개 자연스러운 맥락에서 일반화되지 못하며, 따라서 이런 기술을 자연스러운 맥락에서 먼저 가르치는 것은 학생들이 새로운 기술을 적용할 수 있도록 돕습니다.
그건 혹시 우리 아이가 서비스를 덜 받게 된다는 의미인가요?	특수교사와 관련서비스 제공자들은 일반교사가 학급에서 필요한 기술을 모두 통합하도록 돕기 위해 함께 일할 것이며, 따라서 여러분의 자녀는 개별화교육계획에 있는 목표를 위해 오히려 더 많은 서비스와 지원을 받을 수도 있습니다.

Q 만약 내가 학생들을 학급에서 나오게 하지 않으면 개별화교육계획에 있는 특수교육 서비스 시간을 어떻게 충족하나요?

A 서비스는 여러 방식으로 수행될 수 있습니다. 법에서는 서비스가 이동 가능하며, 해당 학생에게 전달되어야 한다고 제안합니다. 그러므로 여러분의 시간에는 일반학급에 들어가는 것도, 센터를 운영하는 동안도 혹은 심지어 다른 교사들에게 수업을 하는 동안 특정 기술을 어떻게 수행하게 하는지에 대한 아이디어를 제안하는 것도 포함됩니다. 또한 여러분의 시간은 학생이 하루 일과 동안 일반학급에서 성공할 수 있도록 교재를 수정하거나 조정하는 것에도 쓰일 수 있습니다. 하루 일과

동안 교육목표가 빈틈없이 달성되도록 계획하기 혹은 교수나 교재를 특별히 설계하기는 해당 학생을 분리하는 것보다 더욱 효과적입니다.

Q 저는 특수교사이고 많은 학생을 담당합니다. 어떻게 이 학생들 모두에게 통합적으로 서비스를 제공할 수 있나요?

A 법에서 명확해진 한 가지는 교직원의 편의가 학생을 분리하는 데 정당화되어서는 안 된다는 것입니다. 그러므로 선생님께서는 어떤 학생에게 직접 지원이 필요한지, 어떤 학생이 자문 서비스를 받을 수 있는지 그리고 선생님은 어떤 학생의 진전을 점검하기 위해 들러 보아야 하는지를 결정하실 수 있습니다. 그런 다음 그러한 요구를 지원하도록 선생님의 일정을 조정합니다. 고정적이고 바꿀 수 없는 선생님의 담당 학생 수에 대해 생각하는 것(예: 오전 11:30~11:45 클로이에게 특수학급에서 음운인식 보충수업) 대신에, 어떤 학생의 하루 일과 중에 그러한 서비스와 대개는 문제해결을 제공하기에 적절한 시간을 생각합니다.

Q 통합교육이 정말 법에 정해져 있나요?

A 「장애인교육법(IDEA)」(2004)에서는 통합교육(inclusion)이라는 용어를 사용하지 않습니다.[3] 그럼에도 불구하고 그 법은 모든 학생이 최소제한환경에 배치되어야 한다고 규정합니다. 첫 번째 고려사항은 반드시 일반교육 환경이어야 하며, 학교는 좀 더 제한적인 환경 배치를 고려하기 전에 적절한 보완적 지원과 서비스가 있는 일반교육 환경에서 모든 학생을 가르치기 위해 시도했음을 반드시 증명해야 합니다.

---

3) 역자 주: 우리나라의 경우 「장애인 등에 대한 특수교육법」 제2조 제6항에 통합교육이 법적으로 정의되어 있다. 이 정의에 따르면 '통합교육이란 특수교육대상자가 일반학교에서 장애유형·장애정도에 따라 차별을 받지 아니하고 또래와 함께 개개인의 교육적 요구에 적합한 교육을 받는 것'을 말한다.

결론

오늘날의 학교는 갈수록 더욱 통합적(inclusive)으로 되어 가고 있다. 그러므로 통합교육 환경에서 일하고 있는 교사들은 통합학교 교육에 대한 이론적 근거와 역사, 주요 개념, 통합교육의 지표, 통합교육 환경에서 학생들을 최대한 완전히 지원하기 위한 체계인 개별화교육계획의 개념에 대한 이해가 필요하다. 여러분은 이 일을 혼자서 하지는 않을 것이며, 교육팀의 일원이 될 것이다. 다음 장에서는 일반교사와 특수교사가 모두 통합적으로 가르치기 위해 알아야 하는 특수교육의 구체적인 요소에 초점을 둔다.

특수교육

무엇을 보고자 할 것인가?
잡초인가 들꽃인가?

나는 나의 장애를 일탈이나 결핍이라기보다 다양성의 한 유형으로 보는 편이다. 나의 장애는 나를 나로 만드는 많은 것 가운데 그저 하나의 특징 혹은 특성이다. 사람들은 자신의 가치를 증명해야 할 필요가 없다. 분명한 건, 지금 우리가 이야기하고 있는 것이 인권 문제라는 것이다. 우리는 사람들이 보여 주는 다양한 특성의 조합이 무엇이든 상관없이 무조건적이고 천부적인 인간으로서의 가치를 확립해야 한다.

— Norman Kunc (Giangreco, 1996b/2004)

저는 학습장애 학생을 위한 프로그램을 전공해 특수교사 학위를 받았어요. 현재는 다른 장애유형도 가르칠 수 있는 자격증이 있지만 다른 유형의 장애학생을 지원하는 데 있어 제 자신이 준비가 덜 되어 있다고 자주 느껴요.

— Susan (특수교사)

저는 17년 동안 이 교육구에서 학생들을 가르쳐 왔어요. 그런데 우리에게 학급에서 특수교육대상학생을 가르치라는 이 새로운 임무가 내려온 거예요. 처음에 저는 매우 놀라고, 충격을 받았으며, 대체적으로 크게 당황했지요. 나는 특별연수도 받지 않았는데 이제 나에게 장애학생에 대한 책임이 있다니. 왜 있잖아요, 자폐증, 아스퍼거증후군, 다운증후군이 있는 학생을 하루 종일 혹은 일부 동안 말이지요. 정말 배워야 할 것이 너무 많았죠.

— Tina (일반교사)

걷고, 말하고, 그리고, 읽고, 쓰는 데에는 한 가지 이상의 방법이 있다.

— Thomas Hehir (2002, p. 17)

특수교육이 또 다른 어떤 교육과정을 의미해서는 안 된다. 그보다 장애학생이 교육과정에 접근하게 하는 매개이자 그 아동의 장애로부터 일어난 독특한 요구를 다루는 수단이어야 한다.

— Thomas Hehir (2002, pp. 23-24)

특수교육이란 무엇인가? 이 장에서 우리는 다음과 같은 질문에 답한다. 누가 특수교육을 받는가? 장애의 의미는 무엇인가? 왜 사람들은 교육적 명칭에 대해 주의해야 하는가? 특수교육 용어의 의미는 무엇인가? 또한 이 장의 마지막에는 자주하는 질문에 대해 답한다.

이 장은 교육계에 있는 모든 사람, 특히 일반교사와 특수교사가 필수적으로 이해해야 하는 중요한 개념과 생각을 확인한다. 이런 정보를 알게 됨으로써 교사들은 꼭 필요한 존재로서 자신들이 속해 있는 더 큰 교육체계에 대해 이해할 수 있다. 통합교육이 교육 지형의 일환이 됨에 따라 기본적인 특수교육 지식을 이해하는 것은 이 분야에 있는 모두에게 중요하다.

특수교육이란

간단히 말해, 특수교육이란 어떤 학생이 지닌 독특한 요구를 충족하도록 설계된 개별화된 교수이다. 이런 유형의 맞춤형 교수에서는 어떤 학생의 교실 학습을 위해 조절이나 조정이 요구될 수 있다. 조절(accommodation)이란 교육과정을 근본적으로 바꾸거나 기준을 낮추지 않는 수정(adaptation)을 의미한다(예: 시험 장소, 학생의 답안 작성 방식의 수정). 조정(modification)이란 해당 교육과정의 기대수준을 변경하는 것과 같은 변화를 의미한다(예: 수업 내용, 시간, 시험 제시방식의 변경). 「장애인교육법(IDEA)」(2004)에 의하면 특수교육 서비스를 받는 모든 학생은 특별한 교구(예: 음성도서), 관련서비스(예: 언어치료), 장비(예: 의사소통 도구), 다른 교수전략(예: 시각화 노트)을 받을 수 있다. 예를 들어, 어떤 청각장애 학생은 수업을 함께 따라가기 위해 수화통역사 서비스가 필요할 수 있다. 어떤 자폐성장애 학생은 학교 일과 중 변경된 시간에 대비하기 위해 시각적 시간표(visual schedule)와 같은 특별한 교구가 필요할 수도 있다. 학습장애 학생의 경우 작문 과제를 완성하기 위해 부가적인 읽기 교수나 시간 연장이 요구되기도 한다.

통합교육에서 특수교육은 일반교육의 한 부분이다. 일반교육과정을 배우는 학생을 돕기 위한 하나의 지원체계인 것이다. 미국 연방법에서 특수교육의 법적 정의는 "특별히 설계된 교수로서 학생의 부모에게 비용이 발생하지 않으며, 장애학생의 요구를 충족하기 위한 것"이다(IDEA 2004, 20 U.S.C. §1401[25]). 이 정의는 어떤 학생들의 경우 일반학급에서 배우고, 적절히 행동하며, 신체적으로 참여하는 데 어려움이 있으며, 그런 장애 때문에 학교에서 자신의 잠재력을 완전히 발휘하기 위한 기술과 능력을 기르도록 돕는 개별화된 지원이 필요하다는 것을 인정한다. 이러한 부가적인 서비스는 해당 학생의 부모에게 어떠한 비용도 들지 않으며, 지역정부와 연방정부에 의해 지원된다.

특수교육 관련서비스란

장애학생이 필요로 하는 지원이 특수교사나 기타 교수인력, 보조교사 혹은 보조인력에 의해 때로는 완전히 해결될 수도 있다. 그러나 어떤 학생은 특수교육의 혜택을 얻기 위해 부가적인 지원이 요구되기도 한다. 이러한 부가적 지원을 특수교육법에서는 관련서비스(related services)라고 부른다. 「장애인교육법(IDEA)」(2004)은 관련서비스라는 용어를 다음과 같이 정의한다.

장애아동이 자신의 개별화교육계획에 설명된 대로 무상의 적절한 공교육을 받을 수 있도록 계획된 교통수단과 발달, 교정 및 기타 지원서비스(언어치료와 청각서비스, 통역서비스, 심리서비스, 물리 · 작업치료, 치료레크리에이션을 포함한 여가지원, 사회복지 서비스, 학교간호사 서비스), 재활상담을 포함한 상담서비스, 보행서비스, 의료서비스…… 특수교육의 효과를 얻기 위해 장애아동을 지원하는 데 요구되는 것으로 아동의 장애상태에 대한 조기판별과 평가를 포함한다 (20 U.S.C. §1401[602][26][A]).

또한 모든 관련서비스는 학부모에게 비용을 청구하지 않는다. 다시 말해, 이러한 모든 서비스는 학생이 특수교육에서 효과를 얻을 수 있도록 하는 것이다.

특수교육은 장소가 아니라 지원이다

과거에는 특수교육이라는 용어를 사용할 때 어떤 특별한 장소나 학급을 떠올렸다. 사람들은 장애학생들이 특수교육 서비스를 받기 위해 가는 어떤 학급이나 학교 혹은 다른 분리된 장소를 생각했다. 그러나 이 개념은 이제 낡은 생각이다. 특수교육과 관련서비스는 이제 더 이상 특정 장소에 국한되지 않는다. 자폐성장애, 지적장애, 중복장애, 정서 및 행동장애가 있는 학생을 포함한 모든 학생은 학급 환경에서 배우는 것이 최선이며 또래 일반학생과 나란히 교육받을 때 도움이 된다는 것이 입증되어 왔다(Causton-Theoharis & Theoharis, 2008; Peterson & Hittie, 2002). 특수교육과 관련서비스는 학생을 해당 서비스가 있는 곳으로 데려가는 대신 일반교육 맥락에서 개별 학생에게 직접 쉽게 제공할 수 있는 이동 가능한 서비스(예: 읽기, 수학, 소근육운동 기술을 돕는 것)라는 점을 기억하는 것이 중요하다.

미국과 여러 나라에서 특수교육은 일반학급 안에서 일어난다. 장애학생이 주로 일반교육 환경에서 교육받을 때 이것을 통합교육(inclusive education)이라고 한다. 통합학급에서 일반교사와 특수교사, 관련서비스 제공자, 보조인력은 가능한 최소 제한환경에서 장애학생이 일반교육과정과 교수, 사회적 상황에서 일부가 되도록 보장해야 한다.

누가 특수교육을 받는가

「장애인교육법(IDEA)」(2004)하에서 매년 3세에서 21세 사이에 있는 650만 명이

넘는 학생들이 특수교육 서비스를 받는다(U.S. Department of Education, 2015). 다시 말해, 모든 학령기 학생의 약 11%가 교육에 불리한 영향을 주는 장애를 갖고 있기 때문에 특수교육 서비스를 받을 자격을 얻는다.

「장애인교육법(IDEA)」(2004)에서 장애학생은 "특정 장애를 가진 자 혹은 장애로 인해 특수교육과 관련서비스가 필요한 자"(PL 108-446, 20 U.S.C. §1401[3])로 정의된다. 각 학생은 적어도 하나 이상의 장애가 있기 때문에 특수교육을 받을 자격을 갖는다. 각 장애유형은 이 장 후반에 정의 및 설명된다.

특수교육을 받은 학생인구를 조사해 보면 성별, 사회경제적 지위, 인종 안에서 여러 가지 불편한 경향이 나타난다. 첫째, 일반학교 인구에서 남자와 여자의 수는 동일함에도 불구하고, 특수교육을 받는 인구는 대략 2/3가 남자이다(U.S. Department of Education, 2007). 둘째, 빈곤율은 비율상으로 전체 학교인구수보다 특수교육을 받는 학생에게서 더 높게 나타난다(U.S. Department of Education, 2007). 마지막으로, 불균형한 수의 특정 인종이나 민족 집단이 특수교육을 받는다. 예를 들어, 아프리카계 미국인 학생은 일반학교 인구의 14%를 차지하므로 특수교육을 받는 학생의 14%만이 아프리카계 미국인일 것으로 추정할 수 있다(Turnbull, Turnbull, Shank, & Smith, 2004). 그러나 실제 아프리카계 미국인 학생은 전체 학습장애 학생의 44.9%를 차지한다(U.S. Department of Education, 2007). 더 나아가 아프리카계 미국인 학생은 백인 학생에 비교해 특수교육과 관련서비스를 받을 확률이 세 배 이상 높다. 교육자들은 이러한 전국적인 인구 통계 경향을 인식하고 학생에게 특수교육을 위한 장애명을 붙이는 데 있어 편향적인 고리가 지속되는 것에 적극 대항해야 한다. 예를 들어, 어떤 학생이 이러한 인구학적 집단 중 하나에 속한다면 특수교육 적격성 여부를 결정할 때에는 추가적인 주의를 기울여야 한다.

의뢰 절차: 학생은 어떻게 장애명을 갖게 되는가

만약 어떤 학생이 교육적 명칭 없이 학교에 왔을 때 그 학생은 어떻게 장애명을 받게 되는지 이해하는 것이 중요하다. 다음은 특수교육 의뢰 절차[1]에 대한 설명이다.

1. 학생에게 장애가 있고, 서비스가 필요할 것으로 의심된다.

학교 전문가 누구나 혹은 학부모는 해당 학생이 서비스 적격성이 있는지를 알아보기 위해 학생에 대한 평가를 요청할 수 있다. 그러나 학생 평가에 앞서 부모 동의는 필수이다. 평가는 부모 동의를 받고 60일 이내에 완결되어야 한다.

2. 적격성이 결정된다.

평가 절차에는 중재반응모형(RTI)으로부터 나온 자료를 전문가팀에게 제공하는 것이 포함될 수 있다. 그런 다음 전문가팀은 의심되는 장애와 관련한 모든 영역에서 해당 학생을 평가한다. 예를 들어, 청각장애가 의심되는 학생은 청력 검사를 받을 수 있다. 학교심리학자, 특수교사, 일반교사, 관련서비스 제공자 그리고 필요하다면 의학전문가가 포함된 다학문적 팀(multidisciplinary team)에 의해 다양한 평가가 수행된다. 가족 역시 학생의 학업, 행동, 사회성, 의사소통 요구에 대한 중요한 관찰 결과를 제공한다. 이후 자격을 갖춘 모든 전문가와 부모는 장애의 정의와 더불어 평가결과를 자세히 살펴본다.

1) 만일 학생이 서비스에 적격한 것으로 판정되었다면, 이는 해당 학생에게 특수교육 서비스를 받을 수 있는 자격이 있다는 의미이며, 어떤 장애가 있다는 것으로 판별된 것이다. 과정은 다음 단계로 나아간다.

2) 만일 학생이 서비스에 적격하지 않은 것으로 판정되었다면, 이는 해당 학생에

---

1) 역자 주: 우리나라의 '특수교육대상자 진단 · 평가 의뢰서 제출 및 처리절차'는 부록 2를 참조한다.

게 특수교육 서비스를 받을 수 있는 자격이 없다는 의미이다. 학생에게 어떤 장애가 있다는 것이 확인되지 않은 것이다. 하지만 교육자들은 해당 학생의 교육을 지속하며, 필요한 지원을 제공한다.

3. 개별화교육계획 회의 일정을 잡는다.

30일 이내에 개별화교육계획이 반드시 작성되어야 한다. 그러므로 부모와 교사들이 상호 동의하는 회의 일정으로 개별화교육지원팀이 반드시 소집되어야 한다. 교사로서 여러분은 학생에 대한 지식이나 전문성이 있는 사람을 회의에 초대해도 된다는 정보를 부모에게 제공해야만 한다.

4. 개별화교육지원팀 회의를 통해 개별화교육계획을 작성한다.

교육전문가, 부모, 학생 등으로 구성된 팀은 개별화교육계획을 협력적으로 작성하기 위해 모인다.

5. 서비스가 제공된다.

해당 교육구는 개별화교육계획에 작성되어 있는 서비스를 실행할 법적 의무가 있다. 여기에는 학생에게 반드시 제공되어야 하는 조절, 조정, 보완적 지원이나 서비스가 포함된다.

6. 학생의 진전이 측정되고 부모에게 보고된다.

해당 학생의 연간 목표에 대한 진전(progress)이 측정되고 부모에게 보고된다. 이는 성적표 형태로 제공될 수 있다.

7. 개별화교육계획을 검토한다.

매년 학생의 개별화교육계획이 검토되며 새로운 목표가 작성된다.

8. 학생을 재평가한다.

최소한 3년마다 해당 학생이 장애학생으로서 여전히 적격한지를 재평가한다. 그러나 부모와 학교가 합의하는 경우 이러한 평가는 필요하지 않으며 면제될 수 있다.

개별화교육계획이란

법률이 인정하는 유형의 장애가 있는 모든 학생은 개별화교육계획을 가질 권리가 있다. 여기에는 해당 학생에 대한 정보와 특정 요구에 적합하게 설계된 교육프로그램이 포함된다. 개별화교육계획은 최소한 다음 내용을 반드시 포함해야 한다.

- 다양한 주제 영역에서 학생의 현행수준에 대한 설명
- 연간목표와 측정 가능한 목표에 대한 진술
- 장기목표와 단기목표를 향한 진전을 측정하는 영역과 해당 정보를 가족에게 어떻게 보고할 것인지에 대한 설명
- 제공되는 구체적인 특수교육, 특별히 설계된 교수, 관련서비스에 대한 진술
- 필요한 조절 혹은 보완적 지원과 서비스
- 학생이 일반교육에 참여하게 될 범위에 대한 진술. 이는 학생이 가능한 최대로 최소제한환경에서 교육받는다는 것을 강조하는 것이다. 이처럼 비장애학생과 함께하는 일반교육 프로그램에서의 학생 참여는 반드시 기록되어야 한다. 또한 교육팀은 주(state) 혹은 교육구(distrct)에서 실시하는 평가에 해당 학생이 참여하는 것을 고려해야 한다. 평가에 있어 어떤 조절이나 조정도 기록되어야 한다.
- 서비스가 시작되는 날짜, 기간, 빈도
- 전환계획은 16세 혹은 그 이전에 시작되며, 개별 학생의 요구에 기초해 필요한 전환서비스, 교수에 필요한 활동, 지역사회 경험, 일상생활 기술, 직업기술을 반드시 포함해야 한다. 만일 이러한 영역이 필요하지 않은 경우 그러한 결정의

근거가 반드시 진술되어야 한다.

　일반교사와 특수교사 모두 개별화교육지원팀 회의를 이끌 수 있다. 가장 흔한 것은 특수교사가 회의를 이끌고 일반교사가 참여하는 것이다. [그림 3-1]은 모든 팀 구성원이 의견을 내고, 실제로 이 과정의 일부라는 것을 모두 느끼도록 격려하는 데 유용한 팁을 제시하였다. 이는 단순히 개별화교육계획 절차 따르기에 대한 것이 아니라 학생을 일의 중심에 두는 방법과 협력적인 태도로 의미 있는 개별화교육계획을 만드는 방법에 대한 것이다.

개별화교육계획(IEP) 회의 한 달 전

부모와 대화한다. 부모에게 회의에 누가 참석하게 될 것인지 알려 준다. 회의의 전형적인 형식에 대해 이야기해 준다. 부모가 원하는 누구라도 회의에 함께 올 수 있다는 점을 알려 준다. 회의 장소를 정하고 가족이 해당 장소가 편안한지 확인한다. 또한 가족들이 회의를 시작할 때 공유하고 싶은 학생에 대한 문서나 사진이 있다면 이를 환영한다고 알려 준다. 어떤 교사들은 회의에서 논의할 주제를 정하는 데 도움을 받기 위해 부모에게 미리 질문지를 보낸다. 질문의 예시는 다음과 같다.

- 자녀의 강점, 재능, 소질은 무엇인가요?
- 자녀에 대한 부모님의 꿈과 목표는 무엇인가요?
- 부모님의 우려나 걱정은 무엇인가요?
- 자녀의 학교 경험에서 올해 정말 효과적인 것은 무엇인가요?
- 바꾸거나 고쳤으면 하는 것은 무엇인가요?
- 작년의 연간목표를 생각할 때 바꾸었으면 하는 것은 무엇인가요?

IEP 회의 2주일 전

회의 몇 주 전에 모든 구성원(가족 포함)을 초대해 새로운 개별화교육계획에 포함되기를 희망하는 내용을 편하게 간단히 적어 올 수 있도록 한다.

IEP 회의 1주일 전

초안으로 모든 생각을 적는다. 작성한 초안을 모두(가족 포함)에게 보내 피드백을 받는다. 만일 어떤 보고서라도 공유될 예정이라면 가족들은 회의 전 적어도 일주일 전에 읽어 볼 수 있도록 한다(누구도 이런 정보를 회의에 앉아 있는 동안 읽도록 해서는 안 됨). 이런 방법은 회의가 논의 과정과 부모가 원하는 변화가 실행되는 데 초점을 두도록 할 수 있다.

IEP 회의 당일

• 분위기에 대해 생각하기

부모가 교육전문가들이 있는 방으로 들어올 때 어떤 기분일지를 생각한다. 다음과 같은 질문을 스스로에게 해 본다. 좀 더 환영받는 기분이 드는 장소와 회의 공간을 어떻게 만들 수 있을까? 긍정적인 분위기를 만들려면 어떻게 해야 할까? 추후 내용에 대해 생각한다. 학부모를 교무실에서 만나고 함께 회의실에 들어온다. 모두에게 간식을 제공한다. 만약 어린 학생이 함께 자리한다면 약간의 준비된 활동을 제공해 학생이 회의에 참여하는 동안 무언가 할 일이 있도록 한다. 자리배치, 조명, 전반적인 편안함에 대해 고려한다. 모두 인사하게 하고 가족이 아직 만나지 못한 팀 구성원이 있다면 이름표를 제공한다.

• 가족 혹은 학생부터 시작하기

가족이 원하는 어떤 것이든 공유하면서 회의를 시작한다. 어떤 가족들은 자녀가 할 수 있는 일들을 보여 주는 자녀에 대한 비디오로 시작하기도 한다. 다른 가족들은 희망과 기대에 대한 설명으로 시작한다. 재미있는 이야기를 하면서 시작하기도 한다. 이것의 목적은 이 회의가 학생을 사랑하고 진심으로 걱정하는 가족에 대해 강조하고, 해당 학생의 긍정적인 측면에 초점을 두어 시작하도록 촉진하기 위해서이다. 다시 말하지만 의도된 긍정적인 분위기에서 시작한다.

대안적으로는 해당 학생이 자신의 진전에 대해 이야기하면서 회의를 시작하게 한다. 어떤 학생은 파워포인트로 발표 자료를 만들어 공유하는 방식을 더 편안해할 수 있다. 우리는 어떤 연령의 학생이라도 자신의 개별화교육계획 회의에 초대할 것을 제안한다. 이는 학생이 자신의 옹호자가 되도록 가르치기 위한 가장 좋은 방법이다. 만일 학생이 초대되었다면 반드시 이들의 생각과 제안을 듣도록 한다.

회의 진행

회의 안건에 대해 토론하고 그럼으로써 이 회의의 초점이 해당 학생의 목표라는 점을 확실히 하도록 학생의 요구를 우선시한다. 모든 팀 구성원이 해당 목표에 동의하는지 확실히 한다. 전체 팀원을 위해 항상 칠판, 화이트보드, 차트지, 스마트보드에 쓰면서 회의한다.

주제 영역별 평가결과와 자료를 공유하고 항상 긍정적인 정보를 먼저 공유한다. 익숙하지 않은 평가결과, 용어, 제안 등은 설명한다. 모든 것은 보여 주면서 확인한다. 다음과 같은 질문을 한다. "어떠세요?" "저 목표와 관련해 문제 있으신 분 계신가요?" "모두 이해하시는지요?"

휴식시간 갖기

누구라도 휴식을 요청할 수 있다는 점을 기억한다.

IEP 회의 이후

해당 학생과 부모에게 간단한 쪽지를 전달한다. 참석해 주셔서 감사하다고! 조만간(구체적인 날짜를 명료화) 최종 개별화교육계획을 보낼 예정이라는 것을 알리고 대화를 위한 창구를 연다. 만일 추후 어떤 질문이나 고민이 있다면 반드시 알려 달라고 이야기한다.

기억해야 할 팁

1. 부모는 파트너다! 부모는 팀의 동등한 구성원이며 그렇게 대우되어야 한다.
2. 회의에서 사람들이 많은 정보를 처리하리라 기대하지 않는다. 검사 보고서, 평가 자료, 회의에서 맨 처음 사용된 초안은 외부에 공유하지 않는다.
3. 일반교사와 특수교사는 모두 이 과정에서 동등한 파트너이다. 비록 일반교사가 회의를 이끌지 않더라도 개별화교육계획의 내용과 실행에 동등한 책임이 있다.
4. 부모의 입장에서 생각하라! 전문가들이 있는 방에 들어가 여러분 일생에 가장 중요한 일 중 하나, 즉 여러분의 자녀에 대해 이야기하는 기분은 어떨지 생각해 본다. 여러분의 의사소통에 대해 신경을 쓴다.

[그림 3-1] 통합교육교사들이 개별화교육계획 절차를 진행하는 방법

「재활법」504조 계획과 개별화교육계획의 차이는 무엇인가

어떤 학생들은 「재활법」 504조 계획에는 적격하지만 개별화교육계획을 가질 자격은 없는 경우도 있다. 통합교육교사들은 이 두 지원 계획 간의 차이에 대해 알 필요가 있다. 여러분은 학생의 교육적 요구에 부합하기 위해 두 계획 모두를 실행해야 할 책임이 있을 수도 있다. 〈표 3-1〉은 이 두 가지 계획의 차이를 요약한 것이다.

표 3-1 「재활법」504조 계획과 개별화교육계획의 특징

「재활법」504조 계획	개별화교육계획
1973년 재정된 「재활법」 504조에 규정된 것으로 연방정부의 기금을 받는 기관과 학교에서 장애인의 완전한 참여를 보장하고 보호하기 위한 미국 「시민권법」에 포함된다.	연방 교육법령인 「장애인교육법(IDEA)」(2004)에 규정된 것으로 연방법의 장애유형 중 하나가 있는 것으로 판별된 학생을 위한 무상의 적절한 공교육을 보장한다.
여러 영역(예: 고용, 공공건물, 교육, 교통수단)에서의 개인 생활을 영위하는 데 있어 차별로부터 장애인을 보호하기 위함이다. 장애인은 신체적 혹은 정신적 장애로 인해 하나 혹은 그 이상의 주요 일상 활동(말하기, 걷기, 보기, 학습하기, 일하기, 듣기, 숨쉬기)에서 제한을 갖는 사람으로 정의되며, 해당 장애에 대한 기록이 있다.	「장애인교육법(IDEA)」에 있는 장애유형인 교육적 장애가 있다고 확인되었으며, 그 장애가 일반교육으로부터 혜택을 받기 위한 학생의 교육적 수행이나 능력에 불리한 영향을 주는 3세에서 21세 사이의 학생을 위한 것이다.
평가 자료는 다양한 출처에서 수집된다. 전문가는 부모 동의 없이 의사결정을 할 수 있으나 부모에게 반드시 고지되어야 한다.	교육전문가로 구성된 다학문적 팀에 의해 평가된다. 충분한 설명이 주어진 부모의 서면 동의가 요구된다.
특별한 교수를 요구하지 않으나 그 대신 완전한 참여의 어떠한 장벽이라도 있다면 이를 제거하기 위한 조절이나 교육 서비스가 요구된다.	특별한 교수와 개별적인 조절 및 학생이 일반교육과정에 접근하고 혜택을 얻도록 하는 교육 서비스가 요구된다.
추가적인 연방 정부의 재정지원은 없다. 주정부와 지역의 법원에게 책임이 있다. 「장애인교육법(IDEA)」 연방정부의 재정은 「재활법」 504조 서비스 지원에 사용되지 않을 수 있다.	주정부와 지역 교육기관은 특수교육 및 관련 서비스 지원을 위한 연방정부의 재정지원을 받는다.

개인적으로 받은 평가에 대한 특정 교육구의 비용 제공을 허락하지 않는다.	만약 부모가 해당 교육구에 의해 수행된 평가에 동의하지 않은 경우, 그 교육구의 기준에 적합하다면 부모는 개인적으로 받은 교육평가에 대해 학교 교육구의 비용을 요청할 수 있다.
교육구에서는 자녀의 최소제한환경 배치, 판별, 평가, 개별화교육계획의 실행에 동의하지 않는 부모를 위한 고충처리절차를 마련해야만 한다. 적법절차에 의한 청문은 미국 교육부 산하 시민권리부(Office for Civil Rights)의 개입 전 필수사항은 아니다. 시민권리부에 의해서 집행된다.	최소제한환경 배치, 판별, 평가 혹은 개별화교육계획의 권리에 대한 실행에 동의하지 않는 부모에게 적법절차에 의한 청문이 허용된다. 현행유지조항(stay-put provision)은 이 과정에서 해당 청문 절차를 통해 모든 분쟁이 해결될 때까지 학생이 현재 개별화교육계획과 교육 배치를 유지하는 것을 보증한다.
학생의 진전에 대한 보고는 필수가 아니다.	학생의 진전에 대한 보고는 필수이다.

장애는 무엇을 의미하는가

　장애유형은 '성장하는 아동이 직면하게 될 수 있는 문제에 대해 분류하고 생각하는 데' 사용된다(Contract Consultant, IAC, 1997, p. 8: Kluth, 2010, p. 3에서 재인용). 어떤 학생의 장애명을 이해하는 것은 그 아동에 대해 배우는 데 있어 단지 시작점일 뿐이다. 이 장 처음에 인용된 Kunc의 말이 우리에게 통렬히 상기시키듯이 장애란 다양성의 한 유형으로 "나를 나로 만드는 많은 것 가운데 하나의 특징 혹은 특성"이다(Giangreco, 1996b/2004). 장애라는 명칭은 그 학생의 개별적인 재능, 소질, 장점에 대해 아무것도 밝혀 주지 않는다. 장애는 학생의 여러 부분 중 하나인 것이다. 또한 장애는 그 사람이 누구인지 설명하지 않는다. 단지 그 사람의 한 측면만을 설명할 뿐이다.

　이 점을 명확히 설명하기 위해 잠시 여러분 자신을 설명하는 단어 다섯 개를 적어 보자. 어떤 것이 포함되었는가? Julie[2]는 자신이 다른 사람과 맺고 있는 관계, 자신

---

2) 역자 주: 이 책의 저자이다.

의 직업, 성격 특성을 포함했을 수 있다. 목록에는 엄마, 교수, 자연을 사랑하는 사람, 딸, 사교적이라는 단어가 포함될 것이다. Chelsea[3]는 인정 많은, 용감한, 교육자, 교수, 주도적인, 운동선수라는 단어를 포함할 것이다. 우리의 목록에는 어떤 결함도 포함되지 않았다는 사실에 주목하자. 우리는 일반적으로 자신이 어떤 사람인지를 알려 주는 주요 식별어에 부정적인 단어는 사용하지 않는다. 예를 들면, 자신이 재정 관리를 그다지 잘하지 못한다는 사실을 가장 먼저 생각하지는 않는다는 것이다. 이것은 장애가 있는 사람에게도 마찬가지이다. 그 사람의 장애영역은 그가 누구인지의 (아마도 가장 작은) 한 부분인 것이다. 교육자로서 우리는 장애에 대한 우리 자신의 신념과 이해를 점검할 필요가 있다. 우리는 장애를 가장 먼저 보는가? 우리는 결함만을 생각하고 있는가? 또한 우리는 각 학생들의 인간적 잠재력, 강점, 소질에 대해 생각하고 있는가?

장애의 사회적 구성

장애유형은 사람들이 만든 것이며 그러한 유형은 시간이 흐르면서 바뀌고 변한다는 점을 인식하는 것이 중요하다. 의학전문가, 교사, 연구자—정부 기관과 더불어—는 이러한 유형을 만들어 왔으며, 이것은 고정된 것이 아니라 변하며 변화해 왔다. 장애가 어떻게 구성되었는지의 극단적 예를 들면, 어느 시점에서 지적장애(이전에는 법률상 정신지체로 불렸다)가 있다는 자격을 갖추려면 지능지수(IQ)가 80 혹은 그 이하여야 했다. 1973년 연방정부는 이 지능지수(IQ)의 상한기준을 70 혹은 그 이하로 낮추었다. 따라서 본질적으로는 법률 서명 한 번으로 수많은 사람이 '치료된 것'이었다(Blatt, 1987).

일단 한번 생겨난 유형은 강화된다. 다시 말해, 사람들은 보고 싶은 것을 본다. 학생이 어떤 장애명을 갖게 되면, 교육자들은 장애라는 다른 렌즈를 통해 학생을 보기

---

3) 역자 주: 이 책의 저자이다.

시작한다. 우리는 이러한 과정을 현장에서 수없이 보아 왔다. 예를 들어, 초등학교 3학년 교실에서 연구 프로젝트를 수행하는 동안 모든 학생이 자신들의 미술 프로젝트를 끝내느라 바쁘게 작업하며 이야기하고 있었다. 그런데 갑자기 미술 선생님이 이렇게 소리쳤다. "제이미, 그게 마지막이야!" 그 교사는 칠판으로 가더니 제이미의 이름을 적었다. 거의 모든 학생이 떠들고 있었는데, 하필이면 정서장애라는 꼬리표가 있는 제이미가 너무 떠들었거나 무례한 행동을 했다고 여겨지고 주목을 받은 것이다. 그러나 현실은 제이미의 행동이 다른 많은 학생과 전혀 다르게 보이지 않았다는 것이다.

장애유형들이 만들어지고, 팀으로 구성된 사람들은 누가 그 자격이 있는지 혹은 없는지를 결정한다. 혹시 여러분은 어떤 장애명을 가진 사람과 일하면서도 그 사람에게 정말 그 장애가 있다고는 생각되지 않았던 경우가 있는가? 특수교육이 필요하다고 생각되는 학생에게 그 자격이 없는 경우를 본 적이 있는가? 장애명은 사람을 설명하는 절대불변의 법칙이 아니다. 이는 개인들을 위해 어려움의 양상을 알려 주는 지표이며, 다른 사람들의 인식에 의해 결정된다. 특히 교육자로서 우리는 어떤 학생이 어떤 장애명을 가질 자격이 되는지 아닌지의 여부에 대한 인식을 주로 제공하는 사람들이다.

장애명 붙이기: 주의가 필요한 절차

장애라는 이름표는 개인에게 긍정적 · 부정적 영향을 모두 줄 수 있다. 한편에서는 많은 이가 장애명은 부모와 전문가들을 위한 공통 언어를 정의하는 데 도움이 된다고 믿는다. 이러한 공통 언어는 학생이 필요한 특정 지원이나 서비스에 접근하도록 해 준다. 어떤 면에서 장애명은 특정 교육지원과 서비스를 향한 필수적인 첫 단계인 것이다.

그러나 개인에 대해 장애라는 이름 붙이기 혹은 유형화하기에는 진짜 문제가 존재한다. Kliewer와 Biklen은 학생에게 장애명 붙이기는 "빈번히 낙인으로 이어지고 사회적·교육적 고립을 이끄는 비하적인 과정"이 될 수 있다고 말했다(1996, p. 83). 장애명에 대한 사용과 과도한 의존은 많은 문제를 야기한다. 장애명은 교사로 하여금 특정 학생을 한 가지, 오직 한 가지 방식으로만 보도록 하는 고정관념을 가져올 수 있다. 장애명 붙이기(labeling)는 사람들 간의 차이를 부각시킨다. 예를 들어, 어떤 학생에게 명칭이 붙었을 때, 교사, 치료사, 보조인력은 그 학생과 또래 간의 차이에 주목하기 시작한다. 그러한 명칭으로 인해 학생들은 자기 스스로를 다르게 보기 시작하는 낮은 자존감을 갖게 될 수 있다. 또 어떤 경우에 명칭은 학생이 학교에 있을 때 그저 '장애인(disabled)'임에도 불구하고 수행했다는 인상을 전달하기도 한다. 불행히도 장애명 붙이기는 전문가들에게 실제로 안정감을 준다. 명칭은 전문가로 하여금 "장애유형은 고정적이고, 의미 있으며, 사실 어떠한 것도 이보다 잘 이해될 수 없다."라고 믿게 한다(Kluth, 2010, p. 7).

　　이 책을 통해 우리는 현 교육체계에서 가장 보편적인 언어를 사용한다. 그러나 우리는 진짜 문제들과 때때로 이러한 방식으로 다름에 대해 생각하는 것의 위험에 대해 잘 알고 있다. 어떤 사람들은 모든 학생이 그들의 개별 능력에 초점을 두어야 한다는 것을 나타내기 위해 장애(disability)를 'dis/ability(구분기호를 넣어)'라는 용어로 사용한다. 우리는 장애(disability)를 'dis/ability'라는 단어로 쓰는 것을 선호하지만 의도적으로 일반교육과 특수교육에서 가장 보편적인 언어를 사용해 독자들이 해당 정보를 다른 전문지식과 쉽게 연결할 수 있도록 하였다.

교육용어

　　전문용어의 각 단어 첫 글자로 구성된 약어는 통합특수교육 분야에서 약어의 사용이 부모와 그 분야에 문외한인 사람들에게 어떻게 들리는지를 은유적으로 보여 준다. 다음은 자주 약어로 사용되는 교육용어 목록이다.

　　스스로 답을 맞혀 보자. 다음 목록에서 약어를 풀어서 쓴 오른쪽 내용을 가린다. 이 약어 중 몇 개를 알고 있는가? 들어 보았거나 사용해 본 적이 있는 것은 몇 개인

가? 개별화교육지원팀 회의에서 사용하였을 때 부모 혹은 다른 이들에게 설명해야
만 하는 약어는 무엇인가?

- AAC(augmentative and alternative communication): 보완대체 의사소통
- ABA(applied behavior analysis): 응용행동분석
- ADA(American with Disabilities Act): 「미국 장애인법」
- ADD/ADHD(attention deficit disorder/attention-deficit/hyperactivity disorder): 주
  의집중장애, 주의력결핍 과잉행동장애
- AOTA(American Occupational Therapy Association): 미국 작업치료협회
- ASD(autism spectrum disorder): 자폐성장애[4]
- AT(assistive technology): 보조공학
- AYP(adequate yearly progress): 연간 적정 향상도
- BIP(behavior intervention plan): 행동중재계획
- CART(communication access realtime translation): 음성-자막변환 동시통역 서비스
- CBI(community-based instruction): 지역사회중심교수
- CBM(curriculum-based measurement): 교육과정중심측정
- COTA(certified occupational therapy assistant): 작업치료 보조원
- CST(child study team): 아동연구팀
- DS(down syndrome): 다운증후군
- EBD(emotional behavioral disturbance/disorder): 정서·행동장애
- ED(emotional disturbance): 정서장애
- ELL(english language learner): 영어를 모국어로 하지 않는 학습자
- ESL(english as a second language): 영어를 모국어로 하지 않는 학습자 영어교육

---

4) 역자 주: 우리나라의 경우 '자폐범주성장애' '자폐스펙트럼장애' 등의 용어가 함께 사용되고 있으나 이 책에
   서는 법적 명칭인 '자폐성장애'를 사용한다.

- ESY(extended school year): 장애학생을 위한 학기 연장
- FAPE(free appropriate public education): 무상의 적절한 공교육
- FBA(functional behavioral assessment): 기능적 행동평가
- FERPA(Family Educational Rights and Privacy Act): 가족교육권 및 프라이버시에 관한 법률
- FVA(functional vision assessment): 기능 시력 검사
- HI(hearing impaired): 청각장애
- ID(intellectual disability): 지적장애
- IDEA(Individuals with Disabilities Education Improvement Act): 「장애인교육법」
- IEP(individualized education program): 개별화교육계획
- IFSP(individualized family service plan): 개별화가족지원계획
- LD(learning disability): 학습장애
- LRE(least restrictive environment): 최소제한환경
- MAPS(Making Action Plans): 맵스(실행 계획)
- MTSS(multi-tiered systems of support): 다층지원체계
- NCLB(No Child Left Behind Act): 「아동낙오방지법」
- ODD(oppositional defiant disorder): 반항성장애
- OI(orthopedic impairment): 지체장애
- OHI(other health impairment): 건강장애
- OT(occupational therapist): 작업치료사
- PBIS(positive behavioral interventions and supports): 긍정적 행동중재 및 지원
- PBS(positive behavior support): 긍정적 행동지원
- PECS(Picture Exchange Communication Systme): 그림교환 의사소통 체계
- PLP(present level of performance): 현행수준
- PT(physical therapist): 물리치료사
- RTI(response to intervention): 중재반응모형

- SDI(specially designed instruction): 특별히 설계된 교수

- SI(sensory integration): 감각통합

- SLD(specific learning disability): 특정학습장애

- SLP(speech-language pathologist): 언어병리사

- TBI(traumatic brain injury): 외상성 뇌손상

- UDL(universal design for learning): 보편적 학습설계

- VI(visual impairment): 시각장애

법적 장애유형

　여러분이 알고 있는 장애유형은 몇 가지인가? 미국 연방정부의 장애유형은 13개이다. 특수교육을 받는 모든 학생은 이 13개 유형 중 하나를 대표하는 공식적인 장애명을 갖는다. 교육자로서 여러분은 교사 양성과정에서 이러한 정보를 배웠을 수 있으나 이러한 유형은 시간에 따라 바뀌고 변한다. 학생에 대한 설명으로 이러한 장애유형이나 장애명을 사용하는 데 있어 교사들이 매우 주의해야 한다는 점을 기억해야 하지만 학생이 서비스를 받기 위한 자격을 어떻게 갖추게 되는지 이해하는 것은 교사에게 중요하므로 다음 내용에는 장애유형에 대해 정의하고 설명한다.

　현재 미국 연방정부의 13개 장애유형은 다음과 같다. ① 자폐증(autism), ② 농-맹(deaf-blindness), ③ 농(deafness), ④ 정서장애(emotional disturbance), ⑤ 청각장애(hearing impairment), ⑥ 지적장애(intellectual disability, 이전에는 정신지체로 불림), ⑦ 중복장애(multiple disabilities), ⑧ 지체장애(orthopedic impairment), ⑨ 건강장애(other health impairment), ⑩ 특정학습장애(specific learning disability), ⑪ 말/언어장애(speech or language impairment), ⑫ 외상성 뇌손상(traumatic brain injury), ⑬ 시각장애(visual impairment, 맹을 포함)이다. 다음에는 「장애인교육법(IDEA)」(2004)에 있는 장애유형의 정의를 포함하였으나 각각의 장애를 이해하는 가장 유용한 방법은

그 장애를 더 완전히 이해하기 위해 해당 장애명을 가지고 살아가는 사람들의 이야기를 주의 깊게 듣는 것이다. 그러므로 각각의 정의 다음에 그에 해당하는 특정 장애를 가진 사람들의 목소리를 함께 포함하였다. 이러한 목소리가 완벽한 사례를 의미하는 것은 아니며, 한 개인이 동일한 장애를 가진 전체 학생을 결코 대표할 수도 없다. 법적 정의와 개인이 스스로 사용하는 정의 간의 차이에 주목해 보자. 법적 정의가 학생들이 할 수 없는 것 혹은 학생들이 갖는 어려움에 초점을 두는 반면, 해당 학생들의 목소리는 각 개인의 재능과 능력에 더 초점을 두고 있다는 점이 흥미롭다.

자폐증

자폐증(autism)은 구어(verbal)와 비구어(nonverbal) 의사소통, 사회적 상호작용에 심각한 영향을 주며 교육수행에 부정적인 영향을 주는 발달장애로서 일반적으로 3세 이전에 나타난다고 법적으로 정의된다. 자폐증과 흔히 연관되는 특성에는 반복적인 활동과 상동행동, 일상이나 환경 변화에 대한 저항, 감각 경험에 있어 독특한 반응이 포함된다(IDEA 2004, 34 C.E.R. §300.8[c][1][i]).

이 장애와 함께 매일 살아가고 있는 어떤 자폐인은 자폐증에 대해 아주 다른 정의를 제시한다.

자폐증의 어떤 측면들은 단지 그것이 어떻게 인식되느냐에 따라 좋거나 나쁠 수 있다. 예를 들어, 만약 당신이 자신의 발에 너무 집중하다가 신호등이 바뀌는 것을 놓친다면 '고도 집중력 (hyperfocusing)'은 문제가 된다. 그러나 다른 한편으로 강도 높은 프로젝트를 할 때 '고도 집중력'은 대단한 기술이다. 이런 특성은 특히 프리랜서나 컴퓨터 작업을 하는 데 아주 적합하다. 나는 결코 자폐증이 모두 좋기만 하거나 단순히 다른 것일 뿐이라고 주장하는 것이 아니다. 나는 나의 자폐증이 장애라는 것을 안다. 그러나 그렇다고 그것이 모두 나쁘다거나 내가 다른 누군가가 되고 싶다는 것을 의미하는 것은 아니다(Molton, 2000).

또 다른 자폐인은 이렇게 설명한다. "나는 자폐증이 정신이 고장 난 비극적인 사례가 아니라 자연의 경이로운 사건이라고 믿는다. 많은 경우 자폐증은 어떤 미지의 천재 같은 것일 수 있다."(O'Neill, 1999, p. 14: Kluth, 2010, p. 3에서 재인용) 우리가 만난 또 다른 사람은 이렇게 표현했다. "나는 자폐증과 함께 사는 것이 자폐증 없이 사는 것과 결코 다르지 않다고 굳게 믿는다. 모든 사람은 실제로 서로 다른 강점, 약점, 문제가 있다. 우리를 똑같은 요구가 있는 하나의 집단으로 보는 대신 어떤 특정 영역에 요구가 있는 개인들로 보아야 한다."(Rubin, 2010)

농-맹

농-맹(deafblindness)이란 법적으로 "청각장애와 시각장애가 (동시에) 공존하며, 시각장애 혹은 청각장애만 있는 아동을 위한 특수교육 프로그램으로는 조정될 수 없는 심각한 의사소통과 기타 발달 및 교육적 요구를 야기하는 중복장애"라고 정의된다(IDEA 2004, 34 C.F.R. §300.8[c][2]).

다시 말해, 농-맹 학생은 청각장애와 시각장애가 모두 있다. 농-맹 학생의 비율은 특수교육 서비스를 받는 학생 전체 인구 중 0.0001% 이하이다(U.S. Department of Education, 2011). 그러므로 대부분의 교육자는 이런 장애명이 있는 학생을 지원하게 될 일이 없을 것이다. 많은 농-맹인이 손으로 느끼는 수화 형태인 촉각수화(tactile sign)를 배운다.

Helen Keller는 가장 유명한 농-맹인 중 한 명이다. 그녀는 『나의 인생 이야기 (The Story of My Life)』(1903)[5]라는 제목의 자서전에서 이 장애명을 갖고 살아가는 것이 어떤 것인지에 대해 명확히 기술했다. 다음은 Keller가 세상과 어떻게 상호작용했는지를 설명하는 문장이다. "이 세상에서 가장 아름다운 것들은 보이거나 만져질 수 없다. 단지 가슴으로만 느낄 수 있다."(1903, p. 6)

---

5) 역자 주: 국내에는 『헬렌 켈러 자서전』이라는 제목으로 출판되었다.

농

농(deafness)이란 법적으로 "청각장애가 매우 심해 아동의 교육수행에 부정적인 영향을 주는 것으로 농인은 언어정보를 처리하는 데 있어 보청기를 착용하지 않거나 착용한 경우에도 어려움이 있다."라고 정의된다(IDEA 2004, 34 C.F.R. §300.8[c][3]). 이 장애유형으로 특수교육을 받을 자격이 있는 학생들은 일반적으로 수화를 사용한다. 이러한 학생들은 수화통역사를 활용함으로써 혹은 독화(speech reading)와 같은 구두교수법(oral methods)이나 타인의 입술과 얼굴 표정을 읽는 방식을 통해 일반교육과정에 접근할 수 있다.

청각장애가 있는 대학생 마비스는 농인으로서 자기 삶의 경험을 다음과 같이 공유했다.

> 정말이다. 주말마다 나는 자전거 동호회 사람들과 함께 나의 최고급 레이싱 자전거를 타고 최고 속력(때로는 평지에서 40mph의 속도로)으로 달린다. 500명이나 되는 회원 중에 나만 유일한 농인이다. 또한 나는 사격연습장에 가서 사격을 하고, 사람들과 사귀는 것을 좋아한다(Marvis, 2007).

정서장애

정서장애(emotional disturbance)[6]의 법적 정의는 다음과 같다(IDEA 2004, 34 C.F.R. §300.8[c][4]).

> 오랜 기간 다음의 특징 중 한 가지 이상을 보이며 학생의 교육수행에 현저하게 부정적인 영향을 주는 상태
>
> a. 지적, 감각적, 건강상의 요인에 의해 설명되지 않는 학습의 무능력

---

6) 역자 주:「장애인 등에 대한 특수교육법」에 따른 우리나라의 법적 용어는 '정서·행동장애'이다.

b. 또래 및 교사와 만족스러운 대인관계를 형성하거나 유지하는 데 있어서의 무능력

c. 정상적인 상황에서 보이는 부적절한 행동이나 감정

d. 일반적으로 만연된 불행감이나 우울

e. 개인 혹은 학교문제와 관련된 신체화 증상이나 두려움을 보이는 경향

정서장애 학생은 미국 특수교육 인구의 약 8%를 차지한다(U.S. Department of Education, 2011).[7] 이 장애유형은 학생이 어떻게 행동하는가와 관련이 있다. 학생이 이 장애유형에 속하기 위해서는 학생의 행동이 자신의 또래에 비해 심각히 다르게 보여야 한다(Taylor, Smiley, & Richards, 2009). 정서장애가 있는 캐리는 이런 방식으로 설명했다.

나는 (사람들이) 내게 하는 말의 절반 정도는 오해하고 사람들이 더 이상 내 친구가 되길 원하지 않는다는 뜻으로 해석한다. 왜 아니겠나? 나는 사람들이 시간을 들일 만큼 혹은 사랑하거나 관심을 둘 만큼의 가치가 없다. 그러면 나는 그들에게 화가 나고 공격한다. 그들이 나에게 상처를 주기 전에 그들에게 상처를 준다. 정말 멍청한 일이지만 이것을 깨달았을 때는 이미 너무 늦어 버린 후이다(출처 불명: 조울증 및 기타 정신건강 관련 정보).

청각장애

청각장애(hearing impairment)가 있다는 것은 "아동의 교육수행에 부정적인 영향을 주지만 농(deafness)의 정의에는 포함되지 않는 영구적 혹은 변동적으로 듣는 데 있어서의 장애"로 정의된다(IDEA 2004, 34 C.F.R. §300.8[c][5]). 청각장애가 있는 학생은 일반적으로 수화를 사용하지 않는다. 그 대신 증폭시스템(amplification system)[8]

---

7) 역자 주: 교육부의 「2020년 특수교육 연차보고서」에 따르면 우리나라의 경우 정서·행동장애가 있는 학생은 전체 특수교육대상자의 2.1%이다.

8) 역자 주: 소리를 크게 증폭시켜 주는 보청기 혹은 수신기 등의 보조도구나 장치를 말한다.

을 사용할 수 있다. 청각장애가 있는 사라제인 톰슨은 자신의 경험에 대해 다음과 같이 설명했다.

> 내가 (청각장애를) 설명하려는 방식이란 사람들이 사용하는 말을 여러분이 들을 수 없어야 할 필요는 없지만 그보다는 그 말들과 유사한 소리는 들리나 그 소리가 무엇인지 잘 알지 못하는 것과 같다. 그것은 건청인이 어떤 것을 그저 듣고 이를 다시 어떤 이에게 반복해 질문할 때와 비슷하다. 그런 식이다. 다만 나는 이런 경우가 좀 더 빈번하다는 것이다. 그래서 나는 무슨 일이 일어나는지를 알아내려고 다른 전략을 사용하는 경향이 있다. 나는 입술을 읽는다. 하지만 입술을 읽는 것은 완벽하지 않다. 많은 어휘는 똑같아 보이고 그래서 이를 전적으로 사용해 다른 사람에게 말하는 것은 내게 어렵다. 나는 정말 많은 추측을 한다. 대부분의 문장은 이해하지만 나 자신이 그 사이의 틈을 메우려고 노력한다. 이 방법은 대체로 효과가 있다. 때로는 그렇지 않은 경우도 있는데…… 가끔 나는 전체 문장을 잘못 듣게 되는데, 그러면 내 머리는 적합할 것 같은 음절과 소리라고 생각되는 임의의 단어를 채우지만 그런 단어들은 전혀 말이 되지 않는 것이다. 나에게 청각장애라는 것은 너무 정상이다. 사람들은 나에게 청각장애가 있다는 건 어떤 것인지를 묻는데, 나는 완벽한 대답을 해 줄 수가 없다. '들을 수 있다는 것은 어떤 것일까?' 진짜 비교란 있을 수 없고 그래서 나는 정말 그 차이가 무엇인지 모르겠다. 분명히 건청인들은 더 많이 들을 수 있고 더 많은 소리를 이해할 수 있지만 그것이 무엇을 의미하는가? 설명하기란 정말 어려울 수 있다. 이것은 모두 인식에 관한 것이다(Williams, 2008).

지적장애

지적장애(intellectual disability)라는 명칭은 법적으로 "적응행동상의 장애가 동시에 존재하고, 발달기간 중 명백히 나타나며, 아동의 교육수행에 부정적인 영향을 주는 심각하게 평균 이하의 일반 지적 기능"을 보이는 학생에게 부여된다(IDEA 2004, 34 C.F.R. §300.8[c][6]). 「장애인교육법(IDEA)」(2004)에서는 정신지체(mental retardation)라는 용어를 사용했지만 2010년 「로사법(Rosa's Law)」(PL 111-256)[9]에 의해 지적장애로 변경되었다. 하지만 그 정의는 변하지 않았다. 흔히 사용되는 또 다른 용어로는 인지장애(cognitive disability)가 있다. 이 장애가 있는 학생은 미국에서 특수교육 서비스를 받는 인구의 8.86%[10]를 차지한다(U.S. Department of Education, 2011). 지적장애인들이 지닌 능력의 범위는 매우 다양하다. 어떤 학생은 말하기와 쓰기를 할 수 있는 반면, 다른 학생은 말하기나 쓰기를 할 수 없는 경우도 있다. 쓰기나 말하기 능력이 부족한 경우라도 그 사람이 어떠한 생각도 갖지 않았다거나 다른 사람들과 의사소통하고자 하는 욕구가 없다는 의미가 아니다. 이 학생들은 모든 학생들처럼 타인과 깊이 연결되고자 하며, 의사소통을 위한 도구가 주어졌을 때 다른 학생들과 함께 관계를 맺으며 교과에 참여한다.

다음은 인지장애라는 이름표가 붙은 사람의 1인칭 시점 설명이다.

> 나의 가장 큰 문제는 신경학적 기능장애가 아니라는 것을 당신이 이해했으면 좋겠다. 나의 문제가 잘못된 양육 때문이라고 생각하는 사람들에 의해 오해받고 있다. 우리 엄마는 나에게 적절한 사회적 행동을 가르치기 위해 정말 노력했지만 그저 늘 잘되지 않았던 거다. 때때로 나는 사회적 규칙을 기억할 수가 없다(FAS Community Resource Center, 2008).

올리는 지적장애를 가진 그녀의 삶을 다음과 같이 설명했다.

> 나는 자주 잔인한 농담의 대상이 됐다. 나를 이용하는 것은 쉬웠다. 사람들은 나를 '정박아'라고 불렀고 (하지만) 나는 17세에 나가서 일했는데, 샐러드, 샌드위치, 스프를 만들었고, 그릇과 프라이팬을 닦았다. 뭐든지 말해 보라. 나는 해 보았을 거다. 한 번은 내가 들어오자 사장님이 "샐러

---

9) 역자 주: 모든 법령에서 '정신지체(mental retardation)'라는 용어를 '지적장애(intellectual disability)'로 대체하도록 한 미국의 연방법이다. 법안의 이름은 Rosa Marcellino라는 다운증후군이 있는 소녀의 이름을 인용한 것으로, Rosa 가족이 진행한 캠페인(보건 및 교육관련 법령에서 정신지체라는 용어의 삭제)의 노력이 반영되었다.

10) 역자 주: 교육부의 「2020년 특수교육 연차보고서」에 따르면 우리나라의 경우 지적장애가 있는 학생은 전체 특수교육대상자의 53.1%이다.

드 만드는 일에서 널 뺄 거야."라고 말했다. 내가 "왜요?"라고 말했다. 사장님은 "너는 글을 못 읽잖아."라고 했다. 나는 "그게 무슨 상관이에요."라고 말했다. 나는 샐러드와 샌드위치를 만들 수 있다. 나는 "그게 빌어먹을 무슨 상관이에요."라고 말했다. '정박아'라는 슬픈 말을 (역사에) 남기고 떠날 때가 왔다. 사람들은 장애가 아닌 자신의 이름(그리고 성취)으로 알려져야 하고 나도 당신과 다르지 않다. 나는 당신과 똑같다. 나도 이름이 있고 당신이 나를 내 이름으로 불러 주길 원한다. 내 이름은 올리 메이 웹이다(Schalock & Braddock, 2002, pp. 55-57).

중복장애

중복장애(multiple disabilities)라는 용어는 법적으로 동반장애(예: 지적장애와 시각장애, 지적장애와 지체장애)가 있어 단지 어느 장애 하나만을 위한 특수교육 환경에서 학생이 조정될 수 없는 심각한 교육적 요구를 야기하는 조합이라고 정의된다. 이 용어에 '농-맹'은 포함하지 않는다(IDEA 2004, 34 C.F.R. §300.8[c][7]). 특수교육 서비스를 받는 인구의 대략 2%가 중복장애를 갖고 있는 것으로 생각된다(U.S. Department of Education, 2011). 그러므로 여러분이 이 장애명을 가진 학생과 일하게 될 확률은 매우 적다.

지체장애

지체장애(orthopedic impairments)는 학생의 교육수행에 부정적인 영향을 주는 심각한 신체적 장애를 의미한다. 이 용어는 선천적 장애(예: 발바닥이 안쪽을 향한 위치에서 굳어 버린 상태인 내반족, 신체 부위의 부재)로 인한 장애, 질병(예: 척수성 소아마비, 골결핵)으로 인한 장애, 기타 원인(예: 관절운동의 제한을 가져오는 뇌성마비, 팔다리의 절단, 골절, 화상)으로 인한 장애를 포함한다(IDEA 2004, 34 C.F.R. §300.8[c][8]).

휠체어를 사용하며, 뇌성마비가 있는 고등학생 안젤라 게이블은 자신과 자신의 학교 경험에 대해 다음과 같이 설명했다.

당신이 나를 보면 제일 먼저 내가 꽤 긍정적인 사람이라는 것을 알아차리게 될 거라 생각한다. 나는 음악 듣기와 승마, 그림 그리기를 사랑한다. 내가 초등학생이었을 때 나는 친구들이 있었고 다른 사람과 똑같은 경기를 하는 것이 좋았지만 선생님들은 항상 내가 너무 약해서 다칠 거라고 걱정하셨다(Gabel, 2006, p. 35).

건강장애

건강장애(other health impairment)는 법적으로 제한적인 근력, 체력 혹은 환경 자극에 대한 주의가 요구되며 그 결과 다음과 같은 교육환경에 대해 제한된 민첩성을 갖는 것으로 정의된다.

　(a) 천식, 주의집중장애 혹은 주의력결핍 과잉행동장애, 경련장애, 심장문제, 혈우병, 납중독, 백혈병, 신장염, 류마티스열, 겸상 적혈구 빈혈증(SCA)과 같은 만성적이거나 급성 건강문제로 인해, (b) 아동의 교육수행에 부정적인 영향을 주는 것(IDEA 2004, 34 C.F.R. §300.8[c][9]).

이 장애에는 주의력결핍 과잉행동장애(Attention Deficit Hyperactivity Disorder: ADHD)가 있는 학생이 포함된다.[11] ADHD는 주의집중을 유지하거나, 천천히 해야 할 때를 알거나 혹은 과제를 완성하기 위한 계획을 하는 데 어려움이 있는 학생에게 붙는 명칭이다(American Psychiatric Association, 2013). 분명 이러한 장애가 있는 모든 사람이 특수교육 자격을 갖는 것은 아니지만 만일 전문의에 의해 진단받았으며, 이것이 학생의 교육수행에 부정적인 영향을 준다면(만일 그 학생이 부가적인 지원을 필요로 하는 경우), 그 학생은 특수교육을 받을 수 있는 자격을 갖게 될 것이다.

ADHD와 난독증이 있는 작가이자 대중 연설가인 Jonathan Mooney는 자신의 장

---

11) 역자 주: 우리나라의 경우 ADHD는 「장애인 등에 대한 특수교육법」에 따라 '정서 · 행동장애' 유형에 포함될 수 있다.

애를 다음과 같이 설명했다.

> 내가 주의집중하는 시간은 눈 깜짝할 새이다. 책상에 억지로 앉게 되면 (나의) 마음은 약간 방황하게 된다. 나는 발을 구르기 시작한다. 나는 부주의하다는 소리를 듣는다. 내가 일어설 수 있는 순간에는 어떠냐고? 내가 돌아다닐 수 있는 순간……? 그런 순간에 내가 얼마나 장애를 겪느냐고? 전혀이다(Mooney, 2008).

특정학습장애

특정학습장애(specific learning disability)란 법적으로 구어 혹은 문어를 이해하거나 사용하는 데 있어 기본적인 심리과정 중 하나 혹은 그 이상에 장애가 있는 것으로 정의되며, 듣기, 사고하기, 말하기, 읽기, 쓰기, 맞춤법, 수학 계산을 하는 데 있어 불완전한 능력이 명백히 나타날 수 있다. 이 용어는 지각장애(perceptual disabilities), 뇌손상(brain injury), 미세뇌기능장애(minimal brain dysfunction), 난독증(dyslexia), 연산장애(dyscalculia), 발달적 실어증(developmental aphasia)과 같은 상태를 포함한다. 그러나 이 용어는 1차적으로 시각·청각·운동장애, 지적장애, 정서장애 혹은 환경·문화·경제적 불이익의 결과로 나타나는 학습문제는 포함하지 않는다(IDEA 2004, 34 C.F.R. §300.8[c][10]).

미국의 장애학생 중 거의 절반 정도의 학생이 이 장애유형에 속한다. 따라서 이 장애유형은 가장 흔하게 발생하며, 여러분은 특정학습장애가 있는 학생을 만나게 될 가능성이 높다.[12]

학습장애가 있는 학생으로 사는 것에 대한 글에서 Callahan은 사람들에게 다음과 같은 조언을 하였다.

---

12) 역자 주: 교육부의 「2020년 특수교육 연차보고서」에 따르면 우리나라의 경우 학습장애가 있는 학생은 전체 특수교육대상자의 1.3%이다.

한 가지 핵심은 학습자로서 그리고 학생으로서 자신의 이중 정체성에 대해 자신만의 정의를 찾는 것이라고 나는 믿는다. 학습자는 호기심을 가지고 (학습에) 참여하며, 동기를 갖고자 노력하는 사람이다. 모든 지식을 학교에서 가르쳐 주지는 않는다. 장애인이라는 이름표가 붙여진 것이 바로 학생의 정체성이다. '학습장애'가 지식을 얻고자 하는 자신의 열망을 움츠러들게 해서는 안 된다. 당신 안의 학습자가 반드시 그렇게 되는 것을 막아야 한다(Callahan, 1997).

말/언어 장애

말/언어장애(speech and language impairment)란 법적으로 학생의 교육수행에 부정적인 영향을 주는 말더듬, 조음장애, 언어장애, 음성장애와 같은 의사소통장애로 정의된다(IDEA 2004, 34 C.F.R. §300.8[c][11]).

이것은 미국에서 두 번째로 많은 장애유형이다. 미국 특수교육 대상학생의 약 20%가 이 장애유형으로 지원받는다(U.S. Department of Education, 2011).[13] 이 장애가 있는 것으로 판별되는 학생의 장애 범위는 매우 넓다. 말/언어 서비스를 받는 어떤 학생은 조음이나 유창성(예: 말을 더듬는 것)에 어려움이 있을 수 있다. 또 다른 학생은 말을 전혀 사용하지 않을 수도 있다.

다음은 유년기 동안 말을 하지 않았으나 이후 의사소통 체계를 사용함으로써 의사소통을 할 수 있게 된 한 사람의 이야기이다. 이 이야기는 말이라는 확실한 수단을 갖지 않음에서 오는 절망을 묘사한다.

내 모든 인생은 감자를 물리게 먹은 기분과 같다. 물론 모든 감자는 일상적으로 좋은 기본 음식이고 여러 다양한 방법으로 만들 수 있다. 하지만 나는 감자를 싫어한다! 그렇지만 그것을 나 말고 누가 알겠는가? 이건 마치 내가 가장 좋아하는 색은 민트 초록색, 레몬 노랑색, 핑크색이지

---

13) 역자 주: 교육부의 「2020년 특수교육 연차보고서」에 따르면 우리나라의 경우 의사소통장애가 있는 학생은 전체 특수교육 대상학생의 2.5%이다.

만 빨강색과 파랑색 옷을 입은 기분 같은 거다. 상상이나 가는가(의사소통을 할 수 없다는 것은 어떤 것일지)? 어느 날 밤 엄마는 내 침대에서 웅크린 채 고통으로 몸을 구부리며 울고 있는 나를 발견했다. 나는 엄마에게 어디가 어떻게 아픈지 설명할 수 없었다. 그러자 최선을 다해 나를 살펴본 엄마는 내가 변비 때문에 복통이 있는 것으로 생각했다. 그러고는 당연히 관장 치료를 한 것이다. 그건 물론 내 귓병에 전혀 도움이 되지 않았다!(Paul-Brown & Diggs, 1993, p. 8)

외상성 뇌손상

외상성 뇌손상(traumatic brain injury)이란 외부의 물리적 힘에 의해 야기된 뇌손상을 입어 그 결과 완전한 혹은 부분적인 기능장애나 심리사회적 장애 혹은 두 가지를 모두 겪게 되어 학생의 교육수행에 부정적인 영향을 주는 것으로 정의된다. 이 용어는 광의 혹은 협의의 뇌손상에 적용되어 인지, 언어, 기억, 주의, 추론, 추상적 사고, 판단, 문제해결, 감각, 지각, 운동능력, 심리사회적 행동, 신체기능, 정보처리와 말하기와 같은 영역 중 하나 혹은 그 이상에 장애를 가져오는 경우에 해당한다. 이 용어는 선천성, 퇴행성 혹은 분만 시 외상에 의한 뇌손상은 포함하지 않는다 (IDEA 2004, 34 C.F.R. §300.8[c][12]).

이 장애유형은 사는 동안에 얻게 되는 것(예: 교통사고나 머리 부상)이므로 다른 장애유형과는 다르다. 사람들은 이런 상태를 타고나는 것이 아니라 이 장애를 얻게 되는 것이다. 장애를 얻은 것에 대한 정서적 적응은 학생뿐 아니라 부모나 보호자, 교사, 치료사, 기타 교육팀의 다른 구성원들에게도 중요하다.

외상성 뇌손상을 겪은 한 10대 청소년은 그녀의 새로운 삶에 대해 다음과 같이 회상했다.

석 달간의 코마상태와 그 후 수년간의 재활시간은 나에게 희미하다. 나는 서서히 깨어나 내 자신과 나의 불가능, 즉 내가 더 이상 노래할 수 없으며 심각한 언어장애를 갖게 되었다는 것뿐 아니라 내 주위를 인식하게 되기까지 2년이 걸렸다(Parker, 2008).

시각장애

시각장애(visual impairment)는 교정시력으로도 보는 데 장애가 있어 학생의 교육수행에 부정적으로 영향을 주는 것으로 정의된다. 이 용어는 저시력과 실명 또는 맹을 모두 포함한다(IDEA 2004, 34 C.F.R. §300.8[c][13]).

이 장애유형에 속하는 학생이 받는 서비스는 시각장애의 정도나 유형에 따라 다르다. 어떤 시각장애 학생은 돋보기와 큰 활자를 사용하며, 시력이 전혀 없는 학생의 경우에는 보행훈련(혹은 주변 환경을 걷는 방법), 점자 읽는 법, 스크린리더(screen reader)나 음성출력장치와 같은 보조공학 사용법을 배운다. 다음은 시각장애가 있는 12세 샘의 관점이다. "할 수 있다면 제 시력을 바꾸겠냐고요? 아니요. 그건 지금의 제가 아니고, 저는 멋진 걸요! 저시력 때문에 좀 더 많은 테크놀로지가 필요하지만 저는 제 자신과 제가 이룬 것들이 자랑스러워요."

장애유형별 학생 분포

각 장애유형별로 얼마나 많은 학생이 있을까? [그림 3-2]는 각 장애유형별로 6세에서 21세 사이에 특수교육을 받은 학생 비율을 보여 준다. [그림 3-2]가 보여 주듯 가장 많이 출현하는(혹은 가장 흔한) 장애는 학습장애, 말/언어장애, 지적장애, 건강장애이다.[14] 이 장애유형을 제외한 나머지는 저출현 장애(혹은 흔하지 않은 장애)라고 간주된다.

이제 여러분은 각 장애의 정의를 읽었고 우리는 이러한 정의를 아는 것의 중요성에 대해 장황히 반복했으나 기억할 것은 이것이 어떤 학생을 완전하게 이해하는 데 있어 단지 하나의 단계(그것도 매우 작은)라는 것이다. 4장에서는 개별 장애에 거의 초점을 두지 않고, 일반적으로 학생들에 대해 생각하는 방법에 대해 좀 더 강조한다.

---

14) 역자 주: 교육부의 「2020년 특수교육 연차보고서」에 따르면 우리나라의 경우 특수교육 대상학생의 가장 많은 장애유형은 지적장애, 자폐성장애, 지체장애 순이다.

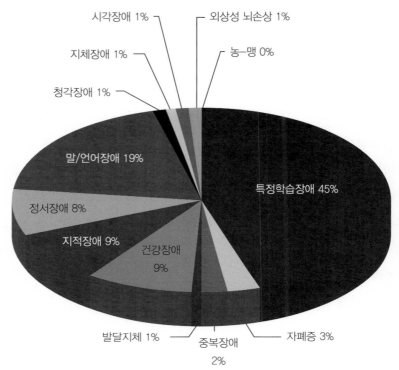

[그림 3-2] 6~21세 미국 학령기 아동의 장애유형별 비율[15]

출처: Data Accountability Center (연도 미상).

특수교육에 대해 자주 묻는 질문

Q 저는 일반교사인데 제가 어떤 특정 학생에 대해 충분한 정보를 갖고 있다고 생각되지 않아요. 어떻게 하면 좀 더 구체적인 정보를 얻을 수 있나요?

A 각 학생의 개별화교육계획을 검토하고 그 학생과 이야기하는 것에서부터 시작합니다. 그런 다음 그 학생의 부모님을 만나 그분들의 지식과 경험을 듣습니다.

---

15) 역자 주: 최신 자료는 미국 교육부가 발행한 「2020년 연차보고서」를 참조하길 바란다(https://www2.ed.gov/about/reports/annual/osep/2020/parts-b-c/42nd-arc-for-idea.pdf).

또한 학생이 좋아하는 것, 싫어하는 것, 흥미와 어려움에 대해 질문함으로써 그 학생에 대해 잘 알게 될 수 있습니다. 다음은 학생을 알아 갈 때 도움이 되는 질문의 예입니다.

- 너에 대해 선생님한테 알려 주고 싶은 것이 있니?
- 학교에서 네가 좋아하는 것은 무엇이니?
- 학교에서 네가 싫어하는 것은 무엇이니?
- 학교 밖에서는 뭐 하는 것을 좋아하니?
- 너의 친구들에 대해 이야기해 주겠니?
- 어떻게 지원받는 것이 더 좋겠니?
- 선생님에게 바라는 것은 무엇이니?
- 선생님이 하지 말았으면 하는 것은 무엇이니?

또한 해당 학생의 강점과 요구에 대해서 이전 교사에게 물어볼 수 있습니다. 몇 가지 질문의 예시는 다음과 같습니다.

- 이 학생을 동기화하는 것은 무엇인가요?
- 이 학생이 좋아하는 것은 무엇인가요?
- 이 학생의 친구들에 대해 말씀해 주실 수 있으신가요?
- 어떻게 하면 이 학생의 사회적 요구를 지원할 수 있을까요?
- 이 학생의 학업요구는 무엇인가요?
- 우리가 이 학생의 학업요구를 지원하는 가장 좋은 방법은 무엇일까요?
- 이 학생에게 문제행동이 있나요?
- 우리가 이 학생의 행동을 지원하는 가장 좋은 방법은 무엇일까요?
- 이 학생에게 제가 알고 있어야 하는 감각 문제가 있나요?
- 이 학생에게 제가 알아야 하는 의사소통상의 요구가 있나요?

- 이 학생이 사용하고 있는 조정이 있나요?
- 이 학생이 보조공학을 사용하나요?
- 제가 이 학생에 대해 더 알아야 하는 것이 있을까요?

Q 제가 들어 본 적이 없는 장애를 가진 학생을 맡고 있어요. 이 학생을 좀 더 효과적으로 가르치기 위한 연수를 어디서 받을 수 있나요?

A 선생님께서 요청하셔야 합니다. 학교에 있는 특수교육 담당자부터 시작해 보세요. 다음 내용들을 포함하여 학교 교무팀에 이메일, 전화, 편지 등을 하실 수 있습니다.

- 필요한 연수 유형을 구체적으로 표현하기. 예를 들어, 이렇게 이야기할 수 있습니다. "현재 제 위치에서 약체X증후군이 있는 학생을 가르치는 것에 대해 좀 더 알고 싶습니다."
- 학교행정가에게 제공 가능한 연수에 대해 아는 것이 있는지 묻고 해당 장애에 대한 특별 연수에 참여할 수 있는 학회에 대해 찾거나 학교나 학교팀과 일할 수 있는 사람을 학교에서 고용할 수 있는지 문의합니다.
- 구체적으로 그 학생을 지원할 수 있는 교수전략, 조절과 조정, 차별화 전략에 대한 연수를 요청합니다.
- 학교의 사회적 · 학업적 측면 모두에서 해당 학생을 의미 있게 포함하기 위한 방법을 찾기 위해 특수교육 부장이나 특수교육팀 구성원과 함께 브레인스토밍을 하거나 문제해결을 할 수 있도록 요청합니다.

Q 저희 반에 당뇨가 있는 학생이 있는데 특수교육 서비스를 받고 있지는 않아요. 왜 그런 건가요?

A 당뇨가 있는 학생에게 개별화교육계획이 있을 수 있는데 만약 그 상황이 '해당 아동의 교육적 수행에 부정적인 영향'을 주는 경우에만 건강장애라는 교육적 명

칭을 갖게 됩니다(IDEA 2004, 34 C.F.R. §300.8[c][9]). 만일 의학적 문제가 학교 밖에서 적절히 조절되고, 심약함이나 피로감을 가져오지 않으며, 해당 학생의 학습과 수행에 영향을 주지 않는다면 그 학생은 개별화교육계획이 필요하지 않을 것입니다. 「장애인교육법(IDEA)」(2004)에서는 특수교육과 관련서비스를 받을 자격이 되지 않지만 1973년 제정된 「재활법」 504조와 1990년 제정된 「미국 장애인법(Americans with Disabilities Act: ADA)」은 학교 활동에 참여하기 위해 조절이나 수정이 필요한 장애학생을 위한 것입니다. 만일 인지 혹은 신체적 장애가 명확하고 그 장애가 대부분의 일상 활동(예: 보기, 듣기, 걷기, 숨쉬기)에 영향을 끼친다면 그 학생은 「재활법」 504조에서 지원과 서비스를 받을 자격을 얻을 수 있습니다. 만약 건강상태가 그 학생의 학습에 영향을 준다면 개별화교육계획이 요구됩니다.

Q 저희 반에는 다운증후군이 있는 학생이 있습니다. 우리 학교가 소속되어 있는 교육구는 교과 영역 간 통합교육을 지향하고 있고 저는 중학교 1학년 국어를 가르치고 있습니다. 읽기 수준이 초등학교 2학년 정도인 학생을 중학교 수준의 학급에서 제가 어떻게 가르칠 수 있나요?

A 하나의 교재 혹은 하나의 교과서에 초점을 두고 교육과정 단원을 계획하기보다는 특정 분야의 주제와 관련한 수업을 설계합니다. 그런 다음 읽기 수준에 따라 차별화된 교재를 찾습니다. 이런 방법은 모든 학생이 다양한 유형의 교재를 활용해 장르의 특성을 토론하고 학습할 수 있게 합니다. 6장 '학업지원'에는 더 많은 아이디어가 제시되어 있습니다.

결론

장애를 이해하는 것은 특수교육과 관련서비스 제공의 보다 큰 체계를 이해하는 데 중요하다. 그럼에도 불구하고 어떤 개별 학생을 진정으로 이해하는 유일한 방법은 그런 장애를 경험하는 사람들을 알아 가는 것이다. 또한 그 개인과 진정한 관계를 맺는 것이 그 사람의 강점, 흥미, 재능, 요구를 이해하는 가장 좋은 방법이다. 미국 연방법이 정하고 있는 13개 장애유형의 정의를 읽는 것은 단지 여러분이 가르치는 그 학생들을 이해하기 위한 첫 단계일 뿐이다.

특수교육의 기초를 일부 다룸으로써 우리는 여러분이 개별 학생에 대해 알고 이들을 최선을 다해 교육하도록 돕는 즐거운 일을 시작하였다. 4장에서는 강점에 기반을 둔 렌즈를 통해 학생에게 역량이 있다고 추정하고, 학생을 알아 가며, 장애학생에 대해 다시 생각하는 것에 초점을 둔다.

학생에 대해 다시 생각하기: 역량이 있다고 추정하기

가장 적합한 명칭은 대개 그 사람의 부모가 준 이름이다.

일반교사로서 제 경험상 경도장애 학생은 항상 통합되어 있었지만 대화에 참여하기 위해 의사소통 도구를 사용하는 학생은 올해 처음이에요. 제게는 완전히 새로운 경험이지요. 첫 번째로 깨달은 것은 이 학생이 매우 유능하다는 거예요. 작년에 복도에서 그 학생을 처음 봤을 때 그렇게 똑똑하리라고 생각하지 못했어요. 저의 첫 단계는 그 학생이 얼마나 영리한지를 배우고, 그의 지적 능력을 활용하는 거예요.

— Lena (일반교사)

저의 역할은 제가 담당하고 있는 학생들의 강점을 다른 교사들이 보도록 도와주는 일인 것 같아요. 어떤 학생이 통합될 수 있는지 질문받으면 때때로 제가 마치 무엇을 팔고 있는 것 같은 기분이 들어요. (웃음) …… 조는 정말 훌륭한 학생이고, 비디오 게임을 좋아하며, 정말 재미있어요. 과학시간에 그 학생을 통합해 주세요…… 제발!

— Kathie (특수교사)

아동에게 접근할 때 아이는 내 안의 두 가지 감정을 불러일으킨다. 그것은 지금 그 아동에 대한 애정과 그 아이가 앞으로 될 사람에 대한 존중이다.

— Louis Pasteur (파스퇴르 연구소, 연도 미상.)

이 장에서는 학생에 대해 다시 생각하는 것의 개념을 소개한다. 어떤 학생을 다시 생각한다는 것은 그 학생에 대해 알아 가는 것이며, 여러분이 그 학생을 어떻게 바라보고, 대하며, 교육하고, 지원하는지에 대한 반성을 포함한다. 먼저 우리는 학생의 강점과 다중지능을 통해 학생을 다른 사람에게 어떻게 설명하는지에 대해 논의한다. 다음으로 '역량이 있다고 추정하기(presuming competence)'의 개념과 연령에 적합한 '사람이 먼저인 언어(person-first language)'[1] 사용에 대해 설명한다.

학생 설명

손텔 스트룰리는 22세 여성으로 자신의 집에서 룸메이트와 함께 살고 있으며, 미국 콜로라도주에 있는 어느 대학에서 수업을 들으며, 캠퍼스에서 자원봉사를 하고, 봄 방학 기간에 여행을 하며, 자신의 자동차로 돌아다니고, 자신의 관심사, 좋아하는 것, 하고 싶은 것이 있으며, 남자 친구가 있고, 자신의 관심사에 대해 이야기한다.

손텔 스트룰리는 22세 여성으로 중도 혹은 최중도 정신지체가 있고, 청각장애, 시각장애, 뇌성마비, 경련장애가 있으며, 음식을 씹지 않고(때때로 사레가 들림), 배변훈련이 되지 않았고, 구어적 의사소통이 전혀 없으며, 신뢰할 만한 의사소통 체계가 없고, 발달연령은 17~24개월 수준이다.

(Strully & Strully, 1996, pp. 144-145)

손텔에 대해 이렇게 극단적으로 다른 두 가지 설명은 서로 다른 두 집단으로부터 나온 것이다. 첫 번째는 부모의 설명이다. 그리고 두 번째는 교사들의 설명이다. 모든 교육전문가가 손텔을 이런 방식으로 설명한 것은 아니지만 이것은 손텔의 지원팀이 그녀를 어떻게 설명하고 있는지를 보여 준다. 앞의 두 설명을 나란히 비교하면 놀라울 정도이다. 이런 극명한 대조는 어떻게 동일인을 이처럼 다른 방식으로 설명할 수 있는지에 대해 의문을 갖게 한다.

이렇게 극단적으로 다른 설명의 근본적 이유는 각 집단이 서로 다른 것을 바라보고 다른 관점으로 손텔에게 접근하기 때문이다. 손텔의 부모는 그녀를 깊이 알고 있다. 부모는 손텔과 오랜 시간을 함께 보내 왔고, 그녀를 친밀하게 알고 있으며, 다양

---

1) 역자 주: 인간의 존엄성을 강조하는 '피플퍼스트(people-first)' 운동의 일환으로 주로 장애가 있는 경우 사람보다 그 사람의 특성 혹은 특징이라 할 수 있는 장애가 먼저 언급되는 것을 비판한다. 예를 들어, 과거 장애인의 영어표기는 'disabled people'로 장애(disabled)가 사람(people)보다 먼저 언급되었다면 현재 적절하게 여겨지는 장애인 표기는 'people with disabilities'로 사람을 먼저 언급한다.

한 관심과 가능성이 있는 사람으로 이해한다. 그녀에 대한 부모의 설명은 딸의 흥미, 재능, 소질을 예로 들고 있다. 반면, 숀텔의 교사들에 의해 나온 설명은 좀 더 거리를 두고 그녀를 이해하고 있음을 반영하는데, 그것은 완전히 그녀의 장애에만 초점을 둔 냉정하고 임상적인 설명이다.

　장애학생과 일하는 교육자로서 여러분은 주로 학생에 대한 장애 위주의 설명을 듣거나 더 나아가 그러한 내용을 작성하게 될 것이다. 아마도 여러분은 이미 재능이라는 렌즈를 통해 학생을 바라보는 교육자일 수 있다. 어떤 경우든 간에 학생의 강점, 재능, 소질을 통해 모든 학생을 이해하고자 하는 마음가짐을 갖는 것은 도움이 된다. 어떤 학생의 개별화교육계획을 읽을 때 '정신연령 2세'라거나 '공포증이 있는' 혹은 '공격적인'이라는 용어가 많이 있을 수 있다. 그러한 설명을 읽으면 그 학생에 대해서는 오직 한 가지 관점만을 갖게 된다는 것을 깨닫게 될 것이다. 교사 스스로 학생을 알아보고, 진정한 관계를 발전시키며, 그 학생이 할 수 있는 것에 대해 알고자 노력해야 한다. 그렇게 된다면 이상적으로는 학생에 대한 여러분의 설명이 숀텔에 대한 교사의 관점보다 부모의 관점에 좀 더 가깝게 보일 것이다. 학생중심, 강점중심 그리고 개인에 대한 심층적 이해를 제공하는 긍정적 학생 프로파일([그림 4-1] 참조)을 개발한다.

　　나는 레고를 좋아해요. 나는 마인크래프트 게임을 좋아해요. 나는 스타워즈를 좋아해요. 나는 그냥 가르치는 거 말고 재밌는 방법으로 (수업을) 하는 걸 좋아해요. 나는 우리가 정하는 거 말고 (선생님들이) 파트너를 정해 주는 것이 좋은데 왜냐하면 더 많은 사람을 알게 되니까요. 선생님들이 저에 대해 배우면 좋겠어요.

　　　　　　　　　　　　　　　　　　　　　　　　　　－ Aliyah (중학생)

　　나는 치료되어야 하는 결함 덩어리가 아닙니다.

　　　　　　　　　　　　　　　　　　　　－ Jamie (시러큐스대 학생, 자폐인)

긍정적 학생 프로파일

강점, 좋아하는 것, 다중지능

싫어하는 것

의사소통

행동

학업수행

과목(주제)별 수행

사회적 정보

고려사항

기타 관련정보

[그림 4-1] 긍정적 학생 프로파일

강점부터 시작하기

우리는 함께 일하던 교육팀에게 통합환경에서 교육받고 있는 미카라는 장애학생에 대해 설명해 달라고 요청했다. 교육팀은 미카에 대해 참여적이고, 고집이 세며, 쉽게 좌절하고, 노래에 재능이 있으며, 뇌성마비가 있다고 설명했다. 이러한 설명은 교육팀이 그 학생에 대해 갖고 있는 믿음을 말해 준다. 여러분 인생에 있는 학생 한 명을 생각해 보자. 그 학생에 대해 생각할 때 처음 떠오르는 10개를 종이에 적는다. 그런 다음 그 목록을 살펴본다. 거기에 긍정적, 부정적 혹은 둘 다를 포함하는 설명이 있었는가?

어떤 학생에 대한 여러분의 믿음은 그 학생을 교육하고, 지원하며, 함께 일하는 방식에 영향을 줄 것이다. 예를 들어, 여러분이 어떤 학생을 게으르거나 반항적이라고 믿는다면 그 학생이 의욕적이거나 협력적이라고 믿을 때와는 다른 방식으로 접근할 것이다. 그 학생들에 대해 다시 생각해 보는 시간을 가져 봄으로써 학생들에 대한 자신의 믿음을 바꿀 수 있다. 좀 더 긍정적인 방식으로 학생에 대한 여러분의 개념을 재구성하는 것은 관계에 있어서의 성장뿐 아니라 학생의 성장을 위한 기회를 만든다.

교실에서 다중지능이론을 사용하는 것에 대한 Thomas Armstrong(2000a, 2000b)의 연구를 생각해 보자. Armstrong은 교육전문가들이 학생을 묘사하는 방식을 재고하도록 제안했다. 사용하는 언어를 변화시킴으로써 사람들은 자신이 가진 인상들을 바꾸기 시작할 것이다. Armstrong은 모든 행동이 인간 경험의 일부이며, 행동은 수많은 요인(예: 환경, 안전감, 개인적 안녕)에 기초한다는 것을 강조했다. Armstrong은 사람들이 어떤 학생을 학습장애라고 인식하는 대신에 다른 방식으로 학습하는 학생으로 보아야 한다고 제안한다. 〈표 4-1〉은 학생 묘사를 위한 추가적인 제안들이다.

만약 모든 교사가 학생에 대한 관점과 학생에 대해 말하는 방식을 바꾼다면 무슨

표 4-1 납을 금으로 바꾸는 연금술

평가받는 아동에 대한 설명	대안이 될 수 있는 설명
학습장애가 있는	다르게 학습하는
과잉행동의	운동감각이 있는
충동적인	자발적인
주의집중장애(ADD)/주의력결핍 과잉행동장애(ADHD)	신체-운동감각형 학습자
난독증이 있는	공감각적 학습자
공격적인	자기주장이 강한
느릿느릿한	철저한
게으른	느긋한
미숙한	대기만성형의
공포증이 있는	조심성 있는
말을 더듬는	확산적인
몽상에 빠진	상상력이 풍부한
예민한	감수성이 민감한
고집스러운	끈기 있는

출처: Armstrong, T. (1987, 2000). *In their own way: Discovering and encouraging your child's multiple intelligences.* New York, NY: Penguin Putnam (used by permission).

일이 일어나겠는가? 만약 모든 학생이 배움 가능한 학습자로 여겨진다면 어떻게 될까? 여러분이 지원하는 학생에 대해 생각하는 가장 좋은 방법 중 하나는 그 학생의 강점이라는 렌즈를 통해 보는 것이다. 다음과 같은 질문을 스스로에게 해 보자. '이 학생은 무엇을 할 수 있는가?' '개인의 소질은 무엇인가?' '개인의 강점은 무엇인가?' '이 학생을 깊이 사랑하고 있는 부모는 이 학생에 대해 어떻게 말하는가?' 그럼 여러분의 목록으로 다시 돌아가 강점, 재능, 흥미에 대한 목록을 개발해 보자.

일반교사, 특수교사, 치료사, 보조인력을 위한 전문가연수에서 일반교사인 수지 선생님이 바로 그렇게 했다. 먼저, 설명 목록을 적었다. 그런 다음, 그 학생에 대해 다시 생각해 보는 시간을 가진 후 수지 선생님은 완전히 다른 목록을 내놓았다. 처음에는 해당 학생인 브라이언을 '게으른, 똑똑한, 영악한, 거짓말쟁이, 귀여운, 잔꾀를 부리는, (때때로) 못된'이라는 말로 설명했다. 학생에 대해 다르게 바라보기에 대해 이야기한 후, 수지 선생님은 새로운 종이를 가져갔다. 그리고 '느긋한, 지적인, 수학을 잘하는, 귀여운, 또래 관계에 대한 지원이 필요한, 유머감각이 훌륭한, 아름다운 미소'라고 적었다. 우리는 선생님에게 이 목록이 여전히 브라이언이라는 학생을 정확히 설명하고 있는지 물었다. 그녀는 두 번째 목록이 그 학생에 대해 훨씬 정확히 설명하고 있으며, 첫 번째 목록은 자신의 절망에 대해 좀 더 설명한다고 말했다. 더욱 중요한 것은 그 두 번째 목록이 교사로 하여금 브라이언을 좀 더 성공적으로 교육하는 방법에 대해 생각하도록 도움을 주었다는 점이다.

> 저는 미래를 위해서 예비특수교사들이 제가 기대하는 것과 필요로 하는 것에 대해 알면 좋겠고, 이분들이 전문가로서 자신들이 가르치는 그리고 '일상으로부터 배우고 있는' 학생들의 요구를 이해하는 데 진정한 관심을 두면 좋겠어요. 교육학을 잘 이해하고 있는 것으로는 부족해요. 그 아이 전체를 보는 것, 그럼으로써 한 명의 학생으로서뿐 아니라 한 사람으로서 이들의 분투를 알게 되는 것이 절대적으로 중요해요.
> ― Twila (통합학급에서 교육받고 있는 장애학생의 부모)

다중지능

교육계에는 똑똑한 사람과 그렇지 않은 사람이 있다는 믿음이 전반적으로 존재한다. 지능, 기능수준, 학업잠재력, 역량 같은 단어는 주로 '똑똑함'을 설명하는 데 사용된다. 교육계에서는 장애인이라는 명칭을 붙이는 시스템이 이러한 믿음을 가장 잘 보여 준다. 확실한 예는 지능(IQ)검사이다. 학생들은 지능검사를 받고, 만약 학생의 IQ점수가 70 이하이면서 기능적 기술(functional skills)과 관련한 다른 문제가 있다면 그 학생은 지적장애라는 명칭을 갖게 된다. Howard Gardner(1993)는 심리학자와 교육자들이 지능을 정의하는 방식에 도전하여 지능을 바라보는 다른 방식을 제공했다. 그는 다중지능(multiple intelligences)이라는 용어를 사용했다.

Gardner는 각각의 다중지능을 인간의 뇌가 본래 지니고 있으며, 사회와 문화적 맥락 안에서 개발되고 표현되는 가능성으로 보았다. 지능을 능력검사에 있는 고정된 숫자로 보는 대신, Gardner는 장애명과는 상관없이 모든 사람은 서로 다른 방식으로 똑똑하다는 것을 주장했다. 총 여덟 가지의 지능은 〈표 4-2〉에 설명되어 있다. 여기에 우리는 교사가 학생을 생각하고, 그들에게 가장 잘 접근해 가르칠 수 있는 방법을 돕도록 '교수에 활용할 수 있는 것'이라는 칸을 추가했다. 만약 여러분이 특정 지능을 통한 학습이 우세하거나 어떤 한 영역에 강한 학생을 가르친다면, 그에 따른 몇 가지 활동과 교수 방식에 대한 제안을 고려해 볼 수 있다.

표 4-2 다중지능을 활용한 교수

지능	의미하는 것	교수에 활용할 수 있는 것
언어 지능	어휘와 언어, 쓰기, 말하기를 잘하는 것	농담, 말로 설명하기, 읽기, 이야기, 에세이, 인터넷, 책 만들기, 자서전, 작문, 토론, 이메일 뉴스레터, 시(poem)
논리ㆍ수학 지능	추론하기, 숫자, 패턴에 대한 선호	미로, 퍼즐, 일정표, 유추, 공식, 계산, 코드, 게임, 확률, 문제해결, 측정하기, 논리게임, 컴퓨터 스프레드시트
공간 지능	사물을 시각화하거나 심상을 그리는 능력	모자이크, 그리기, 일러스트, 모델, 지도, 비디오, 포스터, 그래픽, 사진, 퍼즐, 시각화, 개념도 활용, 유추
신체ㆍ운동 지능	신체와 움직임에 대한 지식이나 분별	역할극, 촌극, 얼굴 표정, 실험, 현장학습, 스포츠, 게임, 활동, 움직이기, 협동학습, 댄스
음악 지능	리듬이나 비트에 대한 민감성을 포함한 음조 패턴 인식 능력	공연, 노래, 악기, 리듬, 작곡, 멜로디, 랩, CM송, 암기송(노래기억술)
대인관계 지능	사람과 사람 간의 상호작용과 관계에 대한 능력	그룹 프로젝트, 그룹 과제, 대담, 대화, 토론, 게임, 인터뷰

자기이해 지능	반성과 알아차림 같은 자신의 내적 상태에 대한 지식	일기, 명상, 자기평가, 녹음하기, 창의적 표현, 목표설정, 다짐, 시문학(poetry)
자연탐구 지능	외부 세계에 대한 지식(예: 식 물, 동물, 날씨)	현장학습, 관찰, 자연 관찰 산책활동, 일기예보 하기, 별 관측하기, 낚시하기, 탐험하기, 범주화 하기, 수집하기, 판별하기, 야외에서 독서하기, 구름 관찰하기, 현미경 사용하기, 해부하기

출처: Armstrong (2000a, 2000b); Gardner (1993).

역량이 있다고 추정하기

학교환경에서 학생에 대한 추정은 그들의 교육에 영향을 줄 수 있다. 다음의 사례를 보자. 수는 자폐성장애가 있는 학생으로 13세가 될 때까지 공식적인 의사소통 방법을 전혀 갖지 못했다. 그 전까지 수의 개별화교육계획에는 그녀의 정신연령이 2세라고 되어 있었다. 정신연령은 주로 지능검사의 개인 점수에 기초한다. 예를 들어, 만약 14세 여학생의 지능검사 점수가 '전형적인' 혹은 '정상적인' 3세 아동의 점수라면 그 학생은 3세 수준의 정신연령을 가졌다고 기록될 것이다. 이는 지능에 대해 유용한 사고방식이 아니며, 해당 학생이 지닌 기술이나 능력을 정확히 설명해 주지 않는 경우가 많다. 수가 촉진적 의사소통(facilitated communication)이라는 보완대체 의사소통 수단을 갖게 되었을 때, 오랜 기간 지속되었던 그러한 추론은 더 이상 유효하지 않았다. 사람들은 그녀가 매우 영리하다는 것을 깨닫기 시작했다. 이후 그녀는 고등학교 내내 대학과목선이수제 과정(advanced placement classes)[2]에 있었으며, 2013년에 대학을 졸업했다(Biklen, 2005; Rubin, 2003; Rubin, 2014).

학생이 무엇을 이해하고 있는지에 대해 교육전문가들이 정확하게 판단할 수 없는 경우도 있으므로 모든 학생은 역량이 있거나 할 수 있다고 추정해야 한다.

---

2) 역자 주: 고등학교에서 대학과목을 미리 듣는 제도로 대학 입학 후 학점 인정이 되는 고급 교과과정이다.

Donnellan(1984, p. 24)은 이런 생각을 설명하기 위해 위험을 최소화한 추정(least dangerous assumption)이라는 용어를 사용하면서 "위험을 최소화한 추정은 절대적 증거가 없을 때 만일 그 추정이 거짓으로 입증되는 경우 그 개인에게 가장 덜 위험하도록 가정하는 것이 매우 중요하다."라고 하였다. 다시 말해, 학생에게 역량이 있으며 배울 수 있다고 추정하는 것이 배울 수 없다고 기대하는 것보다 훨씬 낫다는 것이다.

Biklen과 Burke(2006)는 '역량이 있다고 추정하기(presuming competence)'의 개념을 외부 관찰자(예: 치료사, 교사, 부모, 보조인력)에게 선택권이 있는 것으로 설명했는데, 그들은 어떤 사람에게 역량이 있는지 그렇지 않은지를 결정할 수 있다는 것이다. 역량에 대한 추정이란 상대방이 역량을 (정확하게) 밝힐 수 있지 않는 한, 아무도 다른 사람의 생각을 확실히 알 수 없다는 점을 인식한다. Biklen과 Burke(2006, p. 167)가 말한 것처럼, "역량이 있다고 추정하기는 기회의 제한을 거부한다. 그 개인이 자신의 역량을 보여 주도록 지원하는 방법을 찾는 역할은 교사, 부모, 관련 전문가가 맡는다." [그림 4-2]는 역량이 있다고 추정하기를 위한 전략 목록이다. 또한 언어가 없는 학생들은 교육자에게 독특한 도전을 주는데, [그림 4-3]은 구어로 말하지 않는 학생을 지원하는 방법에 대한 아이디어를 제공한다.

- 자신의 태도를 평가한다: '어떻게 할 수 있을까?' '이 아이가 어떻게 하면 성공할 수 있지?'라고 말하는 연습하기
- 자신의 편견에 대해 질문한다: 다른 사람이 어떻게 생겼는지, 걷는지, 말하는지는 그 사람이 어떤 생각을 하고 무엇을 느끼는지 알려 주지 않는다.
- 생활연령(나이)에 적합한 말을 사용한다: 자신의 목소리 톤과 이야기 주제를 점검한다.
- 의사소통을 지원한다.
- 열린 자세로 경청한다: 판단하지 않도록 노력한다.
- 잠재적으로 문제가 될 수 있는 행동을 또래와 관련인들이 어떻게 해석해야 하는지 가르친다.

- 마치 그 사람이 거기 없는 것처럼 앞에서 말하지 않는다.
- 대화를 할 때 그 사람을 대화에 포함시키는 방식으로 말한다.
- 다른 사람과 정보를 공유하는 것에 대해 허락을 구한다.
- 겸손하라.
- 가능하다면 항상 그 사람이 자신을 소개하도록 하고, 그를 위해 먼저 말하지 않는다.
- 모든 학생은 생활연령에 적합한 학업 교육과정을 배움으로써 도움을 받을 것이라고 간주한다.
- 이해했다는 증거를 찾는다.
- 학생들이 자신의 강점을 사용해 이해했음을 보여 주도록 지원한다.
- 학업에 대한 접근을 지원하도록 수정과 조절을 설계한다.
- 다른 사람의 존재를 인정하는 것과 동일한 방식으로 장애가 있는 사람의 존재를 반드시 인정하도록 한다.
- "역량을 보고자 한다면 보고자 하는 것을 찾는다."

[그림 4-2] 역량이 있다고 추정하기를 위한 전략

출처: Kasa-Hendrickson, C., & Buswell, W. (2007). *Strategies for presuming competence*. 미간행(adapted by permission).

말을 할 수 없다는 것은 할 말이 없다는 것과는 다르다.

— Rosemary Crossley

의사소통에 대한 주의사항: 의사소통에 어려움을 겪는 모든 학생은 자신들의 생각, 감정, 아이디어, 비평, 요청을 표현하기 위해 필요한 그 장소에서 적절한 의사소통 산출체계가 마땅히 있어야 한다. 여기에는 수화, 보완대체 의사소통 도구, 의사소통을 위해 키보드를 치거나(typing) 혹은 가리키기(pointing)를 보조하는 사람에 대한 교수전략 그리고/혹은 선택지를 가리키기 위해 눈 응시(eye-gaze)나 눈 깜빡임을 활용하는 것이 포함될 수 있다. 모든 학생은 의사소통 체계를 가질 권리가 있지만 많은 학생이 자신의 생각을 공유할 방법 없이 지내고 있다.

다음의 전략들은 효과적인 의사소통 체계를 갖고 있는 학생 혹은 그렇지 못한 학생을 지원하는 데 유용하다. 만일 어떤 학생이 적절한 의사소통 체계를 갖지 못했다면 교육팀은 반드시 개별 아동의 요구에 적합한 보완대체 의사소통 체계를 실행하는 데 전문성을 가진 언어병리학자의 자문을 받는다.

존중하기와 인간다움이 먼저

- 마치 그 사람이 거기 없는 것처럼 그에 대해 결코 말하지 않는다. 항상 그 사람의 존재를 인정하고 그 아동의 존재를 존중하는 방식으로 의사소통한다.
- 어떤 사람들은 당신이 말하는 것을 이해한다거나 자신이 듣고 있다는 것을 말하지 못할 수도 있는데, 그런 경우에는 그들이 당신 말을 듣고 이해한다고 추정한다.
- 자신의 편견에 의문을 갖는다. 그 사람의 외모, 걸음걸이, 말투가 그들의 생각과 감정을 말해 주지 않는다.
- 만약 어떤 학생이 휠체어를 사용하고, 말을 더듬고, 손을 퍼덕이거나, 눈맞춤을 하지 않는다고 해서 이 학생이 높은 수준으로 학습할 수 없다거나, 친구를 사귀고 싶어 하지 않는다거나, 독립하고 싶어 하지 않는 다는 것을 의미하는 것은 아니다. 기회를 열어 주기 위해 일한다.
- 대화를 할 때에는 대화 속에서 그 학생을 포함하는 방식으로 언급한다. 예를 들어, 메이필드 선생님은 『덤벙덤벙(Splish Splash)』이라는 책을 읽어 줄 때 "마야, 너는 이 책을 좋아하겠구나. 수영하는 것에 대한 책이거든."이라고 말한다. 메이필드 선생님은 학급 학생들에게 마야가 이 책을 좋아할 것이라는 것을 이야기해 주면서 마야가 다른 또래들처럼 관심사가 있다는 것을 가르친다. 이럴 때 마야는 어떠한 반응도 없거나 아무런 말도 하지 않지만 교사의 공식적인 인정으로 인해 마야의 능동적인 참여와 역량이 명확해진다.
- 다른 사람들과 정보를 공유해도 되는지에 대해 허락을 요청한다. 많은 장애학생은 어떠한 사생활도 보호되지 않는 경우가 자주 있다. 화장실 사용, 성정체성, 건강, 가족, 당황스러운 상황, 인간관계에 대한 정보는 공유하지 않도록 한다. 먼저 물어보고, 사생활에 대해서는 지나치다 싶을 정도로 조심한다.

강점중심 태도 갖기

- 낙관적인 태도를 갖는다. '어떻게 하면 가능할까?''이 아동이 성공하려면 어떻게 해야 할까?'를 말하는 연습을 한다.
- 학생의 강점을 알아내기 위해 가족 구성원과 협력하고 그러한 강점을 활용하여 일반학급에서 그 학생을 포함하기 위한 방법을 설계한다.
- 학생들이 자신의 강점을 발견하고, 이를 활용하도록 가르친다.
- 힘든 일이 생겼을 때에는 학생의 강점과 어떠한 상황에서도 희망을 잃지 않고 행동하며 문제해결을 시작하도록 돕는 전략 목록을 적어 본다.

나이에 적합한 행동하기: 생활연령에 적합한 말과 교재

- 학생의 생활연령(나이)에 적합한 태도로 말하고, 생활연령에 적합한 콘텐츠를 사용한다. 단조로운 목소리나 전형적으로 어린아이들을 대할 때 같은 억양은 영유아에게 사용해야만 하며, 무엇인가에 대해 말할 때 자신의 목소리 톤과 내용을 점검해야 한다.
- 교사로서 다른 학생을 인정하는 것과 같은 방법으로 장애학생의 존재를 반드시 인정하도록 한다.
- 학생들이 실수하고, 문제에 빠지고, 실행하도록 놔둔다. 학생들이 성인과의 상호작용 없이 또래와 말하고 놀 기회를 반드시 갖게 한다.

말하기를 하지 않는 사람과 대화하는 법 배우기

- 수업 중에 무발화 학생의 존재를 자주 인정해 준다. 수업을 하는 동안 "숀. 너는 이 부분을 정말 좋아할 것 같아. 넌 가족들과 스키 타는 것을 좋아하잖니." 혹은 "메건, 너 웃고 있구나. 화산에 대한 수업을 넌 분명 좋아하게 될 거야."와 같은 말을 학급 전체를 대상으로 반드시 하도록 한다.
- 기회가 있을 때마다 항상 또래에게 다른 방식으로 의사소통을 하는 사람과 말하는 방법을 가르친다. 요즘 일어나고 있는 일들, 연령에 적합한 관심사, 자신이 좋아하는 것, 자주 가는 장소, 학교에서 일어나는 일에 대해 이야기하고, 하루 일과 중에 학생들이 자신의 의사소통 전략을 사용해 다음의 다양한 선택을 할 수 있도록 한다. 먹고 싶은 음식, 사용할 교구, 앉고 싶은 자리, 읽을거리, 하고 싶은 놀이 등 다양한 주제에 대해 학생의 의견

을 물어본다.

의사소통 방법을 효과적으로 그리고 자주 사용하기

• 만약 학생이 예/아니요 한 가지의 의사소통 전략을 사용하고 있다면, 수업시간에 반드시 이를 사용할 수 있도록 한다. 학급 전체를 대상으로 수업을 할 때 "5 곱하기 5는 25가 맞니?"라고 말하거나 개별적인 방식으로 "이 이야기의 주인공은 해리가 맞니?"라고 할 수도 있다. 이런 방식은 해당 학생이 자신의 예/아니요 전략을 사용하고 수업에 통합되도록 한다. 만약 학생의 대답이 틀린 경우에는 "아, 그건 정답이 아닌 것 같은데, 혹시 다른 생각인 사람 있니?"라고 말할 수 있다.

• 만약 학생이 어떤 보완대체 의사소통 체계를 사용하고 있다면 수업을 하는 동안 이를 활용하는지 확인할 필요가 있다. 해당 도구가 수업과 관련한 내용에 적합하게 되어 있는지를 확인해 학생이 참여할 수 있도록 한다.

문제가 될 수 있는 행동을 지원하고 이해하기 위한 또래교수 활용하기

• 수업 활동을 하는 동안 짝을 활용한다. 또래가 서로 주제에 대해 이야기하도록 시범을 보이고 격려해 준다. 협동학습 혹은 '생각하기–짝짓기–공유하기' 전략(think–pair–share: TPS)[3]이나 돌아가며 말하기(turn and talk)[4] 같은 또래활동이 활용될 수 있다 (Udwari–Solner & Kluth, 2008 참조).

• 학급에서 학업 교육과정 안에 학생을 포함하는지 반드시 확인한다. 학습이 가능하다고 추정하고 내용과 관련된 질문을 한다.

• 또래와 관련인들에게 잠재적으로 불안한 행동을 어떻게 해석하는지 그리고 서로 어떻게 지원할 수 있는지 가르친다.

---

3) 역자 주: 개인적으로 생각하고 짝과 의견을 나눈 후 반 전체와 생각을 공유하는 협동학습 전략이다.

4) 역자 주: 학급의 모든 학생이 일정 시간 동안 돌아가면서 짝이 된 학생과 주어진 문제에 대해 논의하고 논의한 내용을 학급 전체와 공유하는 협동학습 전략이다.

학업을 통한 혜택이 있음을 추정하고 이해했는지 알아보기

- 모든 학생은 연령에 적합한 학업 교육과정을 배우는 것을 통해 도움을 받는다고 가정한다.
- 이해했는지를 보여 주는 증거를 찾는다. 이를 위해 특별한 예시와 여러 번의 시도가 실행될 것이다
- 학생들이 자신의 강점을 사용해 이해했음을 보여 주도록 지원한다.
- 학업에 접근하도록 지원하기 위한 수정과 조절을 설계한다.

[그림 4-3] 학교에서 무발화 학생의 활발한 참여 지원을 위한 지침

출처: Kasa, C., & Causton-Theoharis, J. (연도 미상). *Strategies for success: Creating inclusive clasrooms that work* (pp. 16-17). Pittsburgh, PA: The PEAL Center (reprinted by permission). Retrieved form http://wsm.ezsitedesigner.com/share/scrapbook/47/472535/PEAL-S4Success_20pg_web_version.pdf

연령에 적합한 언어

　사람들은 장애가 있는 사람과 이야기를 할 때 (마치 그들이 실제보다 더 어린 것처럼) 낮추어 말하는 경향이 있는데, 이는 장애인이 더 어린 수준의 발달단계에 있다고 가정하기 때문이다. 예를 들면, 우리는 어떤 사람이 한 고등학생에게 "너 응가 할래?"라고 묻는 소리를 들었다. 아마 장애가 없는 고등학생에게는 이와 같은 방식으로 똑같이 질문하지는 않았을 것이다. 또한 우리는 누군가 대학에 다니는 다운증후군이 있는 젊은 남성에 대해 설명하면서 "정말 귀염둥이야(real cutie),"[5]라고 말하는 것을 들었다. 장애인은 자신의 실제 나이에 맞는 방식으로 설명되어야 한다.

　연령에 적합한 언어와 더불어 교육자들은 연령에 적합한 방식으로 학생을 대해야 한다. 어느 교육팀 교사들은 〈탐험가 도라(Dora the Explorer)〉[6]를 좋아하며 영어

---

5) 역자 주: 주로 (친밀한 관계의) 여성에게 사용하는 말이다.
6) 역자 주: 아동용 애니메이션으로 국내에는 〈도라도라〉라는 이름으로 방영되었다.

수업 내내 그 주인공을 언급하고 싶어 하는 중학교 3학년 학생에 대한 문제해결 중이었다. 이 문제를 해결하고자 교사들은 같은 학년의 또래 여학생들과 함께하는 점심친구들(lunch bunch)을 운영하면서 연령에 적합한 음악, 영화, TV 프로그램에 대해 이야기했다. 연령에 적합한 대중문화에 대한 이런 노출은 그 학생의 관심을 '도라'에서 좀 더 적합한 주제로 돌리도록 도와주었다.

장애보다 사람이 먼저인 언어

> 생각이 언어를 타락시킨다면 언어가 생각을 타락시키기도 한다.
>
> − George Orwell (1981)

장애가 있는 사람에 대해 존중하는 설명하기, 말하기, 글쓰기를 할 때, 많은 사람이 공통어(common language)를 사용한다. 이것을 '사람이 먼저인 언어(person-first language)'라고 한다. 사람이 먼저인 언어의 개념은 간단하며, 다음에 상세히 설명된다.

다른 사람과 똑같이

먼저 자신이 장애가 없는 사람을 어떻게 소개하는지 생각해 본다. 여러분은 아마 그 사람의 이름을 사용할 것이고, 자신이 그 사람을 어떻게 알게 되었는지를 말하거나 그 사람이 하는 일을 설명할 것이다. 이것은 장애가 있는 사람에게도 동일하다. "팻은 다운증후군이 있어."라고 말하는 대신 "팻은 내가 가르치는 4학년 반 학생이야."라고 말할 수 있다. 어떤 사람도 그가 누구인지 한 가지 측면으로만 확인되어서는 안 되며, 특히 그것이 어려움이나 곤경을 나타내는 측면인 경우에는 더욱 그렇다. 스스로에게 왜 그 사람이 장애를 가졌다는 것을 언급할 필요가 있다고 생각했는지 질문해 본다.

　말은 힘을 갖는다. 우리가 장애인에 대해 말하고 설명하는 방식은 우리의 신념과 학생과의 상호작용에 영향을 줄 뿐 아니라 이런 설명을 듣는 다른 학생들에게 본보기를 제공한다.

　만약 자녀의 팔이 부러졌다면 그 자녀를 누군가에게 '팔이 부러진 제 아이'라고 소개하겠는가? 학교에 있는 학생 중 한 명에게 암이 있다고 선생님이 "그 아이는 제가 가르치는 불치병 학생입니다."라고 말하리라 기대하는가? 물론 답은 '당연히 그렇지 않다.'이다. 누구도 부러진 팔이나 암에 걸린 것에 대해 창피를 당해서는 안 되지만, 이와는 관계없이 부러진 뼈와 암세포가 그 사람을 정의하지 않는다.

명칭 피하기

　여러분은 자신의 의료기록으로 사람들에게 알려지길 원하는가? 아마도 그렇지 않을 것이다. 이것은 장애인을 위해서도 마찬가지이다. 그러나 장애학생은 불가피하게 장애명으로 설명되거나 '사람이 먼저인 언어' 대신 직종에 따른 업무 방식으로 설명된다. '그 학생은 학습장애야.'라든가 '자폐 남자애' 혹은 '다운 아동' '특수반 애' '통합반 애들'과 같은 말을 들어본 적 있는가?

　장애를 가진 사람들은 다른 사람들이 자신에 대해 어떻게 말하는 것을 선호하는지 이해하는 것이 중요하다. 〈표 4-3〉은 두 곳의 자기옹호단체(Disability Is Natural과 TASH)에서 나온 지침이다.

> 우리 아이 선생님은 계속 배우고 변화하려고 하는 사람들 중 한 분이세요. 정말 유연하고 융통성 있고, 부모가 바라는 교사이시지요. 우리 마크가 날 수 있게 도와주셨어요. 마크는 저도 기대하지 않은 일들을 했는데, 저는 그 애가 무언가를 할 수 있을 거라고 기대하지 않았지요. 선생님은 마크에게 의욕을 갖게 하셨고, 아이가 그걸 할 만큼 자신감을 느끼게 하셨어요.
>
> − Mary (다운증후군이 있는 학생의 부모)

표 4-3　사람이 먼저인 언어

적절한 표현	부적절한 표현	이유
장애인, 장애가 있는 사람	장애자, 불구자	사람을 강조한다.[7]
비장애인	정상인/건강한 사람	부적절한 용어는 장애학생의 상대적 의미를 잘 못 추정한다(예: 비정상인, 건강하지 않은 혹은 아픈).
4학년 학생인 엘라	다운증후군이 있는 학생 엘라	가능하면 장애명을 생략한다. 대부분은 관련이 없는 경우에도 사용되고 있다.
자신의 눈과 도구 등으로 의 사소통하는	말을 못하는	강점에 집중한다.
휠체어를 사용한다.	휠체어에 매여 있다.	보조공학을 언급할 때 소유를 의미하는 언어를 사용하고 그 사람이 도구에 '갇힌(매인)' 것처럼 암시하는 용어를 피한다.
접근 가능한 주차구역	장애인 주차구역	정확하게 표현한다.
베스는 자폐증이 있다.	베스는 자폐적이다.	장애는 어떤 인물의 특성을 정의하는 것이 아니 라 그 사람이 지닌 하나의 속성이다.
게일은 학습장애를 가지고 있다.	게일은 학습장애이다.	장애는 어떤 인물의 특성을 정의하는 것이 아니 라 그 사람이 지닌 하나의 속성이다.
제프는 인지장애가 있다.	제프는 정신지체이다.	장애는 어떤 인물의 특성을 정의하는 것이 아니 라 그 사람이 지닌 하나의 속성이다. 또한 정신 지체보다 인지장애 혹은 지적장애가 더 적절한 표현이다.
벤은 특수교육을 받고 있다.	벤은 특수반에 있다.	특수교육은 서비스이지 장소가 아니다.
그 학생은 시각장애인이다.	그 학생은 맹학생이다.	장애보다 사람이 먼저 온다.
데니스는 컴퓨터를 사용해 글을 쓴다.	데니스는 연필로 글을 쓸 수 없다.	강점에 집중한다.
확대경, 노트북, 혹은 보행 을 위한 지팡이(cane)가 필 요한	시력에 문제가 있으며 쓰 거나 걸을 수 없는	문제가 아닌 요구(필요)에 집중한다.

출처: Snow (2008).

---

7) 역자 주: 영어표현을 번역한 우리말은 모두 '장애'가 먼저 온다. 따라서 적절한 우리말 표현을 위해서 사회적으로 가치 저하된 용어 사용을 지양하려는 노력을 하고 있다.

학생 다시 생각하기에 대해 자주 묻는 질문

Q 만약 학생이 자신의 연령에 적합하지 않은 장난감이나 게임을 더 좋아한다면 어떻게 하나요?

A 장애가 있는 사람들은 흔히 자신의 나이보다 더 어리게 대해지는 경우가 많습니다. 결과적으로 자신과 같은 나이의 또래가 잘 접하지 않는 만화, 인형, 게임에 계속 노출되어 왔고, 또래들은 이런 활동에 흥미를 갖기가 쉽지 않습니다. 한 가지 방법은 그 학생이 좀 더 연령에 적합한 음악과 활동을 접하게 하는 것입니다.

Q 제가 가르치는 학생들이 모두 훌륭하다고 믿지만 정말 학년수준으로 아직 읽기를 못하는 학생을 위해 제가 무엇을 해야 하나요?

A 6장에서 아직 학년수준의 읽기를 하지 않는 학생을 어떻게 지원하는지에 대한 논의와 많은 아이디어가 제공됩니다.

Q '사람이 먼저인 언어'에 예외는 없나요?

A 있습니다. 농인(deaf)의 경우 '청각장애가 있는 사람(person with deaf)'이라고 하는 대신에 '농인(deaf)'이라는 용어를 더 선호하기도 합니다. '데프퍼스트(Deaf First)'라는 단체는 청각장애(deafness)는 정체성의 주요 요소라고 제안하며, 이 단체에서는 '장애가 먼저인 언어(disability-first language)'를 선호합니다. 자폐성장애가 있는 어떤 이들은 '자폐인(autistic)'으로 불리는 것을 더 선호하기도 하며, 자신들을 표현하기 위해 '어티(autie)'라는 말을 내부적으로 사용하기도 합니다. 따라서 모든 장애인이 어떤 특정 방식으로 불리는 것을 선호한다는 것은 틀린 말입니다. 하지만 많은 옹호단체에서는 '사람이 먼저인 언어'가 인간을 존중하는 방식이라 생각하고 있으므로 이런 언어가 도움이 되는 지침으로서 역할을 합니다.

Q 저와 함께 일하는 동료가 '사람이 먼저인 언어'를 사용하지 않는다면 어떻게 해야 할까요?

A 학교에서 사용하는 언어를 변화시키기 위해 사용할 수 있는 여러 전략이 있습니다. 먼저 이런 언어를 사용하는 시범을 보이는 것입니다. 여러분이 '사람이 먼저인 언어'를 사용하는 것을 듣고 동료들은 자신들의 언어를 사람과 그들의 강점을 강조하는 언어로 바꿀지도 모릅니다. 두 번째, 〈표 4-3〉을 활용해 사람이 먼저인 언어의 예시를 보여 주고, 여러분이 이것을 옹호하는 이유에 대해 논의해 봅니다.

Q 저는 솔직히 이 학생이 얼마큼 똑똑한지 모르겠어요. 이 학생은 지적장애라는 장애명이 있어요. 제가 그 학생의 역량을 어떻게 추정할 수 있나요?

A 그 학생이 표준화 지능검사는 잘 수행하지 못했을 수 있습니다. 하지만 이 학생과 함께 일하는 여러분의 책임은 이 학생의 강점을 발견하는 것입니다. 그리고 이러한 강점들을 기억해야 합니다. 모든 사람은 다른 방식으로 지적인 재능이 있으며, 이것은 여러분이 그 학생에게 어떻게 다가가고, 가르쳐야 하는지를 배우는 데 도움을 줄 것입니다.

결론

장애명은 그 사람에 대한 정확한 설명이 아니라는 것을 기억한다. 장애가 있는 학생은 그저 다른 모든 이처럼 무한한 잠재력이 있는 고유한 개인이다(Snow, 2008). 이런 인식은 좋은 태도를 갖게 하거나 모든 학생이 똑똑하다고 믿게 할 뿐 아니라 존엄과 존중을 촉진하는 방식으로 가장 효과적인 교육을 제공하고 모든 학생을 가르치도록 할 것이다. 『지원의 신조(The Credo for Support)』는 학생에 대해 다시 생각하는 것의 중요성을 보여 준다([그림 4-4] 참조). 5장에서는 교육전문가들이 모든 학생을 교육할 수 있는 역량이 있다고 추정함으로써 함께 일하게 될 이들이 협력적 팀에 어떻게 적응할 것인지에 대해 논의한다.

역사적으로 신체적·정신적 장애가 있는 사람들은 태어나면서 버려지고 사회로부터 추방되었으며, 궁궐의 광대로 이용되거나, 종교 재판이 있던 시절에는 익사 혹은 화형을 당했고, 나치 정권에서는 가스실에서 죽어 갔으며, 여전히 분리되어 있고, 시설에 수용되며, 행동수정이라는 이름으로 고문당하고, 학대받고, 강간당하고, 안락사되거나, 살해당하고 있습니다.

자 이제, 처음으로 장애가 있는 사람들이 완전히 사회에 공헌하는 시민으로서 자신들의 권리를 찾고 있습니다. 진짜 위험은 우리가 평등과 존중이 아닌 교정과 자비라는 말로 답할 때 일어납니다. 그래서 우리는 당신에게 제안합니다.

지원의 신조(Credo for Support)[8]

내 장애를 문제로 보지 말길.
내 장애는 존재의 본질임을 인식하길.

내 장애를 결함으로 보지 말길.
마치 일탈되고 무력한 존재로 나를 보는
당신의 결함일지니.

내가 고장 났으므로
날 고쳐야 한다는 노력을 하지 말길.
나를 지원해 주길.
나는 내 방식으로 이 사회에 공헌할 수 있으리.

---

8) 역자 주: 캐나다에서 일어난 비극적 사건의 피해자인 Tracy Latimer를 기리며 Kunc와 Van der Klift 부부가 쓴 글이다. Tracy는 아버지에 의해 살해될 당시 14세 소녀였으며, 중도·중복장애가 있었다. 아버지는 자신의 살인이 장애가 있는 자녀를 위한 것이라 주장해 큰 논란이 되었으며, 이와 관련한 안락사 논쟁을 촉발시켰다.

나를 당신의 클라이언트로 바라보지 말길.
나는 당신과 같은 시민이리니.

나를 당신의 이웃으로 바라보길.
기억하길, 우리 중 누구도 완전할 수 없음을.

내 행동을 고치려고 노력하지 말길.
있는 그대로 그리고 들어주길.
당신이 정의하는 부적절함이란
내가 할 수 있는
유일한 소통의 시도일 수 있으니.

나를 바꾸려고 노력하지 말길.
당신은 그럴 권리가 없으니.
내가 알고 싶은 것을 배우도록 나를 도와주길.

당신의 불확실성을
'전문가'라는 거리를 두고 숨기지 말길.
들어주는 사람이 되길.
더 나은 시도라며
나의 투쟁을 나에게서 앗아 가지 말길.

나에 대해 이론이나 전략을 사용하지 말길.
나와 함께하길.
그리고 우리가 서로에게 어려움을 겪을 때
자기반성을 하길.

나를 통제하려 들지 말길.

나는 인간으로서의 권리가 있으니.
당신이 불응이나 수정이라 부르는 것은
사실 내가 내 삶을 통제하려고 노력할 때에만 쓸 수 있는 것일지니.

내가 복종하고 순종하며 공손하도록
가르치지 말길.
내 자신을 보호하려면
'싫다.'라고 말해야 할 필요가 있으니.

나를 동정하지 말길.
또 다른 제리 루이스[9]는 절대로 원치 않으니.
자신의 만족을 위해 나를 이용하는 자들에 맞서 나의 동지가 되길.

나의 친구가 되려고 하지 말길.
나는 그 이상의 자격이 있으니.
나를 알아 가길. 우린 친구가 될지도 모르니.

나를 도우려 하지 말길.
당신이 기분 좋아진다 할지라도.
나에게 도움이 필요한지 물어봐 주길.
당신이 나를 가장 잘 도울 수 있는 방법을
알려 주리니.

나에게 감탄하지 말길.

---

9) 역자 주: Jerry Lewis는 미국의 유명 코미디언으로, 1960년대부터 장애인을 위한 전화모금방송을 진행하며
　장애인에 대한 동정심을 자극하는 내용을 꾸준히 내보내 장애인권 활동가와 옹호단체로부터 사회적으로
　장애인에 대한 부정적 이미지를 고착화했다는 비난을 받았다.

완전한 삶을 살려는 욕망은

감탄할 이유가 되지 못하니.

나를 존중하길. 평등이라 생각되는 존중을.

말하고, 고치고, 이끌려 하지 말길.

듣고, 지원하고, 함께 가길.

나에 대해 일하지 말길.

나와 함께 일하길.

[그림 4-4] 지원의 신조

출처: Kunc, N., & Van der Klift, E. (1996). *A credo for support*. Vancouver, Canada: The Broadreach
Centre (reprinted by permission).

협력: 팀으로 일하기

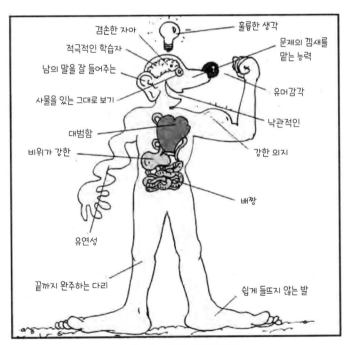

유능한 팀 구성원의 인체 구조

예전에는 교실을 나의 공간이라고 생각했어요. 하지만 지금은 우리의 공간이라고 생각해요. 사고과정 전체가 바뀌었어요. 물리적 학급환경에 대한 것뿐 아니라 학생, 모든 학습자를 처음부터 포함하는 교육과정 설계, 학습과정에 학생이 참여할 수 있도록 하는 선택권, 정말 모든 것에 대해…… 제 생각은 크게 개선되었어요. 우리가 모두 모여서 학생들에 대해 그리고 학급에서 일어날 일들에 대해 창의적으로 목표의식을 가지고 생각할 때…… 마치 마법처럼 우리의 아이디어와 학급에서 우리가 만들어 낼 일들은 무한했어요!

– Kelly (일반교사)

변화가 있었어요. 갑자기 (그 사회선생님은) 제가 부가가치라는 것을 깨달은 거죠. 이제 그 선생님께서는 중학교 2학년 사회시간에 더 이상 강의식으로 가르칠 필요가 없어요. 그분은 사회교과의 내용과 교육과정에 대한 전문성을 발휘하세요. 그러면 저는 보편적 학습설계, 보완적 지원과 서비스, 의사소통 도구를 사용하는 학생의 실제적 학습을 촉진하는 방법 등 그 학생이 일반학급에서 완전한 구성원이 되도록 하는 데 기여해요.

– Diane (특수교사)

우리는 정말 운이 좋았어요. (그 학교 전문가들은) …… 다들 정말 기꺼이 하려고 했어요. 제가 어떤 것을 논의하든 그것을 살펴보려고 했지요. 제 말은 그 태도요…… 배움에 대한 열린 자세. 그건 정말 대단한 거예요.

– Sheree (통합학급에서 교육받는 장애학생의 부모)

우리들은 각각 계획에 의해 이 현재의 순간에 초대되었다. 우리의 삶은 모자이크에 있는 타일처럼 함께 모여 있다. 누구도 이 그림 전체에 기여하지는 않지만 우리 개개인은 그림이 완성되는 데 필수적이다.

– Casey & Vanceburg (1996, p. 138)

교사, 관련서비스 전문가, 보조인력이 포함된 전문가 팀이 모든 학생의 의미 있는 학습과 소속감을 촉진하는 방식으로 함께 일하는 것은 학급공동체에 있는 모든 학생에게 도움이 된다. 장애학생을 교육하는 데 있어 전문가 간의 협력은 「장애인교육법」의 기본적인 요소이다(§614[d][1][B]; §636[a][1]; §652[b][1]; §653[b]; §654[a][1][C]). 통합학급에서 전문가들은 마치 모자이크의 타일과 같다. 개개인은 더 큰 그림을 위한 중요한 공헌자이다. 오늘날의 통합학급에서 교사들이 다른 교사, 치료사, 보조인력과 함께 일하는 것은 꽤 흔해졌다.

이 장에서는 교사들이 효과적인 협력에 참여할 수 있게 하는 정보와 도구를 제공한다. 이를 위해 모든 학생의 참여와 교과 학습 및 개별화교육계획의 목표 달성을 최대화하는 사용 가능한 자원들이 있다. 하지만 경우에 따라서는 계획이나 교수단계에서 교사, 치료사, 보조인력이 각각 혼자 일하기도 한다. 이런 유형의 구조는 흔한 문제들을 야기한다. 교실에서 모호한 역할을 하게 되는 특수교사는 가치저하를 느낄 수 있고, 의미 있게 계획되지 않은 채 일반학급에 들어가 특수교육 지원을 제공하게 되면 보조교사와 별반 다르지 않은 것처럼 느껴질 수 있다. 관련서비스 제공자 역시 이와 유사한 감정을 느끼게 될 수 있다. 의도된 계획하기란 각 전문가들의 전문성이 최대로 활용되도록 하며, 학생의 개별화교육계획 목표를 달성하기 위해 교육과정 기준, 학습전략, 교수전략을 이에 맞추도록 한다.

이 장에서는 교육팀의 구성원으로서 자신의 역할을 알 수 있게 돕고 각 팀 구성원의 역할과 책임에 대해 설명한다. 또한 전체 교수팀과 의사소통하는 일반적인 방식, 협력교수 구조의 개요를 제안하고 갈등을 다루기 위한 전략을 제공한다. 끝으로 협력에 대해 자주 묻는 질문을 설명한다.

저는 가르치는 사람들에게 묻습니다. 배우기를 갈망하는 모두에게 당신이 가르치고 싶은 것을 제공하는 것이 당신의 이상입니까? 만약 그렇다면 그 기본 단계는 모든 사람들이 배울 수 있고 배우기를 갈망한다고 가정하는 것이고, 그런 다음 그들이 그렇게 하는 데 필요한 지원 시스템을 강화하고 진정한 교사가 가져다줄 수 있는 성공감과 자유로움을 매우 중요하게 느끼도록 항상 의사소통하며 협력하는 겁니다.

– Jamie (시러큐스대 학생, 자폐인)

역할과 책임

학교 전문가들의 역할과 책임은 학교, 교육구, 심지어 각 주마다 다양하다. 이런 다양성에도 불구하고, 학교에서 일반적으로 받아들여지는 역할과 책임이 있다. 다음은 교직원들이 모든 학생의 요구에 부합하기 위해 한 팀으로 함께 효과적으로 일하는 법에 대한 일반적인 지침을 제공한다.

특수교사

특수교사는 각 학생의 개별화교육계획을 설계하는 데 주로 책임이 있다. 매년 교사, 관련서비스 제공자, 학생 본인, 부모로 구성된 팀은 적절한 특수교육 서비스뿐만 아니라 각 학생의 장·단기 목표를 결정한다. 특수교사는 각 학생의 개별화교육계획에 있는 장·단기 목표가 달성되도록 돕는다. 일반교사, 치료사, 기타 지원인력과 협력하면서, 특수교사는 교육과정과 교수를 차별화하도록 돕고 각 학생에게 적합한 조정과 수정을 제안할 책임이 있다. 또한 특수교사는 학급에서 발생하는 문제를 해결하고, 각 학생의 서비스를 평가하며, 교육팀과 학생의 진전에 대해 의사소통할 책임이 있다.

일반교사

일반교사는 자신의 수업에서 학생을 교육할 것으로 예상된다. 일반교사는 수업을 계획하고, 해당 내용을 가르치며, 개별 학생의 실력을 평가한다. 일반교사는 개별화교육계획을 갖고 있는 각 학생에 대해서뿐 아니라 장애가 없는 학생 모두에 대해서도 책임이 있다. 대체로 일반교사는 특정 학년수준과 가르치는 교과에 대한 내용전문가로 간주된다.

가족

자녀의 통합을 위한 부모의 지식과 비전, 끝없는 동기에 대해 마음을 열어 주세요. 부모들이 성난 싸움 없이도 옹호하는 법을 배우도록 도와주세요. 부모들이 선생님들과 학교의 노고를 이해하고 학교의 한계와 제약에 대한 견해를 들을 수 있도록 지원해 주세요. 문제에 대해 안 된다거나 할 수 없다는 것 대신 창의적으로 대처해 주세요! 이것은 하나의 과정이자 장기적인 관계니까요.

– Kim (통합교육을 받는 장애학생의 부모)

저는 진실을 잘 견딜 수 있고, 프로그램이 삐꺽거릴 때도 해결책을 잘 찾아요. 저는 이 교육팀에서 가장 중요한 사람이고 만일 여러분이 솔직하지 않다면 이 아이를 결코 완전히 지원하지 못할 것이에요. 한번 신뢰를 잃으면 그것이야말로 가장 개선되기 어려운 일일 거예요.

– Sue (통합교육을 받는 장애학생의 부모)

계획을 미리 설명해 주세요. 약속을 지켜 주세요. 여러분의 사고과정을 공유하고 결정의 이유를 알려 주세요. 인내심을 가지세요. 우리를 폐 끼치는 사람이 아닌 파트너로 대해 주세요.

– Mary (통합교육을 받는 장애학생의 부모)

가족구성원들은 의심의 여지없이 아동의 삶에 있어 가장 중요한 사람들이다. 「장애인교육법(IDEA)」(2004)에서 부모 혹은 후견인은 학생의 개별화교육지원팀의 동등한 구성원이 되었다. 부모 혹은 후견인은 개별화교육지원팀의 적극적인 구성원이라 예상되는데, 이는 그들이 다른 누구보다 아동에 대해 더 잘 알고 있기 때문이다. 치료사, 교사, 보조인력은 학교환경에서 발생한 모든 일에 대해 의사소통으로

써 그리고 더 나아가 가족구성원들의 소망과 우려를 주의 깊게 들어줌으로써 부모가 적극적인 역할을 하도록 도울 수 있다.

물리치료사

물리치료는 관련서비스이며, 공인된 물리치료사(physical therapist)에 의해 제공된다. 물리치료사들은 대근육 발달기술, 정형외과적 문제, 이동성, 장비 조정, 자세유지 요구, 학교환경에 대한 신체적 접근, 학생의 교육성취를 방해할 수 있는 기타 기능적인 기술과 같은 영역에 대해 일한다. 물리치료사는 개별 학생과 일하거나 소집단을 이끈다. 또한 물리치료사는 교사, 다른 치료사, 보조인력에게 자문을 제공한다. 치료의 예로는 계단을 안전하게 걸어서 오르내리는 연습, 휠체어를 사용하는 학생을 위한 스트레칭, 학교환경에 대한 접근 지원하기, 기타 신체적 활동 수행 돕기가 포함된다.

물리치료 보조원

어떤 물리치료사들은 치료계획을 수행하고, 학급과 학교환경에서 학생을 지원하며, 개별화교육계획 목표를 위한 자료를 점검하고, 자기돌봄(self-care) 요구를 지원하는 보조원(assistant)을 두는 경우가 있다. 이러한 보조원들은 공인된 물리치료사의 감독하에 일한다.

언어치료사

언어치료사(혹은 언어병리사, speech-language pathologist)들은 학생의 의사소통, 효과적으로 의사소통하는 데 필요한 기술을 습득하도록 돕는다. 이러한 기술에는 언어(language), 음성(voice), 조음(articulation), 연하(swallowing), 유창성(fluency)과 관련된 문제가 포함된다. 어떤 학생은 말더듬(stuttering)의 문제로 언어치료사를 만난다. 또 다른 학생들은 언어를 이해하고 산출하는 것과 관련해 언어치료를 받는다. 학교에서 언어치료사는 학급 활동 참여와 효과적인 의사소통을 지원하기 위해 교육팀과 협력한다.

작업치료사

작업치료사(occupational therapist)와 함께하는 학생은 그 학생의 장애가 일상생활 기술 혹은 학교에서 기능하는 데 있어 지원을 필요로 한다. 작업치료사는 학생의 요구를 평가하고, 치료를 제공하며, 학급 장비를 조정하고, 환경 여건을 재구조화하며, 일반적으로 학생이 학교 경험과 활동에 가능한 한 완전히 참여하도록 돕는다. 작업치료사는 학생과 개별적으로 일하거나 소집단을 이끌 수도 있다. 또한 작업치료사는 학생들이 일반교육 환경의 맥락 안에서 자신들의 목표를 달성하도록 돕기 위해 교사와 보조인력을 자문할 수도 있다. 구체적인 치료 전략에는 글씨 쓰기나, 컴퓨터 작업 돕기, 사회적 놀이 증진하기, 옷 입기나 식사도구를 사용해 먹기와 같은 생활기술 교수하기가 포함될 수 있다.

작업치료 보조원

작업치료사는 치료계획을 수행하고, 학급과 학교환경에서 학생을 지원하며, 개별화교육계획 목표를 위한 자료를 점검하고, 자기돌봄 요구를 지원하는 보조원을 두기도 한다. 이러한 보조원들은 공인된 작업치료사의 감독하에 일한다.

학교심리학자

학교심리학자(school psychologists)의 목표는 "아동과 청소년이 학업적·사회적 · 행동적 · 정서적으로 성취하도록 돕는 것"이다(National Association of School Psychologists, 연도 미상). 학교심리학자들은 긍정적 학습 환경을 조성하고, 개별 학생의 가정과 학교 사이의 연결을 지원하기 위해 교수팀과 긴밀하게 일한다. 학교심리학자는 학생을 평가하며, 어떤 학생에게 장애가 있는지를 결정하기 위해 표준화 검사를 하는 데 주로 참여한다. 또한 학교심리학자는 문제해결을 돕기 위해 교수팀에 있는 사람들과 직접 일하며, 때로는 학생에게 직접 지원서비스를 제공하기도 한다.

학교사회복지사

학교사회복지사(school social workers)는 학교심리학자와 마찬가지로 개별 학생의 가정, 학교, 지역사회가 연결되도록 돕는다. 사회복지사가 제공하는 서비스는 학생과 가족이 학습에 방해가 될 수 있는 문제를 극복할 수 있도록 돕는 데 목적이 있다. 학교사회복지사는 개별상담과 집단상담을 제공하고, 교사를 자문하며, 사회성 기술을 교수하거나 증진한다. 이들은 여러 기관이나 서비스가 필요한 학생을 위해 지역사회기관과 협력하고, 서비스를 조정한다.

시력지원 전문교사

시력지원 전문교사(vision teachers)는 시각장애 혹은 전맹 학생을 지원한다. 시력지원 전문교사는 일반적으로 학급에서 교사들이 교육과정을 조정 혹은 수정하도록 함께 일한다. 또한 필요한 장비(예: 확대경과 컴퓨터 장비)와 교구(예: 점자로 된 활동지)의 제공을 돕는다.

청능사

청능사(audiologist)는 일반적으로 청각장애가 있는 학생과 일하며, 증폭장치와 전

농(deaf) 학생을 위한 수화통역사를 제공한다.

보조인력

보조인력(paraprofessional)[1]은 여러 다양한 과업을 수행하게 된다. 학교공동체 안에서 학생을 학업적·사회적·행동적으로 지원하는 것은 필수적이다. 보조인력은 특수교사나 일반교사의 감독하에 교수내용을 복습시키고 강화한다. 이들은 스테이션교수의 한 영역을 이끌거나 소리 내어 읽기, 다른 교육자들과 함께하는 팀티칭 등에 참여할 수 있다.

학생

학생 본인은 교육팀의 중요한 구성원이다. 학생에게 자신이 어떻게 지원을 받고 싶은지, 자신의 학습양식에 맞는 활동은 무엇인지, 친구관계를 맺는 데 있어 여러분이 어떠한 도움을 줄 수 있는지, 학생이 어려움을 겪는 상황에서 어떻게 개입하기를 원하는지에 대해 물어보는 것이 중요하다. 특정한 학생을 지원하기 위해 창의적인 생각을 브레인스토밍할 때 해당 학생의 급우나 친구들에게 도움을 요청할 수도 있다.

모두 함께 일하는 방법

모이는 것은 시작이고, 이를 유지하는 것은 진보이며, 함께 일하는 것은 성공이다.

− Edward Everett Hale

---

1) 역자 주: 우리나라에서는 시·도교육청에 따라 '특수교육보조원'이나 '특수교육보조인력' 등 다양한 명칭이 사용되고 있으며, 사회복무요원이 배치되기도 한다. 이 책에서는 「장애인 등에 대한 특수교육법」에 따라 '보조인력'으로 표기하였다.

모든 학교가 다르기는 하지만 한 가지는 확실하다. 교육팀에 있는 모든 성인은 학생 성장의 촉진이라는 목적을 위해 함께 일해야 한다는 것이다. 다음은 중학교 1학년 교육팀의 효과적 협력의 사례이다.

* * * * *

　이 교육팀에는 아담이라는 자폐성장애, 시각장애, 감각요구가 함께 있는 학생을 지원하기 위한 모든 구성원이 포함된다. 영어수업에서 아담을 지원하는 핵심팀에는 일반교사, 특수교사, 시력지원 전문교사, 작업치료사, 보조인력이 속해 있다. 이 교육팀은 영어수업에서 아담에 대한 지원을 논의하기 위해 매월 회의를 한다. 시력지원 전문교사와 영어교사는 보조인력과 매주 함께 만나 앞으로 학습할 단원을 위해 큰 활자 교구를 만든다. 또한 특수교사와 영어교사는 아담과 함께 만나 수업을 계획하는데, 그렇게 함으로써 매 수업을 학생의 요구에 적합하게 설계한다. 예를 들면, 해리 포터 시리즈 책을 수업시간에 활용하기로 계획한다. 보조인력은 큰 활자로 된 정보 꾸러미를 지참하고 특수교사는 전체 학급 학생에게 조용히 책을 읽으라고 하는 대신 오디오 버전을 듣게 할 것을 제안한다. 교사와 작업치료사는 만지작거릴 수 있는 여러 물건, 연필잡기 도구, 선택할 수 있는 여러 필기도구, 알파스마트 키보드(AlphaSmart Keyboard), 껌 등이 담긴 감각도구상자를 협력해 구성한다. 작업치료사는 영어수업에서 감각관련 문제에 대한 해결을 위해 월례 회의에 참여한다. 회의를 통해 교육팀은 아담이 각 활동을 하는 동안 예상되는 필요한 지원의 유형과 수준 전반에 대해 계획한다.

* * * * *

　[그림 5-1]은 교육팀에 있는 모든 동료의 역할과 책임에 대한 결정을 돕도록 작성할 수 있는 양식이다. 통합학급에서 필수적인 각 과제에 대해 누구에게 1차, 2차 책임이 있으며, 누가 책임을 공유해야 하는지를 결정하는 데 이 양식이 유용하다는 것을 많은 교육팀이 확인했다. 그런 다음 어떤 역할이 변경 혹은 공유되어야 하는지 결정하도록 하단에 있는 하위영역에 대한 질문에 교육팀이 함께 답해 본다.

팀 구성원의 역할과 책임 정하기

지시사항: 다음에 제시된 공통 역할과 책임을 모두 읽으십시오. 어떤 팀 구성원이 각각의 역할과 책임을 맡아야 하는지 결정하십시오.

P = 필수책임(Primary Responsibility)
S = 이차 책임(Secondary Responsibility)
Sh = 공유된 책임(Shared Responsibility)
I = 의사결정에 대한 투입(Input)

주요 역할과 책임	일반교사	특수교사	관련서비스 종사자	보조인력
학생 목표 개발하기				
차별화 교육과정 설계하기				
학생－맞춤 조정과 수정하기				
학급 교구 만들기				
협력교수 교육과정				
일대일 교수 제공하기				
학급학생 전체 교수하기				
소집단 이끌기				
학생 진전 점검하기				
다음 단계 진입을 위한 학생 수행 평가하기				
평가와 성적 처리하기				
부모와 의사소통하기				
관련서비스 종사자 자문하기				
개별화교육계획 회의 참여하기				
학생 훈육하기				
알림장에 글 쓰기				

지역사회 중심 프로그램 제공하기			
또래지원 개발하기			
공동계획시간 일정 잡기			
정기적으로 일정 잡힌 팀 계획회의 참여하기			
회의 촉진하기			
다른 팀 구성원에게 팀 회의에서 나온 정보에 대해 의사소통하기			
기타			

각 구성원의 역할과 책임에 대한 결정이 끝나면 다음 질문에 답하십시오.

1. 이러한 역할과 책임에 대해 모두 공유되었거나 변경된 것이 있는가?

----

2. 서술된 역할 중 어느 것에 대해서든 누구 하나라도 불편함을 느끼는가?

----

3. 어느 누구라도 앞에 언급된 책임을 위한 좀 더 많은 정보나 연수가 필요하다고 생각하는가?

----

4. 앞의 책임 영역 중 학급에서 성인들이 팀으로 함께 일하는 방법에 대해 학생, 부모, 기타 사람들은 어떤 메시지를 받는가?

----

5. 변경이 필요한 부분은 무엇인가?

[그림 5-1] 팀 구성원의 역할과 책임 정하기

출처: Causton-Theoharis, J. (2003). *Increasing interactions between students with disabilities and their peers via paraprofessional training* (미발표된 박사논문). Madison, WI: University of Wisconsin, Madison.

팀 협의를 위한 안내 질문

동료 팀원들을 개인적 차원에서 알게 되는 것은 실제로 그리고 진정한 협력이 일어나는 데 필수적이다. 다른 교사, 치료사 혹은 보조인력과 함께 앉아 논의하는 데 도움이 되어 줄 질문 목록이 다음에 제시되었다. 이 목록을 단순한 제안으로 생각할 수도 있고, 각 질문을 교육팀과 함께 모두 검토해 볼 수도 있다.

일하는 방식

- 당신은 아침형 혹은 오후형 인간인가요?
- 당신은 얼마나 직설적인가요?
- 당신은 한 번에 여러 가지 일을 하는 것과 한 번에 한 가지 일을 하는 것 중 어느 것을 선호하나요?
- 당신은 다른 팀원에게 피드백을 어떤 방식으로 주는 것을 선호하나요?
- 당신은 팀으로 일할 때 자신의 강점과 약점이 무엇이라고 생각하나요?

철학

- 통합교육의 목적은 ……이어야 한다.
- 나에게 정상성(normalcy)이란 ……을 의미한다.
- 나에게 사전 계획이란 ……을 의미한다.
- 모든 학생은 ……일 때 가장 잘 학습한다.
- 일반적으로 나는 문제행동을 다루는 최선의 방안은 ……이라고 생각한다.
- 일반적으로 나는 학생의 독립성을 ……함으로써 증가시키는 것이 중요하다고 생각한다.
- 나는 우리 팀의 관계가 ……할 필요가 있다고 생각한다.

실행계획

- 우리는 학생의 개인발달사(history and progress)에 대해 어떻게 의사소통해야 하나요?
- 우리는 우리의 역할과 책임에 대해 어떻게 의사소통해야 하나요?
- 우리는 수업과 조정에 대해 언제 어떻게 의사소통해야 하나요?
- 만일 내가 수업 중 해결책이 없을 때 그 학생을 당신에게 직접 의뢰해야 하나요?
- 우리는 충분히 자주 만나고 있나요? 그렇지 않다면 우리는 얼마나 자주 만나야 하나요?
- 우리는 가족들과 어떻게 의사소통하나요? 여기에서 각자의 역할은 무엇인가요?
- 기타 우려사항은 없나요?

가족을 위한 질문

- 귀하는 학생의 진전에 대해 어떻게 의사소통하고 싶으신가요?
- 만약 알림장이나 이메일로 의사소통한다면 학교로부터 얼마나 자주 소식을 듣길 원하시나요?
- 귀하께서는 연락 시 특별히 관심이 있는 내용이 있나요?
- 자녀가 어떻게 지원받았으면 하나요?
- 자녀에 대한 기대와 꿈은 무엇인가요?
- 자녀의 강점과 성취는 무엇인가요?
- 교육팀에게 도움이 될 수 있는 기타 정보가 있나요?

학생을 위한 질문

- 가장 큰 강점은 무엇인가요?
- 어떻게 가장 잘 배우나요?
- 학교에서 가장 좋아하는 활동은 무엇인가요? 학교 밖에서는 무엇인가요?
- 어려움을 겪는 순간에 우리가 어떻게 지원해야 할까요?

- 개선하고 싶은 영역은 무엇인가요?
- 학생의 친구와 급우 관계를 어떻게 지원할 수 있을까요?
- 학생의 진전에 대해 얼마나 자주 점검하고 싶은가요?
- 학생의 진전에 대해 교사와 어떻게 이야기하고 싶은가요?(예: 면담, 이메일, 알림장)

이 예시 질문들을 활용해 개인적인 논의를 한 후에는 팀 구성원이 수업 환경에서의 역할과 기대에 대해 좀 더 편안함을 느끼게 되고, 협력의 실행체계와 철학적 구성요소를 더 잘 협상할 수 있게 된다. 다음은 학급에서 교육전문가들의 협업을 좀 더 명확히 해 주는 협력교수에 대해 설명한다.

협력교수 계획

협력교수란 하나의 교실 환경에서 학생집단에 대한 교수적 책임을 두 명 혹은 그 이상의 교육전문가들이 공유하는 것이다. 여기에는 일반교육 맥락에 있는 장애학생을 위한 특수교육 서비스—교육과정 설계하기, 교수 실행하기, 학습 평가하기 포함—를 전달하기 위해 함께 일하는 일반교사, 특수교사, 치료사나 기타 전문가, 이중언어 교사(bilingual teacher), 내용 영역 전문가(예: 읽기 전문가, 수학 중재 교사), 보조인력이 포함될 수 있다. 협력교수의 구조는 학교 공동체 안에서 교수적 역할이 있는 누구라도 활용 가능하다. 〈표 5-1〉은 Murawski와 Dieker(2004)가 제안한 여러 상황에서 제공될 수 있는 협력교수의 유형을 보여 준다.

학급 안에서 공간을 공유하는 두 명의 성인이 포함된 실행계획과 전략은 협력교수에서 가장 광범위하게 연구되어 왔다. 다음은 다양한 협력교수의 유형에 대해 설명한다.

표 5-1 교육전문가 동료를 포함하는 협력교수 아이디어

본인 역할	협력교수 동료가 할 수 있는 역할
강의하기	학생들이 듣고 있는 강의 내용을 볼 수 있도록 동시에 시각적으로 판서해 주기, 학생들이 핵심 어휘나 어구를 기억하도록 그래픽 조직자를 만들거나 문장 개시어 제공하기
지시하기	칠판에 지시사항을 써서 모든 학생이 이를 시각적 단서로 볼 수 있게 하기, 학생들에게 할 일 목록이나 개별 의제를 상기시키거나 순서에 대한 단서를 제공하기
대집단 교수하기	자료 수집, 문제해결, 환경 요인 개선(예: 조명), 다음 수업을 위한 조정
평가하기	시험문제를 읽어 주는 방식을 선호하는 학생을 위해 시험 대독하기, 시험 전 학생의 자세유지는 적절한지 조명은 적당한지 확인하기, 학생의 강점을 지원하기 위한 시험 조정(예: 큰 활자 혹은 한쪽에 한 개의 문제만 배치)
스테이션 혹은 소집단 촉진하기	스테이션 혹은 소집단을 함께 촉진하기
새로운 개념 가르치기	전체 집단의 이해를 증진하기 위한 시각적 단서나 모델 제시하기, 모든 학생을 위한 학습을 증진하기 위해 해당 내용에 대해 다중감각적 방식으로 접근할 수 있게 하기
소집단 복습 혹은 사전교육하기	학생이 각자 개별 학습을 하는 동안 대집단 감독하기, 모든 학생을 위한 신체 자세유지와 학습 환경에 대해 생각하기

출처: Murawski & Dieker (2004).

평행교수

이질적인 학생으로 구성된 학급을 두 집단으로 나누어 교사 대 학생 비율을 줄인다. 교사들은 같은 목표를 가지고 해당 학급을 나누어 동시에 가르친다. 학습 과정은 다를 수 있다. 만일 어떤 교사가 특히 공감각적 내용을 전달하는 데 능숙하다면 수업에 그림을 활용하는 반면, 다른 교사는 활동중심 학습 경험을 통한 배움을 강조할 수 있다. 이러한 접근은 서로 다른 두 개의 과학 주제(예: 전기와 생애주기)를 사용한 논픽션 글의 특징을 가르치는 데 사용될 수 있다.

스테이션교수

이질적인 학생으로 구성된 학급을 세 집단으로 나눈다. 교사들은 각 스테이션을 함께 계획한다. 두 명의 교사가 두 개의 스테이션을 각각 운영하는 동안 다른 한 스테이션은 학생들이 짝지어 독립적으로 공부하거나 하나의 협동학습 집단으로 운영한다. 각 교사가 하나의 스테이션에서 교수를 이끄는 동안 학생들은 순환하며 각 스테이션으로 자리를 옮긴다. 각각의 교사는 자신의 스테이션에 온 한 집단에게 해당 내용을 교수한 후 다음 집단을 다시 반복해 가르친다. 한 교실에서 함께 계획하고 함께 가르치는 스테이션교수는 장애학생이 일반교육과정에 접근하게 하며, 또래와 나란히 최소제한환경에서 교육받는 동안 개별화교육계획 목표에 힘쓰도록 한다. 이때 학생들은 주로 이질적인 집단으로 구성하여 각 교사에게 순환하도록 하는 것이 중요하다.

팀티칭

교사들은 교수와 학급 활동에 대한 리더십을 공유한다. 한 명의 교사가 이야기를 소리 내어 읽는 동안 다른 교사는 그에 해당하는 개념도 만들기 같은 보완적인 방식으로 기여한다. 또는 한 교사가 사회수업을 이끌고 다른 교사는 받아 적기 기술을 시범 보일 수도 있다. 워크숍 모델에서는 한 명의 교사가 10분간 짧은 수업을 진행한 다음, 학생들이 활동하는 동안 두 교사가 함께 돌면서 학생들과 토론한 후 다른 교사가 해당 수업의 내용을 공유하거나 핵심사항을 정리하면서 끝낼 수 있다. 두 교사 모두 대집단 수업을 하며 상호 의존적인 역할을 한다.

교수-관찰

한 명의 교사가 수업을 이끄는 동안 다른 교사는 학생들의 수행에 대한 자료를 모은다. 예를 들면, 한 명의 교사가 지리수업을 하는 동안 다른 교사는 학생들의 학습과 오개념에 대한 일화기록 양식과 체크리스트에 관찰 내용을 작성한다. 교사들은 집단 토론을 하는 동안 학생들의 참여, 개별 학습, 해석 능력 및 기타 활동에 대한 자료를 수집할 수 있다. 또한 학생의 참여와 독립성에 대한 환경적 지원이나 장벽뿐 아니라 해당 학생의 기술과 능력에 대한 정보도 수집할 수 있다. 한 명의 교사가 구체적인 보조공학 사용의 효과성에 대해 관찰하고, 부족한 외부 지원이나 테크놀로지에 대해 기록하며, 자세유지와 자리 배치를 관찰 혹은 조정하고, 몸풀기 휴식이나 다른 유형의 지원을 제공할 기회에 대해 기록한다. 이때 교사들이 이러한 역할을 교대로 맡아 각각 교수를 이끌고, 학급의 학습 경험을 관찰할 수 있게 하는 것이 매우 중요하다.

대안교수

한 명의 교사가 대부분의 학생을 대상으로 수업을 하는 동안 다른 교사는 소집단 학생을 위한 교수를 제공한다. 이때 소집단은 앞으로 배울 수업이나 단원의 배경지식 제공을 위한 핵심 개념을 사전 교수하는 데 활용될 수 있다. 또한 학년 수준의 교과 목표를 이미 마친 학생들을 위해 심화 경험을 제공하는 데에도 활용될 수 있다. 이러한 접근은 매우 주의해서 사용되어야 하며 학급의 뒷자리에 모인 교정(혹은 치료) 집단이 되지 않도록 해야 한다. 이 방법은 반드시 다른 협력교수 전략과 함께 사용되어야 하며, 아주 가끔씩만 사용해야 한다.

교수-보조

한 명의 교사가 수업을 이끄는 동안 다른 교사는 방해되지 않게 특정 학생들에게 개별화된 교수와 보조를 제공한다. 이때 보조하는 교사는 질문에 대답해 주거나 학생이 계속 과제를 할 수 있게 하고 필요한 학생에게 촉진 지원을 제공할 수 있다. 교사는 학생들이 자신에게 맞는 필기구의 유형을 선택하게 도와줄 수 있으며, 칠판에 예시를 쓰거나 그려 줄 수 있다. 한 명의 교사가 가르치는 동안 다른 교사는 다이어그램, 그림, 이름표를 포함해 수업 내용을 시각적으로 필기해 주는 것도 유용한 전략이다. 교사들은 역할을 반드시 교대해야 하고 둘 다 수업을 이끌어 어떤 한 성인이 항상 보조적인 역할을 하지 않도록 해야 한다. 다시 말하지만, 이 방법은 아주 가끔씩 그리고 다른 협력교수 방법과 함께 사용해야 한다.

협력교수자로서 의사소통하기

협력교수의 구조와 배치 외에도 교사들은 학생과 가족에게 보내는 공동 메시지에 대해 자주 생각한다. 〈표 5-2〉는 협력교수에 성공했던 교사들이 모든 학습자를 교육하는 데 있어 공동의 문제를 의사소통하는 데 사용했던 전략이다. 자신의 협력교수를 평가하고 동료들과 함께 효과적인 협력교수를 하기 위한 추가적인 전략 마련을 위해 이러한 아이디어를 활용해 본다.

표 5-2   **멋진 협력교수자들이 생각하는 전략**

멋진 협력교수자들은……
• 자랑스럽게 말한다. 서로의 이름을 교실 문 혹은 학급 홈페이지에 함께 올린다.
• 연대적인 의사소통을 한다. 이들은 학급이 자신들 공동의 것이라 말하며, 공유하는 공간과 교수적 책임에 대해 학생, 가족, 동료에게 이야기한다.
• 역할을 바꾼다. 협력교수 방식을 자주 순환한다. 수업을 이끌고 지원하는 역할을 교대한다. 교대로 수업을 시작한다. 교사들은 모든 학생과 일한다. 같은 소집단 학생과 매일 활동하지 않는다. 교사들은 교수집단을 바꾼다.
• 교무실(혹은 행정실)에 어떠한 사항이라도 두 교사 이름을 모두 사용하고 두 교사 모두에게 알려 주도록 이야기해 놓는다. 공동교수와 통합협력교사에 대한 메시지는 학교 전체에 스며든다.
• 학교소식지, 가정통신문, 알림사항 등이 두 명의 교사 모두에 의해 서명되어 공동으로 발송되는지 확인한다.

- 회의는 두 명이 모두 가능한 시간으로 정한다. 이들은 교육팀이 개별 학생들과 함께 일한다는 것을 보여 주는 것의 중요성을 이해한다.
- 활동이 전환될 때 다음 활동에 대한 리더 역할을 교대로 수행한다. 이들은 모두 학생들을 학교 전체 행사나 혹은 다른 수업으로 이끈다.
- 학급, 책상이나 테이블을 포함한 교사의 영역은 어떤 것이든 공유한다. 이들은 모두 모든 학급 비품에 접근할 수 있으며, 교실 구조화를 위해 함께 노력한다.
- 자신들이 모르게 사용하는 언어를 점검한다. 이들은 '나의 교실' '나의 수업'이라는 말 대신에 '우리 교실' '우리가 만든' '우리의'라는 말을 사용한다. 주인의식, 책임, 책무성에 대한 공유와 연대의식을 갖는다. 이들은 진정한 하나의 팀으로 대화, 회의, 일상적인 교수 상황에서 사용하는 언어를 통해 이를 소통한다.
- 뒤에서 일어나는 보이지 않는 일을 함께 했는지에 대해 확인한다. 모두가 모든 과업을 수행한다. 과제는 공평하게 분배된다. 모든 교사가 계획하고, 설계하며, 수업 계획에 참여한다. 이들은 시작부터 보편적으로 설계된 수업을 함께 계획한다. 이들은 모두 교수적 수정과 조정을 하며, 내용, 과정, 교재를 차별화한다.
- 평가를 수행하고 학생과 논의하는 데 있어 역할을 공유하고 순환한다. 교사가 함께 각 학습자를 가르치고, 함께 일하며, 평가하기 때문에 평가 자료에 대해 이야기하기 쉽다.
- 완전하게 협력한다.
- 끊임없이 자신들의 기술을 증진하고, 학생의 요구에 부합하며, 학생들을 위해 만들 수 있는 최선의 통합교육을 제공하기 위한 하나의 방안으로 지속적으로 자신들의 학급에 대해 문제해결을 하고, 창의적인 반성을 하며, 변화를 만든다.

중요한 정보 공유하기

학생과 일하는 모든 사람이 그 학생의 개별화교육계획에 대한 기초 지식을 갖는 게 중요하다. 우리는 크기가 큰 집단일수록 정보공유가 좀 더 어려울 수 있다는 것을 발견했다. 특정 학생의 개별화교육계획에 대해 팀 구성원들이 의사소통하는 데 도움이 되는 도구 중 하나는 '한눈에 보는 개별화교육계획'이다([그림 5-2] 참조). 복사가 가능하도록 제시한 이 양식을 작성해 보조교사나 특수 영역의 교사와 공유할 수 있다. 이때 장기목표와 단기목표, 기타 정보가 포함된 개별화교육계획을 한 장으로 요약하는 것이 중요하다.

한눈에 보는 개별화교육계획

학생명: _____ 학년: _____ 연령: _____

날짜: _____

장기목표:	장기목표:
단기목표: • • • • • • •	단기목표: • • • • • • •
장기목표:	**장기목표:**
단기목표: • • • • • • •	단기목표: • • • • • • •
장기목표:	**주요 학생 정보**
단기목표: • • • • • • • •	• • • • • • • •

[그림 5-2] 한눈에 보는 개별화교육계획

출처: Causton-Theoharis, J. (2009). *The paraprofessional's handbook for effective support in inclusive classrooms* (p. 35). Baltimore, MD: Paul H. Brookes Publishing Co., Inc. (adapted by permission).

'한눈에 보는 치료계획(Therapy Plan at a Glance)'은 관련서비스 제공자가 통합학급 맥락에서 각 학생이 해당 기술을 연습하도록 돕는 유용한 교구와 언어적 촉진뿐 아니라 지원받는 학생을 위한 우선순위 기술에 대해 의사소통할 때 유용하다. 어느 작업치료사는 자신에게 배정된 모든 학생을 위해 개별화교육계획을 중심으로 '한눈에 보는 치료계획'을 작성해 복사한 후 해당 학생과 함께 일하는 모든 교육팀 구성원, 특수 영역의 교사, 보조인력에게 나누어 주었다. [그림 5-3]은 '한눈에 보는 작업치료계획'의 예이며, [그림 5-4]는 '한눈에 보는 언어치료계획'의 예, [그림 5-5]는 '한눈에 보는 물리치료계획'의 예이다.

개별화교육계획의 목표가 학교 일과 동안 어디에서 빈틈없이 통합될 수 있는지 결정하기 위해 교육팀은 '프로그램 계획 매트릭스(Program Planning Matrix)'를 자주 사용한다. 이것은 교육팀이 개별화교육계획의 장·단기 목표 달성에 구체적인 초점을 두고 일반교육의 맥락에서 그 목표가 창의적으로 포함되는 방법을 생각해 내는 데 도움을 준다. [그림 5-6]은 복사해 사용할 수 있는 '프로그램 계획 매트릭스' 양식이다.

교육팀 여러분

_____은(는) 다음의 작업치료 기술을 연습하고 있습니다(왼쪽 칸 참조). 관련 활동(오른쪽 칸 참조)에 참여할 수 있는 기회가 학생에게 가능한 한 많이 제공될수록 도움이 됩니다.

기술	활동
소근육 운동기술	그리기, 쓰기, 타자 치기, 지퍼 여닫기, 집기, 잡기, 포장 열기
연필 쥐기	그림 그리기, 쓰기, 긋기, 색칠하기
양측성 협응: 두 손을 사용해 같은 혹은 다른 작업하기	자르기, 손뼉치기, 쓰기(종이를 고정하고 있는 동안), 점프하기, 잡고 던지기, 디딤돌 건너기

저는 여러분의 학급에서 이러한 기술을 지원하도록 돕는 다음과 같은 활동 교구와 촉진을 사용합니다. 하루 일과 중 이러한 새로운 기술들을 강화하려고 노력해 주세요.

기술	활동 교구	촉진
연필 쥐기	연필 고무홀더 연필 잡기도구	"세 손가락을 사용해요." "새끼손가락과 네 번째 손가락은 쉴 수 있어요."
양측성 협응	수학 시간에 자 사용하기 신발끈 묶기 점프하기	"한 손은 자를 잡고, 한 손으로 그리세요." "두 손이 다 움직이는지 확인하세요." "디딤돌에 발을 번갈아 내딛는지 확인하세요."

추가적인 팁과 요령:

작문 시간 동안 수업에 있는 모든 학생이 연필 잡는 도구(pencil grip)를 사용하도록 해 주세요. 사용하실 수 있게 제가 추가분을 가져다드리겠습니다.

저희는 지금 학생이 양쪽 손을 사용하도록 하고 있습니다. 이런 발달을 지원할 수 있게 선생님들께서 도와주실 수 있는 두 가지 방법이 있습니다. ① 소리 내어 읽기를 하는 동안 학생이 손을 움직이는 용도로 용수철 장난감(Slinky)을 사용하게 하고, ② 내용을 검토할 때 간단히 묻고 답하기(whip-around) 전략을 사용합니다. 학생이 용수철 장난감을 사용할 때 손을 바꿔 앞뒤로 한 번씩만 움직이면 충분하다고 격려해 주세요. 간단히 묻고 답하기를 할 때 하나의 주요 내용 개념을 검토할 때마다 학생은 급우들에게 공을 전달하면 됩니다. 이 방법은 학생이 자신의 손을 움직여 던지고 잡기를 연습하도록 해 줍니다.

혹시 문제가 있으면 언제든 연락 주세요.

수 앤드웰

전화번호: _____

이메일: _____

[그림 5-3] 한눈에 보는 작업치료계획 예시

교육팀 여러분

클로이는 다음의 작업치료 기술을 연습하고 있습니다(왼쪽 칸 참조). 관련 활동(오른쪽 칸
참조)에 참여할 수 있는 기회가 학생에게 가능한 한 많이 제공될수록 도움이 됩니다.

기술	활동
삼키기	마시기, 빨대 빨기, 껌 씹기, 작은 간식 먹기(예: 씨리얼)
/아이(I)/ 발음 내기	/아이(I)/ 소리를 반복하는 노래, 응원, 리듬
음량	걸어가며 말하기, 친구들에게 발표하기, 짝과 함께 하는 활동, 사회화를 위한 여러 기회

저는 여러분의 학급에서 이러한 기술을 지원하도록 돕는 다음과 같은 활동 교구와 촉진을
사용합니다. 하루 일과 중 이러한 새로운 기술들을 강화하려고 노력해 주세요.

기술	활동 교구	촉진
삼키기	식사 보조도구(변형된 숟가락) 변형된 컵	필요한 경우 변형된 컵과 숟가락을 제시하기
/아이(I)/ 발음 내기	ABC 차트가 있는 그림 지원	"혀를 이 끝에 대세요." "입을 벌리세요."
음량(말할 때 속삭이는 학생의 경우)	확성기 녹음기	"교실 뒤에 있는 사람들이 너의 목소리를 들을 수 있을까?" "너는 너의 목소리를 들을 수 있니?" "5단계 정도의 소리를 내보렴."

추가적인 팁과 요령:

제가 녹음기 여러 대를 가져다드릴 예정입니다. 클로이는 책을 읽을 때 녹음기로 재생하
는 것을 좋아합니다. '독자 극장(Readers Theater)'을 위한 연습시간에 모든 학생을 위
한 센터가 될 수 있을 것입니다. 그리고 식사 보조도구(컵과 숟가락)도 가져다드릴 예정

입니다.

/아이(I)/ 소리의 산출을 위해 자연스럽게 일어나는 일상에서 매일 최대한 많은 연습 기회를 제공해 주세요. 클로이는 누군가 자신의 발음을 고쳐 주면 창피해하기 때문에 그냥 연습 기회만 제공해 주시고 (제공된 활동지에) 자료 수집을 도와주세요. 또한 파닉스(Phonics) 읽기 수업시간에 /아이(I)/ 발음 산출을 명확한 시범으로 반드시 보여 주세요. 이러한 기술이 수업시간에 매끄럽게 녹아들어 클로이나 다른 또래들이 알아차리지 않는다면 더욱 도움이 될 것입니다.

클로이가 하루 내내 물을 마시도록 허락해 주세요. 삼키기와 흘리기 모두 도움이 된답니다. 그리고 클로이가 껌을 씹도록 허락해 주십시오. 다른 학생들에게 껌 씹기에 대해 설명하는 이야기가 있습니다. 원하신다면 제가 기꺼이 가서 그 이야기를 읽어 주도록 하겠습니다. 이런 일들은 학생들이 클로이의 삼키기와 흘리기 문제를 이해하도록 돕고 클로이를 가장 잘 도와줄 수 있는 방법을 학생들이 알 수 있게 도와줍니다. 제가 클로이와 클로이 부모님에게 혹시 급우들에게 이 책을 직접 읽어 주고 싶은지 물어보도록 하겠습니다.

혹시 문제가 있으면 언제든 연락 주세요.

미아 블랙

전화번호: _____

이메일: _____

[그림 5-4] 한눈에 보는 언어치료계획 예시

교육팀 여러분

릴리는 다음의 작업치료 기술을 연습하고 있습니다(왼쪽 칸 참조). 관련 활동(오른쪽 칸 참조)에 참여할 수 있는 기회가 학생에게 가능한 한 많이 제공될수록 도움이 됩니다.

기술	활동
근력과 지구력	서 있기, 물건 전달하기, 연장된 시간 동안 추가적인 몸통 지지도구 없이 앉아 있기
대근육 운동	전신 활동: 던지기와 잡기
해당 환경에서 휠체어 자세 유지하기	책상과 다른 교실 안의 가구 사이를 이동하기, 책상 사이를 이동하기, 친구들과 혼잡한 학교 복도 돌아다니기

저는 여러분의 학급에서 이러한 기술을 지원하도록 돕는 다음과 같은 활동 교구와 촉진을 사용합니다. 하루 일과 중 이러한 새로운 기술들을 강화하려고 노력해 주세요.

기술	활동 교구	촉진
근력과 지구력	협동학습 시간 동안 의자에 앉아 있기 타이머	"자 이제 15분 동안 활동한 다음, 한 명의 친구와 함께 휴식을 할 수 있단다." "코어 근육에 힘을 줘." "몸이 흔들리는 기분이 들면 알려 주렴."
대근육 운동	고무공	"질문에 대답한 다음, 그 원을 가로질러 고무공을 던지렴."
해당 환경에서 휠체어 자세 유지하고 자기옹호하기	다른 집단까지 혼자 이동하기 학교 건물 안에서 혼자 이동하기	"움직일 공간은 충분하니?" "움직일 때 누구에게 부탁할 수 있니?"

추가적인 팁과 요령:

릴리가 학교 복도와 교실을 최대한 독립적으로 돌아다니도록 격려해 주세요. 새로운 전동 휠체어를 이용하는 릴리가 가구에 자주 부딪힙니다. 우리의 목표는 릴리의 독립적인 이동을 격려하고 만약 무언가를 치워야 한다면 옹호기술을 사용하도록 하는 것입니다.

하루 일과 동안 교실 학습과 함께 대근육 운동 활동을 추가해 주세요. 이런 활동은 릴리의 근육을 강화하는 데 도움이 될 것입니다. 또한 이는 릴리가 조심하면서도 능동적이 되도록 지원할 것입니다.

혹시 문제가 있으면 언제든 연락 주세요.

엘라 데커

전화번호: _____

이메일: _____

[그림 5-5] 한눈에 보는 물리치료계획 예시

프로그램 계획 매트릭스

학생명: _____　담당교사들: _____　날짜: _____

개별화교육계획 목표 (간단히 기술)	수업 일정								

핵심(key): X(교수함), O(일반적인 수정 요구가 있는 학급 참여 계획), S(학급 활동과 교구에 특별한 수정이 필요할 수 있음), TA(과제분석 교수계획)

[그림 5-6] 프로그램 계획 매트릭스

출처: Janney, R., & Snell, M. E. (2013). *Modifying schoolwork* (3rd ed., p. 190). Baltimore, MD: Paul H. Brookes Publishing Co., Inc. (adapted by permission).

가족 포함하기

가족과 협력하는 것 그리고 교육을 위한 계획을 할 때 자녀에 대한 이들의 아이디어를 포함하고 실행하는 것은 다른 전문가들과의 협력만큼이나 중요하다. 선행연구들은 장애학생의 더 높은 성취를 지원하기 위한 전략 개발과 유지에 있어 가족의 개입과 참여가 매우 중요한 요소라는 것을 발견했다(Bouffard & Weiss, 2008; Epstein, 2001; Pushor & Murphy, 2004). 그러나 가족과의 협력은 교사들의 바쁜 일상으로 인한 많은 압박과 시간 제약으로 인해 흔히 뒤로 미뤄진다. 교사들에게 늘 시간이 부족하다는 것은 알지만 협력과정에서 교육팀이 가족을 좀 더 효과적으로 포함할 수 있는 많은 방법이 있다.

지속적인 의사소통

가족은 자녀를 위한 옹호 능력을 지녀야 하며, 자녀 교육에 대한 정보에 지속적으로 접근해야 한다. 이것은 교사들이 정기적으로 아동에 대한 정보를 공유해야 하며, 교육팀의 논의와 회의에 가족을 완전히 포함해야 한다는 것을 의미한다. 이러한 지속적인 정보 공유는 전화, 이메일, 모든 팀 구성원이 접근할 수 있는 인터넷 문서공유 서비스(예: 구글 문서, 드롭박스 폴더) 혹은 학생에 의해 학교와 가정을 오갈 수 있는 교사-가족 알림장을 포함해 많은 형태로 이루어질 수 있다. 어떤 형태의 의사소통이든 가족과 팀 구성원이 매일 혹은 주별로 학생에 대한 다양한 정보를 논의할 기회를 갖고 참여하는 것이 중요한데, 예를 들면 개별화교육계획 목표에 대한 진전 상황, 숙제와 과제, 시도할 전략이나 아이디어[예: "이언이 어젯밤 보이스 트레드(VoiceThread)²⁾를 다 익혀서 다음 주 역사 프로젝트 발표를 이것으로 할 수 있을 것 같아

---

2) 역자 주: 각종 영상, 음성, 텍스트 편집 기능을 갖춘 미디어 편집도구이다(https://voicethread.com).

요."], 사전 주의나 경계(예: "대니가 오늘 아침 늦게 일어나서 약간 짜증이 나 있습니다."), 칭찬이나 우려와 관련한 메모(예: "케이트가 과학 실험을 정말 잘했습니다!")와 같은 것들이 있다.

아동 전체를 보기

장애학생의 가족들은 학교팀과의 상호작용에서 부정적이거나(Beratan, 2006; Engel, 1993; Ferguson & Ferguson, 2006), 자녀에게서 '고쳐야 할' 것으로서 장애를 주로 이야기하는(Fried & Sarason, 2002; Sauer & Kasa, 2012) 경험을 흔히 한다. 가장 효과적인 부모와의 협력을 위해 교사들은 이러한 부정적인 패러다임을 바꾸도록 돕고 단지 장애나 어려움 혹은 결함이라 여겨지는 것만이 아닌 아동 전체를 보려는 것에 초점을 두고 시작하는 것이 중요하다. 이것은 가족과 함께 하는 교육계획이나 지원 전략을 논의할 때 교사들이 학생의 강점과 능력에 초점을 두어야 하며, 어려움에 대한 아이디어나 해결책을 가지고 항상 회의에 임해야 함을 의미한다. 교사들이 긍정적이고 해결 지향적일 때 가족들은 그 교육팀이 자녀를 지원하는 데 초점을 두고 있다는 것을 알 수 있다. 이는 학급에서 작동할 수 있을 만한 것에 대해 좀 더 효과적인 브레인스토밍이 가능하게 하며, 일반학급에서 그 학생의 학습을 증가시키기 위한 창의적이고 참여적인 방법을 개발하기 위해 교사와 가족이 협력하도록 돕는다.

신뢰관계 형성하기

가족은 자녀를 가장 잘 알고 있는 사람들이며, 따라서 가족과 신뢰관계를 형성하기 위한 시간을 내는 것은 협력적인 학교-가정 관계의 성공에 있어 중요한 요인이다. 긍정적인 태도로 가족에게 접근하며, 해당 아동의 요구를 충족시키기 위해 가족과 함께 혹은 그들로부터 기꺼이 배우려고 하는 교사들이 주로 가장 성공적이다. 이것은 교사로서 여러분이 가족들의 목소리를 가치 있게 여기고 존중하는 노력을 해야 하며, 가족들이 교육팀의 진정한 일부라고 느끼도록 잦은 기회를 제공해야 한다는 것을 의미한다. 우리가 아는 어떤 교사들은 가족들과 신뢰관계를 형성하는 데 도움이 되는 다음의 제안을 활용하고 있다.

- 가족에게 자녀에 대한 정보를 물어본다.
- 가정이나 지역사회에서 자녀에게 했던 조절이나 수정에 대해 물어본다.
- 가족이 가정에서 필요한 지원이 있는지 물어보고 도움이 되는 자원을 연결해 준다.
- 자녀의 교육에 대한 충분한 선택 기회를 가족에게 제공한다.
- 학교에서 가족을 위한 연수와 교육 워크숍을 제공한다.
- 전체 학급토론, 공연, 학급 발표회, 전시회, 기타 특별 활동을 위해 가족들을 학급에 초대한다.
- 가족이 속한 지역사회 이벤트나 활동에 참석한다.
- 개별화교육지원팀 회의나 비공식적인 부모–교사 회의를 동네 커피숍이나 식당에서 갖는다.

팀 구성원 간의 갈등이 발생했을 때

이상적인 팀 기능이란 각각의 톱니가 꾸준히 그리고 부드럽게 돌아가면서도 기계 전체를 위해 각각이 조화롭게 개별 기능을 하는 기름칠 잘된 기계와 같다. 하지만 교육팀이 항상 이렇게 부드럽게만 기능하는 것은 아니다. 성인들 간에는 갈등이 일어난다.

비영리 교육기관인 보너 재단(Bonner Foundation)은 갈등을 해결하는 여덟 단계를 제안했다. 갈등이란 '사람들의 가치 혹은 요구가 상반되거나 상반된다고 생각하는 정신적 혹은 물리적 불일치'라고 정의된다(Bonner Foundation, 2008). 보너 재단

은 갈등 해결을 위한 제안을 하였는데, 여기에 우리의 관련 제안을 덧붙이면 다음과
같다.

1. "갈등 중인 각 편 사람들의 입장(이들이 말하는 것)을 명확히 한다." 이에 대한
   당신의 견해와 타인의 견해를 쓴다.
2. "각 편의 진짜 요구와 소망에 대해 안다." 다른 사람의 요구와 소망에 대해 당
   신이 믿고 있는 것을 쓴다. 당신 자신의 요구와 소망을 쓴다.
3. "더 많은 정보를 얻기 위해 명확히 질문한다." 상대방에게 "왜 지금처럼 느끼시
   나요?" "지금 상황에서 필요한 것이 무엇이라고 생각하시나요?"라고 질문한다.
   문제를 질문으로 바꾸어 재구성한다.
4. "가능한 해결책에 대해 브레인스토밍한다." 아이디어에 대해 판단하지 않고
   가능한 한 많이 적어 본다.
5. "각 해결책이 각 편에 어떤 영향을 줄 수 있는지 논의하고 가능한 절충안을 찾
   는다." 각각의 잠재적 해결책에 대해 이야기한다. 어떤 것이 효과가 있을지 혹
   은 어떤 것은 효과가 없을지에 대해 당신의 관점과 다른 사람의 관점으로 논의
   한다. 필요하다면 더 많은 아이디어를 낸다.
6. "해결책에 대해 동의한다." 모두에게 가장 효과적일 수 있는 해결책을 결정한
   다. 그 해결책을 수행하기 위한 계획을 작성하고 이를 얼마 동안 실행할 계획
   인지를 결정한다.
7. "해결책을 실행한다." 결정된 시간 동안 당신의 아이디어를 실행해 본다.
8. "필요한 경우 해결책을 재평가한다." 다시 함께 모여 그 해결책의 무엇이 효과
   적이었고 무엇은 그렇지 않았는지에 대해 논의한다. 필요하다면 이 과정을 지
   속한다.

의사소통 시간 만들기

교사들이 언급하는 가장 일반적인 문제 중 하나는 자신들이 함께 일하는 다른 전문가들과 의사소통하거나 협력할 시간이 충분하지 않다는 것이다. 특수교사가 통합환경에서 협력할 때 학생의 참여를 지원할 가장 실질적인 전략을 찾기 위해서는 일반교사, 관련서비스 제공자, 보조인력과 함께 관찰하고, 논의하며, 문제해결을 해야 한다.

하지만 교사가 협력할 시간을 찾더라도 회의가 충분하지 않거나 혹은 잘 계획되지 않은 경우가 자주 있다. 많은 교육팀이 좀 더 효과적인 회의를 하기 위한 방법으로 팀 회의 시간(그림 5-7 참조)을 활용한다. 회의시간을 찾는 데 어려움을 겪는 교육팀을 위해 여러 학교의 교육팀이 이러한 문제를 해결하고자 사용한 전략을 다음에 설명하였다.

- 비디오 혹은 개별 활동시간: 학생들이 15분 동안 교육용 비디오를 보거나 혹은 혼자 활동하는 시간에 주별 회의를 갖는다. 교육팀 회의를 하는 동안 학생들이 비디오를 보거나 혼자 활동하는 시간을 갖게 한다.
- 부모 자원봉사자 활용: 학부모 자원봉사자가 학생들에게 책을 읽어 주거나 배운 것을 복습하는 게임을 할 때 15분 동안 함께 모인다.
- 다른 교육팀 활용: 두 학급이 특정 교육과정 시간 혹은 지역사회에 나가는 현장학습을 하는 시간에 매주 30분 동안 합반한다. 한 교육팀이 회의를 하는 동안 다른 교육팀이 학생들을 감독한다. 그런 다음 서로 역할을 교대한다.
- 특수학급 시간 회의: 특수교사들에게 어느 하루 일정에 15분을 추가해 줄 수 있는지 물어본다. 그 시간을 활용해 함께 만난다.
- 보조인력의 활용: 다른 교육팀과 관련된 보조인력의 일정이 없는 때를 찾아 15분 동안 학생의 개별 활동시간을 감독하거나 책을 읽어 줄 것을 부탁한다.

- 학교 시작 전 혹은 종료 후 만나기: 학교 시작 전 혹은 종료 후 15분 동안 교육팀을 위한 '희생적인' 회의시간을 갖는다.
- '책 읽어 주는 사람' 일정 잡기: 30분 동안 수업시간에 책을 읽어 줄 수 있는 지역사회 구성원을 초대한다. 이 30분을 계획하기에 사용한다.

좀 더 많은 면대면 회의를 이끌어 내기 위한 이러한 전략 중 어떤 것도 사용할 수 없다면 다른 교육팀들이 사용한 다음과 같은 방법으로 면대면 회의를 대체한다.

- 의사소통 노트: 교육팀의 모든 구성원이 매일 읽고 응답하는 노트를 만든다. 팀 구성원들은 이 노트에 질문을 쓰거나 답을 얻을 수 있다. 또한 노트는 일정이나 특정 학생 정보를 논의하는 데도 사용될 수 있다.
- 이메일: 이메일은 의사소통 노트를 대체할 수 있으며, 팀 구성원들은 서로에게 질문을 하고 의견을 달거나 일정 변경을 위한 연락을 할 수 있다.
- 우편함: 각 구성원을 위해 학급 우편함을 활용한다. 모든 메모나 일반적인 정보는 그 장소로 직접 전달된다.
- 검토하기: 글로 작성된 알림장이 집에 있는 학생의 부모에게 가기 전에 교육팀은 그 내용을 검토한다. 이런 방식은 알림장의 내용을 교정할 뿐 아니라 모든 사람이 필요한 정보를 모두 받아 볼 수 있게 한다.
- 수업 계획 공유: 수업 계획을 알리고 교육팀의 모든 구성원이 접근 가능하게 한다. 앞으로 할 내용에 대해 의사소통하기 위해 노트를 사용한다. 계획을 작성하는 담당자에게 각 수업에서 각 팀 구성원의 역할을 표시해 주도록 요청한다. 교육팀은 협력을 쉽게 할 수 있도록 수업 계획을 전자문서로 계속 공유해 올릴 수 있다.

팀 회의 일정 양식

날짜: ....

참석 구성원과 담당 역할: ....   불참 구성원: ....

사회자: ....

작성자: ....

시간 관리자: ....

합의 도출자: ....

참관인: ....

논의 사항	I-정보(information) D-논의(discussion) R-결정 요구 (requires decision)	참석자	예상 시간
1.			
2.			
3.			
4.			
5.			
6.			

논의 사항: --

위임 과제, 일정, 추후 계획

활동	책임자	일정

다음 회의 안건

1. ---

2. ---

3. ---

4. ---

5. ---

6. ---

다음 회의 날짜: -------------------------------------

[그림 5-7] 팀 회의 일정 양식

출처: Causton, J., & Theoharis, G. (2014). *The principal's handbook for leading inclusive schools* (pp. 70-71). Baltimore, MD: Paul H. Brookes Publishing Co., Inc. (reprinted by permission).

협력에 대해 자주 묻는 질문

Q 저에게 일반교실 안으로 들어가는 서비스(push-in service)를 제공하라고 한다면 어떻게 해야 할지 모르겠어요. 우리(저와 다른 교사)는 공동 설계라거나 수업 계획을 위해 협력을 해본 적이 한 번도 없고, 대체로 저는 개별화교육계획의 일부로 특수한 교수를 받고 있는 두 명의 학생을 그저 앉아서 지원했어요. 저는 무엇을 해야 할까요?

A 다른 교사와 함께 만날 시간을 정합니다. "잭과 프리실라의 개별화교육계획 목표에 부합하도록 과학시간에 어떻게 하면 우리 둘이 유용한 역할을 할 수 있을까요?" "선생님이 전체 학급 교수를 할 때 내가 선생님을 어떻게 도울 수 있을까요?" "선생님께서는 남은 일과 동안 잭의 개별화교육계획 목표를 어떻게 포함할 수 있을까요?"와 같은 질문을 합니다. 학업적인 학습 경험을 특별히 설계된 교수와 합치는 이러한 대화들은 개별화교육계획의 목표들이 일과를 통해 일반화되도록 하는 데 매우 중요합니다.

Q 보편적인 협력교수 방법에 대해 읽었는데, 저는 학교에서 어떤 것도 해 본 적이 없어요. 그대신 저는 그냥 앉아서 지원하거나 교실을 돌면서 지원하고 있어요. 이러한 협력교수 전략을 사용하자고 제가 어떻게 제안할 수 있을까요?

A 선생님의 교수 동료에게 다른 교수 방법을 보여 줍니다. 먼저 대화를 시작하고 이러한 협력교수 방식들이 교육팀에 유용할지 물어봅니다. 각각의 협력교수 방법이 어떤 것인지 다이어그램으로 스케치해 주는 것은 다른 팀원들이 이러한 교수 방법 가능성을 그려 보는 데 도움이 됩니다. 다른 교사들에게 그들의 통합학급에서 의미 있는 협력지원의 역할을 선생님께서 기꺼이 하겠다는 것을 알려 줍니다. [그림 5-8]은 어느 특수교사가 자신의 통합학급 작문수업에서 협력교수 방법과 적합한 수업을 브레인스토밍하기 위해 사용한 표입니다. 이 교사는 언제 각각의 협력교수 방법을 사용하는 것이 좋을지를 결정하기 위해 일반교사와 협력했습니다.

	월	화	수	목	금
평행교수					
스테이션교수					
팀티칭					
교수-관찰					
대안교수					
교수-보조					

[그림 5-8] 협력교수 매트릭스

Q 만약 저에게 배정된 역할이 불편하게 느껴지는 경우 어떻게 해야 하나요?

A 선생님의 우려를 교육팀에게 이야기합니다. 역할이 바뀌지 않을 수도 있지만 이러한 우려가 공유될 수는 있을 것입니다. 만약 선생님께서 이러한 역할이 선생님의 직무 범위를 넘어선 것이라고 생각하신다면 먼저 교육팀에게 이야기하신 후 교장이나 특수교육 담당부장에게 이야기합니다.

Q 보조인력과의 협력교수도 할 수 있나요?

A 특수교육보조원과 같은 보조인력(예: 특수교육보조원 혹은 사회복무요원)은 스테이션교수의 일부 혹은 소집단을 이끌 수 있으며, 수업의 일부를 이끌고 다른 교사가 교수하는 동안 보완적인 역할을 할 수 있습니다. 교사들은 수업의 순서, 적절한 차별화 전략, 기타 필요한 조정이나 수정을 설계해야 합니다. 해야 할 일이 정확히 무엇인지 특수교육보조원이 알 수 있도록 기대하는 바를 명확히 이야기해 주세요.

결론

학교환경에서 팀 구성원으로 일하는 것은 어려울 수 있지만 가치 있는 일이다. 자기 자신을 포함해 각 팀 구성원의 역할을 이해하는 것은 자신의 일을 명확하게 해준다. 자신의 각 동료 팀원에 대해 좀 더 많은 정보를 학습하는 것은 팀의 신뢰를 구축하는 데 있어 필수적이다. 더 나아가 보편적인 협력교수를 활용하고 협력지원을 계획하는 것은 학급 안에서 구체적인 역할과 책임을 명확히 할 수 있다. 의사소통은 가장 중요한 열쇠이다. 함께 일하는 동안 좀 더 효과적으로 의사소통하고 갈등을 해결할수록 팀은 기능을 더 잘 기능하게 되며, 학생에게 좀 더 원활한 지원을 할 수 있게 된다. 다음 장에서는 학생들로 하여금 자신의 완전한 학업 잠재력을 펼치게 하는 학업지원 제공에 초점을 둔다.

학업지원

특별한 요구가 있는 사람들을 위해 길을 치우는 것은
모두를 위한 길을 치우는 것

선생님들께서는 제게 기꺼이 책상을 주는 것뿐 아니라 제가 자리를 채울 수 있게 해 주어야 해요. 저도 질문을 받아야 하고, 신중히 대답할 시간도 필요해요. 선생님들께서는 안내자가 되어 제가 자칫 길을 잃을 수 있는 많은 장소를 지나는 동안 저를 인도해 주세요.

— Jamie (시러큐스대 학생, 자폐인)

모든 사람은 천재이다. 하지만 물고기에게 나무 오르는 능력을 평가하려고 한다면 그 물고기는 평생을 멍청하다고 믿으며 살게 될 것이다.

— Albert Einstein (Kelly, 2004, p. 80에서 재인용)

만약 아동이 우리가 가르치는 방식으로 배울 수 없다면, 우리는 그들이 배우는 방식으로 가르쳐야 한다.

— Ignacio Estrada (Card & Card, 2013, p. 40에서 재인용)

통합교육 수업 설계는 염두에 둔 특정 학생들의 요구를 수업 계획에 포함하면서 모두에게 좀 더 접근 가능하고, 효과적이며, 재미있는 수업이 되게 한다.

통합적이고 차별화된 협력계획안

통합교육교사들은 시작부터 모든 학습자가 접근 가능하고 사용 가능한 교육과정 단원과 수업을 적극적으로 설계한다. 많은 교육팀이 신중하고 차별화된 교수 개발을 위해 협력한다. [그림 6-1]은 통합교육팀이 사용할 수 있는 계획안의 예시이다. 다음은 학급에서 모든 학습자의 요구를 충족하는 교수를 설계하는 데 있어 교사에게 지침이 되어 주는 사항들이다. ① 학생, ② 교과, ③ 확산적으로 사고하기, ④ 학습 계획, ⑤ 평가, ⑥ 정리하기. 다음은 이러한 고려사항에 대해 각각 살펴본다.

통합적이고 차별화된 협력계획안

이 계획안은 교육팀의 신중하고 차별화된 교수 개발을 돕기 위해 설계되었다.

1단계: 학생

A. 목표 학생 확인하기

이 수업 계획 과정에서 염두에 둔 특정 학생을 선정한다(적어도 세 명). 이 학생들은 수업을 듣는 학습자의 학업, 행동, 사회적 범위를 대표해야 한다(예: 어려움을 겪는, 평균의, 우수한). 구체적으로는 장애학생과 모국어가 다른 학생을 고려한다.

각 학생에 대해 간단한 긍정적 학생 프로파일(positive student profile)을 작성한다. 이때 다음의 정보를 반드시 포함한다. ① 좋아하는 것/싫어하는 것, ② 지능/강점, ③ 의사소통, ④ 행동, ⑤ 학업과 교과별 수행, ⑥ 기타 관련 정보

2단계: 교과

A. 과목/주제, 개념, 문제 혹은 단원 의제

국가수준의 학년 성취기준은 무엇인가?

주요 내용과 개념은 무엇인가?

B. 학생이 알아야 하는 것과 할 수 있어야 하는 것은 무엇인가?

3단계: 확산적으로 사고하기

A. 개념도/인터넷/브레인스토밍

☐ 이 주제의 어떤 측면을 가르칠 수 있는가?

☐ 어떻게 가르칠 수 있는가?

- 정보를 어떻게 공유할 것인가? 학생들은 학습에 어떻게 참여할 것인가?
- 고려사항: 수업시연, 모델링, 짧은 강의, 이야기 그리기와 말하기, 학생연구, 연구 프로젝트, 게임, 모의실험, 학습센터, 비디오 등

☐ 학생들이 자신의 지식을 보여 주기 위해 만들어 낼 수 있는 다양한 결과물은 무엇인가?

　이는 학습목표와 밀접히 관련되어야 한다.

- 고려사항: 활동 견본, 노래, 연극, 사진에세이, 벽화, 기사, 기술 시연, 팸플릿, 개인 혹은 집단 발표, 비디오테이프, CD, 다른 사람 가르치기, 전시 등
- 고려사항: 이러한 결과물이 학생에 따라 다양할 것인가? 학생들은 선택권이 있는가? 서로 다른 숙련 수준은 허용되는가?

☐ 어떻게 평가할 수 있는가?

- 이러한 결과물을 어떻게 평가할 것인가? 어떤 기준을 사용할 것인가?

☐ 목표 학생의 강점을 어떻게 다룰 것인가?

☐ Gardner의 다중지능이론을 어떻게 다룰 것인가?

☐ 학생문화를 어떻게 다룰 것인가? 문화적 관련성은 어떠한가?

☐ 어떻게 차별화할 것인가? 범위는? 조정은? 어떻게 모든 학생에게 도전이 되도록 할 것인가? 학생들에게 어떻게 선택권을 줄 것인가?

B. 주제 연구/자원

계획을 위해 필요한 자원이나 연구가 있는가?

4단계: 학습 계획

A. 장기목표/단기목표

학생이 알았으면 하는 것과 할 수 있게 되었으면 하는 것은 무엇인가?

☐ 전체 학급 목표/강조사항

- 핵심: 모든 학생이 배우고 하게 될 것

- 일반: 대부분의 학생이 배우고 하게 될 것
- 심화: 일부 학생이 배우고 하게 될 것

☐ 특정 학생 목표

B. 예비평가

가르치기 전 각 학생에 대한 정보를 모은다. 이러한 정보를 어떻게 수집할 것인가? 학생은 이 주제에 대해 무엇을 알고 있는가?

C. 선행기술

이 수업에 참여하기 위해 학생들에게 필요한 선행기술은 무엇인가(예: 협동기술, 언어, 쓰기, 테크놀로지)? 이러한 기술이 없는 학생을 위해 그 기술을 어떻게 가르칠 것인가 혹은 수업을 어떻게 조정할 것인가(예: 사전교수, 또래지원, 의사소통 도구)?

D. 목표 정의

목표 혹은 구체적인 내용과 정의에 대한 목록 만들기
(공식적 혹은 내용관련 정의/학년수준의 적절한 정의)

E. 계획에 대한 영향

예비평가와 선행기술에 대한 정보가 계획에 어떠한 영향을 줄 것인가?

F. 기간/수업차시/단원

G. 학습순서(하나에 표시하기)

☐ 학습주기: 참여, 탐색, 설명, 적용
☐ 사냥꾼의 순서: 투입, 이해를 위한 모델링과 점검하기, 안내된 연습, 독립적 연습
☐ 수학(및 기타): 시작, 탐험/조사, 토론/회의
☐ 연구순서: 문제 정의하기, 해답에 대한 추측, 계획 연구, 정보 모으기, 정보 분석하기, 연구 결과
☐ 기타: 설명하기

H. 쟁점

☐ 어떻게 장·단기목표의 학습을 촉진할 것인가?
☐ 누가 개별적 조절이 필요한가? 누가 조정이 필요한가? 특정 학생이 요구하는 구체적인 지원이나

보조는 무엇인가?

□ 자신의 확산적 개념도 활용하기

다음에 대해 생각하기: 이 수업에서 학생들을 어떻게 집단화할 것인가? 어떤 물리적 공간을 사용할 것인가? 학생의 성공을 증진하는 수업을 위해 구성된 학급의 물리적 배치는 어떠할 것인가? 어떤 교수전략이 학생의 학습을 돕는 데 사용될 것인가? 사전교수는?

I. 수업 도입과 정리 전략

J. 차시별 수업

□ 수업 의제

□ 학생 친화적 목표

□ 행동상의 고려사항

K. 협력교수와 동료 협력(어떤 성인이 포함되는가? 이들의 구체적인 역할은 무엇인가?)

활용된 협력교수 유형을 순환하기

평행교수, 스테이션교수, 팀티칭, 교수-관찰, 대안교수, 교수-보조

수업 전, 수업 중, 수업 후 각 성인의 할 일은 무엇인가?

이름:

수업 전 구체적 과제/단원:

수업 중 구체적 과제/단원:

수업 후 구체적 과제/단원:

5단계: 평가

A. 학생의 학습 평가

1. 형성평가

　a. 학습과정 혹은 학습 중에 어떤 정보를 수집할 것인가?

2. 총괄평가(장·단기 목표와 연계되어야 함)

a. 무엇을 평가하는가? 어떻게 평가하는가? 활용 기준은 무엇인가?

b. 평가표 혹은 활동 평가를 위한 도구를 사용하는가?

6단계: 개별/팀 정리하기

A. 언제, 어디서, 어떻게 수업/단원 성과를 정리하고 평가할 것인가?

B. 학생의 학습에 대해 분석하기/생각하기

수업에서 학생들은 무엇을 배웠는가? 전체 학급과 목표 학생은 어떠한가?

C. 교수에 대해 생각하기(학생 참여, 계획하기, 준비, 협력, 교수)

1. 이 단원의 특정 내용 교수에 대해 생각하기

   a. 학생/교사가 어려움을 겪은 내용은 어디인가?

   b. 학생/교사가 성공적이었던 내용은 어디인가?

   c. 무엇을 다르게 하고 싶은가? 뿌듯했던 것은 무엇인가?

2. 이 단원의 협력/팀워크에 대해 생각하기

   a. 무엇을 다르게 하고 싶은가? 뿌듯했던 것은 무엇인가?

[그림 6-1] 통합적이고 차별화된 협력계획안 양식

출처: Theoharis, G., & Causton-Theoharis, J. (2011). Preparing pre-service teachers for inclusive classroom: Revising lesson-planning expectation. *International Journal of Inclusive Education, 15*(7), 743-761 (adapted by permission).

학생

통합교육수업(inclusive lesson)을 설계하는 데 있어 첫 번째 단계는 수업을 듣는 학습자들에 대해 생각하는 것이다. 수업을 듣는 학습자의 학업, 행동, 사회적 범위를 대표하는 세 명의 학생을 확인한다. 장애가 있거나 모국어가 다른 학생(English language learners)에 대해 반드시 생각해 본다. 이 학생들 각각에 대해 좋아하는 것, 싫어하는 것, 지능, 강점 그리고 이들의 의사소통, 행동, 학업, 교과별 수행에 대한 정보를 포함하는 긍정적 학생 프로파일(positive student profile)을 작성한다. 이 단계의 목표는 수업을 듣는 학습자의 범위에 대해 사전에 생각하고 이들의 강점과 요구를 염두에 둔 설계를 하는 것이다.

교과

두 번째 단계는 교사가 가르치고자 하는 교과의 교육과정 기준과 개념을 아는 것이다. 공통핵심교육과정(Common Core Standard)[1]을 검토한다. 이 성취기준에 기초한 계획을 설계한다. 수업의 결과로 학생들이 알았으면 하는 것과 할 수 있게 되었으면 하는 것에 대해 구체적으로 생각한다.

확산적으로 사고하기

세 번째 단계는 교사가 수업을 전달하고 평가 자료를 수집하는 데 사용할 수 있는 구조와 전략에 대해 확산적으로 사고하는 것이 필요하다. 교사는 어떻게 가르칠 것인지 그리고 수업에서 학생들은 어떻게 참여할 것인지에 대해 생각한다. 학생들

---

1) 역자 주: 미국의 교육과정표준안으로 영어, 수학 등 교과목표와 수행에 필요한 지식과 기능에 대한 학년별 성취기준을 포함한다.

은 자신이 이해한 것을 보여 주기 위해 어떤 결과물을 내야 하는지에 대해 브레인스토밍을 한다. 수업에 다중지능의 요소를 활용해 학생들이 내용에 접근할 수 있고 여러 시점에서 이해한 것을 보여 줄 수 있도록 한다. 자신이 정한 목표 학생들을 회상한다. 어떤 유형의 결과물이 이 학습자들의 범위에서 새롭게 학습한 지식을 보여 줄수 있는지 생각해 본다. 반드시 모든 학생에게 도전이 되는 내용이 되도록 한다. 교사는 아이디어 목록이나 개념지도를 만들어 볼 수도 있다. 이 단계의 목표는 어떻게하면 수업이 자신의 교육팀에게도 이해가는 방식으로 구조화되고 영감을 줄 수 있는지 확산적으로 생각하는 것이다.

학습 계획

네 번째 단계는 학습 계획을 하는 것이다. 먼저 전체 수업의 목표를 만든다. 모든학생이 배우고 할 수 있는 핵심 성취기준에 대해 생각한다. 그런 다음 대부분의 학생이 배우고 할 수 있을 것으로 기대하는 것을 생각해 본다. 마지막으로, 어느 정도의 학생들이 배우고 할 수 있는 풍부한 학습 경험에 대해 생각한다. 또한 개별화교육계획 목표에 부합하도록 구체적인 학생 목표를 만든다. 이것은 염두에 둔 학습자범위에 맞게 수업이 설계되었음을 보장해 준다.

교사는 또한 가르치기에 앞서 사전평가(preassessment) 자료를 모으기 위한 계획을 세워야 한다. 교과 교육과정과 교육팀 구성원의 사전 경력에 기초해 수업을 위한학습 순서를 설계한다. 교사의 필요에 맞게 해당 부분을 조정한다. 중요한 것은 특정 학생이 성공하는 데 필요한 개별적인 조절과 조정, 보완적 지원과 서비스에 대해생각하는 것이다. 이 부분은 처음부터 수업에 반영한다. 모든 학습자가 수업 내용에 접근해야 한다. 의제 만들기와 학습 목표들을 학생들에게 어떻게 설명할지에 대해 생각한다. 참여적이고 즐거운 수업을 위한 도입과 정리 전략을 설계한다.

수업 도입전략

수업을 설계할 때 교사들은 학생들의 학습을 동기화하기 위해 교육과정 주제와 관련한 학생들의 흥미와 즐거움을 사전에 자극할 수 있는 방법에 대해 자주 생각한다. 수업 도입부의 목표는 학생들의 주의를 끌고, 공부할 주제를 대비하게 하며, 매우 짧은 시간 안에 학생들이 흥미를 갖게 하는 것이다. [그림 6-2]는 실제 수업에 교사들이 사용했던 훌륭한 수업 도입부의 목록을 정리한 것이다.

한 중학교 교사는 학생들이 함께 읽었던 이야기책의 앞 장에서 나온 문맥의 단서와 정보를 포함하고 있는 발자국을 만들었다. 교사는 복도의 시작부터 교실 주변까지 이어지도록 바닥에 발자국을 붙였다. 학생들은 교실로 들어가는 동안 발자국을 이용해 이전 시간에 읽은 책의 내용에 대해 복습할 기회를 갖게 되었다. 학생들이 자신의 생각을 간단히 적을 수 있는 발자국도 있었다. 이처럼 참여적이고 간단히 만들 수 있는 수업 도입전략과 함께 학생들은 정보를 복습하고, 책의 내용에 대해 생각하면서 수업을 시작했으며, 무엇보다 학생들은 자신의 예상이 적중했는지를 알아내기 위해 좀 더 읽는 것에 신이 나 있었다.

수업 도입전략: 수업 도입전략의 목표는 학생들의 주의를 끌고 이들이 공부할 주제에 대해 대비하도록 하는 것이다. 교사는 학생의 흥미를 끌고자 한다. 수업 도입전략은 흥미와 학습을 일으킨다.

☐ 캐릭터처럼 옷 입기

☐ 마술상자 제공하기

☐ 비밀 메시지 공개하기

☐ 교장선생님, 대통령 혹은 동물인형이 배달할 편지 만들기

☐ 교과서를 챙겨서 펴기

☐ 교실 주변에 주제에 대한 단서 숨기기

☐ 바닥에 학생들이 따라가도록 디딤돌 단서 혹은 발자국 모양을 수업 정보와 함께 제공하기

□ 시뮬레이션 혹은 환경에 물리적 변화 만들기

□ 교실 문에서 학생들이 이전 시간에 배운 내용 중 하나를 회상하거나 응답하게 하고, 앞으로 할 수업과 연결하도록 돕는 입장권(특정한 학습 목표에 반응하도록 학생들을 촉진하는 색인카드) 사용하기

□ 사진 전시회 만들기

□ 종이봉투에 무언가를 넣고 학생들이 무엇을 배우게 될 것인지 추측하게 하기

□ 학생들이 서로 등을 맞대고 한 학생이 사전에 준비된 색인카드(index card)에 있는 질문을 읽으면 다른 학생이 대답하기. 그런 다음 서로 얼굴을 마주보고 피드백이 제공되면 서로 하이파이브를 하며 축하하기. 짝끼리 내용에 대해 서로 대화식 토론하기

□ 학습 단원과 연관된 노래/음악/오디오클립 재생하기

□ 학습 단원과 관련된 '실물(예: 곤충, 기념품)' 가져오기

□ 영감을 주는 이야기나 내용과 관련한 사건을 보여 주는 유튜브/미디어 클립 재생하기

□ 보물찾기 구성하기(예: 학생들이 돋보기, 특별공책/펜, 기타 필요한 물품과 같은 과학실험 도구상자에 필요한 물건과 '도구'를 모으게 하기)

□ 소품(예: 추리소설 단원을 위한 탐정 모자와 배지) 제공하기

□ 주제를 반영한 옷 입기

□ 실험을 보여 주기

□ 촌극하기(다른 교사나 고학년 학생의 도움을 받을 수 있음)

□ 학습 단원과 직접 관련된 물건이 있는 '타임캡슐'을 만들어 학생들이 열어 보게 하기

□ 학생들의 흥미를 유발할 30초짜리 TV 광고를 만들거나 찾기

□ 30초짜리 라디오 방송을 만들거나 찾기

□ 수업과 관련한 영상을 만들기 위해 보키(Voki)[2]를 사용하기

□ 기대와 학생 흥미를 높이기 위해 결국에는 학생들이 앞으로 공부할 단원의 주제가 무엇인지를 추측하게 하는 추리 단서(다른 교사나 교장선생님으로부터 온)를 하루 동안 읽어 주기

[그림 6-2] 수업 도입전략

---

2) 역자 주: 자신의 캐릭터를 만들고 문장을 입력하면 캐릭터가 말을 하는 교육용 프로그램이다(http://www.voki.com).

수업 정리전략

수업을 설계할 때 통합교육교사들은 학생에게 정점의 경험(culminating experience)[3]을 제공하고 학습에 대한 감을 갖게 하는 수업 정리전략을 자주 계획한다. 수업 정리전략의 목표는 학생들이 배운 내용의 복습을 돕거나 이를 좀 더 구체화하는 데 흥미를 갖게 하는 방식으로 수업을 종결하는 것이다. [그림 6-3]은 교사들이 의도적으로 그리고 성공적으로 실행한 수업 정리전략의 목록이다.

어느 중학교 영어교사는 교실을 가로질러 수평으로 테이프 선을 붙였다. 논증문에 증거를 제시하는 방법에 대한 수업을 정리해 준 후 교사는 세 가지 의견을 붙여 놓았다. 학생들은 자신의 의견을 결정하고 해당 의견이 있는 곳에 서야만 했다. 선으로 그어진 자신의 '진영'이 일단 정해지면 학생들은 반대편 진영의 의견 선에 있는 또래와 짝이 되어 질문을 받았다. 각 학생은 자신의 주장을 뒷받침하기 위한 세 가지 증거를 생각하고 반대 의견을 가진 짝에게 자신의 논점을 준비하고 제시해야 했다. 이 수업의 정리전략으로 의견 선을 사용하는 것은 수업 내용을 확고히 함과 동시에 교사가 긍정적이고, 활동적이며, 대인관계를 맺는 방식으로 수업을 종결하게 하는 효과적인 방법이었다.

수업 정리전략: 수업 정리전략의 목표는 흥미로운 방법으로 수업을 마치고 학생들이 해당 내용을 복습하거나 좀 더 구체화하도록 돕는 것이다.

☐ 서로 말하기

　학생들은 또래와 서로 이야기를 한다. 학생들은 자신이 배운 것을 공유할 수도 있고, 질문을 할 수도 있다.

☐ 교실 퇴장표

　학생들은 수업에서 배운 주요 내용을 간단히 적어 교실을 떠나면서 제출한다.

The End

---

3) 역자 주: 수업시간에 배운 지식과 기술을 종합하고 적용하도록 하는 교육적 경험을 말한다.

□ 3-2-1 발사

학생들은 자신이 배운 세 가지 내용, 두 개의 어휘, 수업시간에 생각했던 한 가지 질문을 말한다.

□ 도입 부분과 연결하기

수업의 종결부와 도입부를 연결한다.

□ 한 마디로

학생들은 수업 주제에 대해 자신이 어떻게 느꼈는지를 알려 주는 한 단어를 공유한다.

□ 돌아가며 말하기

각 학생은 자신이 배운 구체적인 한 가지 요점을 빠르게 공유한 후 다음 사람에게 쿠시볼(koosh ball)[4]을 넘겨 모든 사람이 그 공을 갖고 만져 볼 때까지 진행한다.

□ 침묵의 브레인스토밍

한 학생이 수업에서 배운 사실을 교실 화이트보드에 쓴 후 마커를 다음 학생에게 넘긴다. 학생들은 급우들이 조용히 브레인스토밍한 내용을 추가하는 것을 지켜보며 동일한 답을 적지 않도록 노력한다. 최종 결과는 학급 브레인스토밍이다.

□ 접착식 메모지 콜라주

각자 자신이 배운 것을 접착식 메모지에 쓰고 이를 학급 게시판에 붙인다.

□ 팝콘 나누기

각 학생은 공유할 한 가지 학습 요점을 생각한다. 교사는 이를 공유할 학생을 한 명 선정한다. 그 학생은 팝콘처럼 튀어 오르며 일어나 자신의 학습 요점을 공유한 후 다시 앉으면서 다음 사람을 부른다. 학생들은 똑같은 대답을 하지 않도록 노력한다. 이 전략은 다양한 학생 응답을 증진하고, 학생의 책임감을 길러 주며, 적극적으로 경청하게 하고, 빠르게 학급 형성평가 기능을 한다.

□ 등을 맞대고

학생들은 서로 등을 맞대고 배운 내용에 대해 서로 퀴즈를 낸다. 만약 상대방이 정답을 맞히면 뒤돌아 함께 점프하며, 하이파이브를 한다.

□ 도전 골든벨

교사가 질문을 하면 학생들은 화이트보드나 색인카드에 자신의 답을 쓴다. 그런 다음

---

4) 역자 주: 부드러운 고무공 표면에 고무로 된 술이 잔뜩 달린 장난감공이다.

자신의 대답을 또래와 교사가 볼 수 있도록 들어 올린다.

□ 그래피티

학생들은 집단을 이루어 협동학습을 한다. 집단에 있는 각 학생들은 서로 다른 색의 마커를 갖는다. 학생들은 질문을 받고 즉각적으로 차트지에 글을 쓰고 이것이 시각적으로 표상하는 것을 스케치해 대답한다. 이 활동의 결과물은 구체적인 학습 목표와 연관된 학생들의 아이디어를 시각적이고 글이 있는 방식으로 표현한 커다란 차트지가 된다.

□ 너는 어디 서 있니?(예: 의견 선)

교사는 벽에 찬성부터 반대까지 이어진 선을 표시하고 학생들이 어떤 쟁점에 대해 어디에 서야 할지 결정하게 한다(예: "이 사건의 경우 우리는 전쟁에 참전했어야 했어.")

□ Top 10 목록

여러 학생 집단이 함께 모여 유머와 수업 내용을 섞은 Top 10 목록을 만든다. 그리고 학생들은 선정된 목록을 큰 소리로 읽는다.

□ 접착식 메모지를 이용한 순서도

학생들이 자신들의 개념이해를 시각적인 방식으로 보여 주도록 문제해결 과정의 각 단계를 표시한다.

□ 범퍼 스티커

각 학생은 슬로건이나 표어를 쓰고 수업에서 배운 부분 하나를 시각적으로 표현해 그린다.

□ 징검다리

하나의 형성평가로서 각 학생은 문제가 적힌 '징검다리 돌'을 밟고 큰 소리로 대답을 하며 교실 문 밖으로 나간다.

□ 비디오 클립

학생들은 비디오카메라에 대고 자신이 배운 것을 30초 이내로 요약해서 말한다. 이 내용은 다음 날 수업이 시작할 때 재생해 보여 준다.

□ 보키(Voki) 프로그램

학생들은 소집단으로 수업의 요점을 정리해 보키 프로그램으로 동영상을 만든다. 다음 날 수업이 시작할 때 각 집단은 다른 집단 학생들이 만든 동영상을 본다.

□ 자기평가

3-2-1 혹은 초록-노랑-빨강 활동을 통해 학생들은 자신이 생각하는 이해 수준을 표시한다. 해당 숫자와 색깔은 다음을 의미한다. 3 혹은 초록(매우 잘함), 2 혹은 노랑(잘

함), 1 혹은 빨강(지원 필요)

☐ 원 안/밖

학생들을 두 집단—하나 집단과 둘 집단—으로 나눈다. 하나 집단의 학생들은 원을 만들어 원의 바깥쪽에 선다. 둘 집단의 학생들은 원의 안쪽에 서서 자신의 짝(하나 집단 사람)과 마주본다. 교사는 문제를 낸다. 서로 마주보고 서 있는 하나 집단과 둘 집단의 짝들은 자신의 대답을 공유한다. 그런 다음 원 안에 있던 둘 집단 학생 모두가 시계방향으로 돌며 새로운 짝 앞에 선다. 교사가 문제를 낸다. 각 짝끼리 대답을 공유한다. 이러한 형성평가 전략은 짝끼리 배운 내용을 복습하고 학습에 대한 이해를 공유하기 때문에 학생의 책임감을 높인다.

☐ 미술관 전시회

학생들은 '미술관'을 걸으면서 다른 학생들의 작품을 보고 긍정적인 요소 두 가지를 접착식 메모지에 키워드로 적는다.

☐ 그림 퀴즈

제시된 단어에 대한 그림을 그리면 상대방이 해당 단어를 맞히는 픽셔너리(pictionary) 게임을 이용해 핵심 개념과 이해 정도를 점검한다.

☐ 편지쓰기

학생들은 수업의 핵심내용을 다른 교사나 가족에게 보내는 카드, 편지, 엽서에 쓴다(그리고 실제 봉투에 넣는다).

☐ 연대표 만들기

학생들은 연대기적 사건, 단계, 과정에 대한 복습으로 연대표를 만든다.

☐ 문제 맞히기 코스

학생들은 한 명의 짝과 함께 교실을 돌면서 개념 혹은 그림 표시에 멈춰 서서 접착식 메모지에 있는 질문을 읽고 답한다.

☐ 율동 구호

학생들은 핵심 정보를 기억하기 위한 율동이 있는 구호를 만든다.

☐ 벽화 그리기

학생들은 벽에 그림 형식으로 자신이 학습한 것을 보여 준다.

[그림 6-3] 수업 정리전략

협력교수와 동료협력

　통합교육팀은 의도적으로 협력교수와 교수배치(instructional arrangement)에 대해 브레인스토밍한다. '누가 이 수업의 일부를 담당할 것인가? 구체적인 역할은 무엇인가? 어떤 협력교수 방법을 사용할 것인가? 보조인력을 위한 업무카드(task card)를 만드는 것이 필요한가? 관련서비스 제공자들은 어떻게 자신들의 전문성을 최대로 활용하면서 교수에 참여할 것인가?'를 질문한다. 수업 계획에서 이 부분은 필수이므로 이 책에서는 한 장 전체를 할애했다. 다른 교육전문가들과의 협력과 협력교수 증진을 위한 실제적 전략에 대해서는 5장을 참조한다.

평가

　학생들이 자신의 목표를 향해 나아가고 있는지를 점검하는 것은 매우 중요하다. 학생 이해에 대한 명확한 정보를 얻기 위해 수업이나 교육과정 단원 전체에 걸쳐 다중형성평가(multimodal formative assessment) 결과를 수집한다. 학생의 학습에 대한 증거를 모은다. '내가 철저히 혹은 계속해서 모아야 하는 정보는 무엇인가?'를 생각한다. 교사는 자신이 어떠한 교수지원, 조정 및 조절을 제공할지 결정하기 위해 이러한 증거를 분석한다. 해당 자료에 기초한 부가적인 학습 경험을 설계함으로써 학생들의 요구를 충족한다. 계속 증거를 수집하고 분석한다. 그런 다음 자신의 교수계획을 변경한다.

　총괄평가를 위한 계획 역시 필수적이다. '내가 평가하고 있는 것은 무엇인가? 나는 어떻게 평가하고 있는가? 내가 사용하고 있는 기준은 무엇인가? 나는 활동을 평가하기 위해 평가표(rubric) 혹은 도구를 사용하고 있는가?' 사전평가 및 형성평가와 함께 이러한 총괄평가 자료를 분석하고 공통핵심교육과정과 관련한 학습 성과를 결정한다.

정리하기

통합교육 전문가들은 자연스러운 교수와 학습주기(learning cycle)에 대해 지속적으로 중요하게 심사숙고한다. 이러한 반성은 학생들의 학습 성과 증진을 돕는다. 교사의 계획, 준비, 교수뿐 아니라 학생의 참여와 학습에 대해 생각한다.

언제, 어디서, 어떻게 수업과 단원의 성과를 정리하고 평가할 것인지에 대해 생각해 본다. 구체적인 교과수업 교수와 관련해 다음의 질문들을 해 볼 수 있다.

- 학생들은 이 수업에서 무엇을 배웠나?
- 학급 전체는 무엇을 배웠나?
- 개별 학생들은 무엇을 배웠나?
- 학생들은 무엇에 성공했나?
- 학생들은 무엇을 어려워했나?
- 다음에 우리는 무엇을 다르게 해 볼 것인가?

가르치는 것에 대해서는 다음과 같은 질문을 해 볼 수 있다.

- 함께하는 협력교수에 대해 우리는 무엇을 배웠나?
- 나는 무엇을 바꾸고 싶은가?
- 나는 무엇이 뿌듯한가?
- 다음 수업에서 나는 무엇을 조정하고 싶은가?
- 수업은 즐거웠고 학생들은 참여했나?

교수전략, 교재, 계획된 보완적 지원에 대해 분석한다. 다음과 같은 질문을 해 볼 수 있다.

• 조절과 조정 혹은 보완적 지원과 서비스는 목표 학생에게 적절했나?
• 학생의 요구를 더 잘 지원하기 위해 나는 무엇을 조정해야 하는가?
• 학습과정에서 독립성과 투자 증진을 위해 내가 사용한 전략은 무엇인가?

학습 환경에 대해 생각해 본다. 다음과 같은 질문을 해 볼 수 있다.

• 학습 환경은 배움을 이끌어 내는 것이었나?
• 개별 학생의 요구에 적합했나? 바뀌어야 할 것은 무엇인가?
• 학습 환경은 학생들의 소속감과 공동체 의식을 어떻게 촉진했나?
• 학습자들은 자신의 새로운 지식을 어떻게 적용했나?
• 학생들은 깊이 있는 이해를 증진하고 발전시키기 위한 초인지사고, 자기평가, 자기교정에 어떻게 참여했나?

이러한 정리 과정에 학생들을 직접 포함시킨다. 학생들에게 다음과 같은 질문을 할 수 있다.

• 무엇이 성공적이었나요?
• 무엇이 어려웠나요?
• 가장 좋았던 것은 무엇인가요?
• 다음을 위해 제안하고 싶은 것은 무엇인가요?
• 이번에 배운 새로운 지식을 여러분의 인생 어디에 어떻게 사용할 것 같나요?

차별화 교수의 기초

앞서 제시한 신중하고 의도된 차별화 교수(differentiated instruction) 개발에 있어

교사와 교육팀을 지원하기 위해 설계된 단계에 대한 검토가 끝나면 다음의 차별화 교수 도구 중 하나 혹은 모두를 해 볼 것을 권한다. 이러한 도구들은 통합학급에 있는 학습자의 다양성을 수용하기 위해 교사를 즉시 그리고 쉽게 지원하도록 돕는 도구들이다.

학업 성과 목록표

어떤 학생의 학습 양식을 알아낸 후에는 그 학생의 강점과 지능에 부합하는 교수를 설계한다. 통합교육교사들이 사용하는 한 가지 전략은 해당 학생의 선호에 맞춘 학습 경험을 만드는 것이다. 다중지능 학업 성과 목록표 작성을 위해 〈표 6-1〉을 참조한다. 예를 들어, 앤이라는 학생이 신체/운동 활동을 선호한다면 이 양식을 활용해 교과 영역을 공부하게 하는 학습 경험을 만든다. 이때 학생은 인형극을 하거나 직접 해 보는 시연을 하거나 해당 내용이 포함된 촌극을 할 수도 있다.

다중지능 활용표

어떤 교사들은 교육과정 단원을 개발할 때 학생이 만드는 프로젝트에 선택권을 부여한다. [그림 6-4]는 다중지능을 활용한 삼목게임(Tic-Tac-Toe)[5]을 복사 가능한 양식으로 제공한 것이다. 각각의 칸에 지능 유형을 적는다(예: 음악 지능, 논리/수학 지능, 대인관계 지능). 학생들은 각 지능을 사용해 공부하고 있는 자신의 내용 지식을 보여 줄 수 있는 다양한 방식을 생각해 각 칸 안에 목록을 적는다. 해당 단원의 강의를 통해 학생들은 세 개의 칸이 직선으로 이어지도록 프로젝트를 하나씩 선택한다. 예를 들어, 조는 음악 지능, 대인관계 지능, 언어 지능을 선택하고 해당하는 각 칸에

---

5) 역자 주: 오목과 비슷한 게임으로 자신의 상징(예: ○, △, ×) 세 개를 가로, 세로 혹은 대각선으로 먼저 만들면 승리하는 보드게임이다.

표 6-1 다중지능 활동표

언어 지능	논리/수학 지능	공간 지능	신체/운동 지능	음악 지능	대인관계 지능	개인이해 지능	자연탐구 지능
광고	광고	애니메이션 영화	캘리그래피	오디오-비디오 테이프	광고	전자게시판	공예 수집품
주석이 달린 참고문헌 목록	주석이 달린 참고문헌 목록	미술관	몸짓으로 설명하는 스피드 게임(charades)	단체 낭독	애니메이션 영화	도표	디오라마(diorama)
전자게시판	도표	게시판	콜라주(collage)	동화	전자게시판	콜라주	현장연구
코드	코드	범퍼스티커	의상	영화	차트	수집품	현장학습
만화	콜라주	범퍼스티커	춤	악기	단체 낭독	만화	화석 수집
토론	수집품	차트	시연	주크박스	만화	일기	곤충 수집
시연	컴퓨터 프로그램	청동 조각	디오라마	뮤지컬	토론	사설	잎 수집
일기	단어 퍼즐	콜라주	에칭(etching)	시	시연	동화	주제가(original song)
사설	데이터베이스	의상	설참	랩	사설	가계도	사진 에세이
동화	토론	시연	영화	수수께끼	동화	일기	암석 수집
가계도	시연	디오라마	플립북(flip book)	역할극	영화게임	학습센터	과학 그림
소설	세밀화	전시	음식	노래	인터뷰	미로	동물 탐험

인터뷰	만들 것	예정	숨은 그림	소리	일기	시	일정
CM송	실험	영화	모자이크		수업	수수께끼	
유머극	패트 타일(fact tile)	슬라이드	벽화		미로	일정	
글쓰기 수업	가계도	플립 북	뮤지컬		미술관 전시		
편지	게임	게임	악기		팸플릿		
독자 투고	그래프	그래프	자수		탄원서		
신문 기사	숨은 그림	숨은 그림	그림		연구		
논픽션	분류 다이어그램	삽화가 있는 이야기	팬터마임		기자회견		
구두 시험	배경그림 그리기	미로	종이공예		역할극		
구두 보고	강의	모빌	석고 모델		TV 프로그램		
팸플릿	지도 범례	모델	연극		새 범죄조문 작성		
청원	미로	모자이크	시				
연극	모빌	벽화	기자회견				
시	모델	그림	(인형극)인형				
기자회견	청원	종이공예	인형극				
라디오 프로그램	연구	포토 에세이	라디오 프로그램				
수수께끼	프로토타임(prototype)	그림 이야기	역할극				

공상과학소설	과즙	사진	투명필름
촌극(skit)	콜라주	연극	TV 프로그램
슬로건	수수께끼	정치 풍자만화	
독백	설문조사	팜염북	
스토리텔링	일정	프로토타입	
TV 프로그램	투명필름	문장맞추기 놀이(rebus story)	
새 법조문 작성	벤다이어그램	슬라이드쇼	
	연구가설	보드게임	
	새 법조문 작성	여행 브로슈어	
		TV 프로그램	
		인터넷 홈페이지	

출처: Taylor, T. R. (2002). *Multiple intelligences product grid*. Oak Brook, IL: Curriculum Design for Excellence, Inc. Retrieved from http://www.rogertaylor.com/clientuploads/documents/references/Product-Grid.pdf; Taylor, T. R. (2007). *Differentiating the curriculum: Using an integrated, interdisciplinary, thematic approach* (pp. 59-60). Oak Brook, IL: Curriculum Design for Excellence, Inc (reprinted by permission).

서 하나의 프로젝트를 만든다. 음악 지능 칸에서는 관련 내용을 담은 노래를 만든다. 대인관계 지능 영역에서는 같이 할 수 있는 보드 게임을 짝과 함께 만들어 급우들에게 게임 방법을 가르친다. 언어 지능 영역에서는 신문 기사를 쓴다. 결국 조는 자신의 내용 지식을 보여 주는 세 가지의 서로 다른 프로젝트를 완성하게 된다.

학습 계약서

어떤 교사들은 학생을 대상으로 학습 계약서를 만든다. 이 방법은 학생들로 하여금 자신이 깊이 있게 공부하고 싶은 주제를 개별적으로 결정하게 해 준다. [그림 6-5]는 복사 가능한 양식으로 제공된 학습 계약서의 예이다. 예를 들어, 카라는 자신이 앞으로 읽고, 쓰고, 그리고, 살펴보고, 경청할 내용과 학습을 완료하는 데 필요한 것들을 작성하기 전에 질문 혹은 학습 주제를 먼저 쓴다. 그리고 마감 날짜를 자신이 정하고 배운 것을 전달하기 위한 적절한 방법을 결정한다. 그런 다음 카라는 자신의 계획이 교과와 명확히 연결되었는지를 확인하기 위해 교사를 개별적으로 만난다. 통합교육교사들은 학습 계약서를 자주 활용하는데, 이런 방법들이 본질적으로 개별적인 학습 요구에 맞는 방식으로 학습자가 교재를 활용하고 주제를 탐구하도록 지원하기 때문이다.

> 자신의 수업에 장애학생이 있다는 생각은 많은 교사에게 무서운 악몽까지는 아니더라도 완전히 비현실적인 일처럼 여겨진다. 하지만 이 교사들은 그런 학생들을 위해 학급에서 사소하지만 가능한 수정을 할 수 있었다는 것은 알아채지 못한다.
>
> – Kunc (1984, p. 2)

다중지능 활용표: 삼목게임(Tic-Tac-Toc)

주제: ------------------------------------

나는 어떻게 숫자, 계산, 논리, 분류, 비판적 사고 기술을 활용할 수 있을까? **논리/수학 지능**	나는 어떻게 시각화, 시각도구, 색, 예술, 은유를 이용할 수 있을까? **시공간 지능**	나는 어떻게 음악, 환경음을 가져오거나 리듬 혹은 멜로디 체계를 조율할 수 있을까? **음악 지능**
나는 어떻게 생물, 자연 현상, 생태학적 인식을 포함할 수 있을까? **자연탐구 지능**		나는 어떻게 전신 움직임이나 체험 활동에 참여할 수 있을까? **신체/운동 지능**
나는 어떻게 개인적인 감정이나 기억을 불러일으키고 학생에게 선택권을 줄 수 있을까? **개인이해 지능**	나는 어떻게 문자 혹은 구두 언어를 사용할 수 있을까? **언어 지능**	나는 어떻게 학생들을 또래와 공유하기, 협동학습, 대집단 활동에 참여시킬 수 있을까? **대인관계 지능**

주제: _____

[그림 6-4] 다중지능 활용표: 삼목게임(Tic-Tac-Toe)

출처: Tomilnson, C. A. (2003). *Fulfilling the promise of the differentiated classroom: Strategies and tools for responsive teaching.* Alexandria, VA: Association for Supervision and Curriculum Development (adapted by permission).

학습 계약서

이름: --

내가 알고 싶은 것

나의 질문 혹은 주제는 ---------------------------------------

찾고 싶은 것이 있을 때

내가 보거나 들을 것: ---------------------------------------

내가 작성할 것: --

내가 필요한 것: --

내가 그릴 것: --

내가 읽을 것: --

나는 -- 까지 끝마칠 것이다.

나는 내가 -- 을 통해 배운

것을 나눌 것이다.

[그림 6-5] 학습 계약서

출처: Tomilnson, C. A. (1999). *The differentiated classroom: Responding to the needs of all learners.* Alexandria, VA: Association for Supervision and Curriculum Development (adapted by permission).

하루 동안 일어나는 조정과 조절

우리는 하루 동안 여러 조정(modification)과 조절(accommodation)을 성공적으로 사용한다. 예를 들어, Julie는 새벽 5시에 일어나기 위해 알람을 맞춘다. 본격적인 일과를 시작하기 전에 한 시간 동안 운동을 하러 가는데, 이것은 오랜 시간 동안 직장에서 앉아 있거나 가르치는 데 필요한 역량을 증진시킨다. Chelsea는 집에 있는 가족들이 일어나기 전, 전화벨이 울리기 전, 이메일을 확인하기 전, 누구에게도 방해받지 않고 글을 쓸 수 있는 한 시간을 위해 일찍 일어난다. Chelsea와 Julie는 모두 일정을 지키기 위해 전자일정표를 사용한다. Chelsea는 매일 오늘의 할 일을 기록하는 데 사용하는 다양한 색으로 구분된 서류철을 갖고 있다. 그리고 각 구획마다 자신이 작업하고 있는 큰 프로젝트가 있다. 완수한 항목은 줄로 그어 지운다. Julie는 주로 노트북에 오늘의 할 일 목록을 기록한다. 그리고 목록 맨 왼쪽에 숫자를 적어 각 항목의 우선순위를 표시한다. 이러한 시스템은 우리의 삶을 효율적인 방식으로 조직화하도록 도와준다. Julie는 집에서 청소할 때 알람을 15분간 맞추고 다음 방을 청소하기 위해 다시 알람을 맞추기 전까지 집 안에서 경주하듯 청소를 한다.

여기서 핵심은 우리는 우리가 원하는 것 혹은 필요한 것이 무엇인지 알고 바라는 성과에 도달할 수 있게 이러한 맞춤형 전략과 지원에 의지한다는 것이다. 비록 여러분이 개인적으로 이와 똑같은 수정이 필요하지는 않겠지만 맞춤형 지원은 모든 이의 삶에 필수적이다. 말하자면 모든 개인은 자신의 환경과 일정 그리고 성공적인 사회 일원이 되도록 변경 혹은 조정된 행동이 필요하다.

교사들은 정기적으로 학생들이 학업에 성공하게 해 주는 환경, 시간, 행동, 사회적 · 학업적 지원을 제공하기 위한 조절을 설계한다. 이 장의 뒷부분은 이에 대한 것으로, 장애학생이 일반교육에서 효과를 얻게 해 줄 수 있는 조절, 조정, 수정에 대해 논의한다. 또한 일반적, 교과별, 환경적 전략에 대해 설명하고 보조공학 주제에 대해 설명한다.

교사로서 여러분의 전문성은 학생들이 특수교육에 참여해 효과를 얻고, 교육활동을 수행하며, 학교에 참여하게 하는 학습 경험을 설계하려는 데 있다. 교사는 학생이 학교환경에서 성공하게 하며, 학교교육의 학업적 지형을 탐색하도록 돕는 전략, 조정, 수정, 자문, 기술 개발을 제공한다.

　「장애인교육법(IDEA)」(2004)은 장애학생을 위한 교육이 학생의 잠재력을 최대화하기 위해 비장애 또래와 함께 일반교육과정에서 높은 기대와 참여 그리고 진전에 기초했을 때 효과적임을 인정하였다. 「장애인교육법(IDEA)」에서 특수교육이란 '장애아동의 독특한 요구에 부합하기 위하여…… 특별히 설계된 교수'(§300.39)를 의미한다. 이처럼 특별히 설계된 교수란 '적격한 아동의 요구에 적절하도록…… 내용, 방법 혹은 교수 전달을…… 수정하는 것을 의미'하는데, ① '장애로 인한 아동의 독특한 요구를 다루기 위해' 그리고 ② '일반교육과정에 대한 접근을 보장해 모든 아동에게 적용되는 국·공립기관 관할의 교육 성취기준을 그 아동이 달성할 수 있도록 하기 위한' 것이다(IDEA 2004, §300.39[b][3]). 교육팀은 학생이 일반교육과정과 '특별히 설계된' 특수교육에 대한 의미 있는 접근을 보장할 책임이 있다.

　이 책의 다음 부분은 학생의 학업적 요구를 충족하도록 학습 경험을 적합하게 하는 여러 가지 조정과 구체적 방법에 초점을 둔다. 먼저 교사가 학생을 지원할 수 있게 하는 일반적인 전략을 설명한 후 교과별 아이디어와 환경적 전략에 대해 논의한다. 마지막으로 모든 교과 영역에서 도움이 될 수 있는 전략에 대해 제안한다.

수정, 조정, 조절의 개념

　다음은 미국 콜로라도주 스프링스에 있는 피크 부모센터(PEAK Parent Center)가 제시하는 조정과 조절의 차이에 대한 정보이다. 조정과 조절은 장애학생이 성공적인 학습자가 되게 하고 일반학급과 전반적인 학교활동에서 다른 학생들과 함께 능동적으로 참여하게 하는 환경, 교육과정, 교수, 평가에 대한 수정이다.

조절은 학생이 정보에 접근하고 자신이 학습한 것을 보여 주는 방식을 바꾸는 것이다. 조절은 교수 수준, 내용, 수행 기준을 상당한 정도로 바꾸지는 않는다. 여기서의 변화란 학생이 학습에 공평하게 접근하고 자신이 아는 것과 할 수 있는 것을 보여 줄 수 있도록 동등한 기회를 제공하는 것이다. 조절은 발표, 반응 형식과 절차, 교수전략, 시간과 일정, 환경, 장비와 건축에 있어서의 변화를 포함할 수 있다.

조정은 학생이 배워야 하는 것을 변화시키는 것이다. 이때 변화란 학급과 학교 학습 경험에 있어 다른 학생들과 함께 학생이 의미 있고 생산적으로 참여할 기회를 제공하는 것이다. 조정은 교수 수준, 내용, 수행 기준에 대한 변화를 포함한다. 어떤 학생에게는 내용에 대한 조정이 필수적이지만 부적절한 조정은 학생의 교육에 해가 될 수 있다. 예를 들어, 〈표 6-2〉는 우리가 목격한 최악의 학급 조정 10개를 나열한 것이다.

표 6-2 최악의 열 가지 학급 조정

순위	최악의 조정 예시
10	중학교 1학년 학급의 수학시간이었는데 한 학생은 세서미 스트리트(Sesame Street)[6] 블록을 이용해 수 세기를 하고 있었다.
9	학급 전체가 비디오 시청 중이었으나 시각장애 학생은 볼 수 없다는 이유로 교실 밖으로 내보내졌다.
8	학급을 5명으로 구성된 소집단으로 나누고 책상 배치를 했으나 한 학생만 책상이 단 두 개 있는 한 집단에 앉아 있었는데 하나는 그 학생의 책상이고, 다른 하나는 그 학생의 보조원 것이었다.
7	고등학교 수업 중 남은 시간에 학생들이 영양학에 대한 보고서를 작성하는 동안 한 학생에게는 '탐색'을 위해 마른 콩과 쌀이 가득 찬 양동이가 주어졌다.
6	초등학교 4학년 학생들은 문장에 형용사를 넣는 활동을 하고 있었으나 한 학생의 의사소통판에 언어치료사가 아직 형용사를 넣어 놓지 않았기 때문에 그 학생은 수업에 참여하지 않았다.

6) 역자 주: 미국의 유아교육용 TV 프로그램이다.

5	독서시간 중에 특수교사는 한 학생을 특수학급으로 데려가 단추 잠그기 활동을 하였다.
4	학생의 개별화교육계획에 옷 입기 목표가 있었기 때문에 체육시간 준비를 하는 동안 학생은 자신의 신발을 두 번씩 신고 벗었다.
3	한 학생은 아직 읽지 못하기 때문에 교사가 학급 학생들에게 책을 읽어 주는 동안 음악 테이프를 듣고 있었다.
2	촉진된 의사소통(FC)을 사용하는 한 학생은 문학시간에만 촉진자(facilitator)[7]가 제공되었다.
1	12세 학생은 자신의 대근육 운동기술이 '초등학교 2학년 수준'이었기 때문에 체육시간에 2학년 학급으로 갔다.

다음 목록은 일반학급에서 제공될 수 있는 조절과 조정의 예시를 포함한다. 개별화교육지원팀은 학생의 독특하고 개별적인 요구에 부합하는 조절과 조정을 결정한다.

조절

- 구두 시험 보기
- 큰 활자 교과서
- 시험 시간 연장
- 개조된 자물쇠가 있는 사물함
- 알림장 혹은 일지와 같은 주별 가정−학교 의사소통 도구
- 필기를 위한 또래지원
- 핵심 교수 내용이 포함된 활동지
- 수학문제의 정리와 줄 맞춤을 도와주는 모눈종이
- 강의 녹음
- 글쓰기를 위한 컴퓨터 사용

---

7) 역자 주: 이 유형의 의사소통을 위해 필수적인 보조인으로 주로 학생이 활용하는 보완대체 의사소통 도구의 타이핑을 돕거나 신체적으로 촉진하는 역할을 한다.

조정

- 주요 프로젝트의 에세이 대신 개요 작성
- 그림 의사소통 상징을 선택해 시험 보기
- 동일한 주제나 의제에 대한 대안 교과서나 교재
- 컴퓨터의 맞춤법 점검 프로그램으로 철자 쓰기 지원
- 시험 질문에 대한 답을 단어은행에서 선택
- 수학 시험에 계산기 사용
- 글 대신 영화나 동영상으로 보완
- 질문을 단순한 언어로 바꾸기
- 보고서를 프로젝트로 대체
- 주요 어휘와 문구에 강조 표시

어떤 조절이나 조정을 사용할지 결정하는 것은 과제와 개별 학생의 요구에 달려 있는 과정이다. [그림 6-6]은 교사와 교육팀이 일반학급에서 각 학생의 적극적인 참여와 기술 개발을 촉진하게 될 적절한 조정과 지원을 설계하도록 돕는 4단계 과정을 제공한다. 이 과정에는 교사와 학생의 교육팀이 대화와 문제해결을 촉진하도록 돕는 안내 질문이 포함되어 있다.

교사로서 여러분은 학생의 학교 일상에서 조절이나 조정을 설계할 것이라고 생각한다. 그러나 교사가 그러한 조절이나 조정을 실행하는 주요 인물일 필요는 없으므로 이 과정에서 학생의 기술, 강점, 요구, 필요한 지원에 대한 교육팀의 대화는 핵심적인 부분이다. 예를 들어, 교사가 수업을 위한 모든 조정을 계획한 다음, 해당 학생과 함께 일하는 보조인력과 작업치료사가 그 계획을 실행할 수 있다. 일반교사와 특수교사 모두 조정을 계획하고 실행하는 것뿐 아니라 그 조정이 작동하는지를 평가(예: 학생의 기술, 독립성, 또래 상호작용이 증가했는지 평가하기)할 책임이 있을 수 있다. 적절한 조정이 이루어졌을 때 모든 학생이 일반교육과정에 의미 있게 접근할 수 있다(PEAK Parent Center, 연도 미상).

1단계: 학습자와 환경
학생의 강점, 능력, 요구, 우선적인 목표는 무엇인가? 이러한 목표가 성취될 수 있는 구체적인 통합환경은 무엇인가? ↓
2단계: 격차 분석
그 환경에서 요구되는 활동과 기술은 무엇인가? 그 환경에서 학생은 어떻게 수행을 해야 하는가? 학생의 수행 격차는 무엇이고 이러한 격차를 가져오는 원인은 무엇인가? 그 환경에서 학생을 위한 우선적인 교수 목표는 무엇인가? ↓
3단계: 중재 선택
직접 교수하기　　교수적 조정 사용하기　　보조공학 사용하기　　과제 생략하기 ↓
4단계: 실행과 평가
중재 후 학생 수행을 발전시키고 독립성을 증진하기 위해 그 조정은 어떻게 변경, 조정, 감소해야 할 것인가?

[그림 6-6] 조정 과정

일반적인 전략

학업지원을 위한 전략에는 높은 기대 유지하기, 강점에 집중하기, 학생에게 물어보기, 과제를 작은 단계로 나누기, 과제 시간 연장하기가 있다.

높은 기대 유지하기

어떤 학생에게 장애가 있다는 것은 그 학생이 과제와 프로젝트를 다른 사람들과 같은 방법으로 완성할 수 없음을 의미하지 않는다. 학생의 과제를 조정하거나 대체하기 전에 어떠한 변화라도 정말 필요한지 스스로에게 물어본다. 교육전문가들은 학생을 위해 과잉 조정을 하거나 동일한 장애가 있는 학생 모두에게 동일한 조정을 결정하는 경우가 자주 있다. 때때로 학생을 위한 최선의 행동은 학생에 대해 교사의 기대를 바꾸는 대신 지원의 유형이나 수준을 변화시키는 것이다.

강점에 집중하기

학생을 위한 수업을 계획할 때 교사들은 학생이 할 수 없는 것에 쉽게 당황한다. 예를 들면, 스티븐이라는 다운증후군이 있는 초등학교 3학년 학생에게 지원을 제공할 때 '스티븐은 읽을 수 없는데 이 단원의 과학 내용을 어떻게 이해하도록 도울 수 있을까?'라고 생각하기가 쉽다. 사고방식을 바꾸고 그 학생이 할 수 있는 것이 무엇인지를 스스로 물어보는 것이 도움이 된다. 대신 학생의 강점에 집중하면서 스티븐을 생각할 때 '스티븐은 아주 사회성이 있는 아이잖아. 그리고 큰 개념은 잘 이해할 수 있지. 자신이 아는 것을 그림으로 그리고 거기에 제목 붙이기도 정말 잘해. 그리고 질문에 대답을 할 수 있어.'라고 생각할 수 있다.

교사가 스티븐의 듣기, 사회적 상호작용, 주제 이해력에 초점을 두자 수업 설계 과정은 훨씬 쉬워졌다. 다른 학생들은 과학책의 어떤 부분을 조용히 읽게 하고, 스티븐의 짝은 그 부분을 소리 내어 읽는다. 교과서의 각 부분이 끝날 때 스티븐과 짝은 그 영역에서 나온 대개념을 그림으로 묘사한다. 그런 다음 스티븐과 짝은 그 영역과 그림에 대해 서로 질문한다. 이 방법은 짝과 스티븐 모두에게 매우 효과적이어서 교사는 남은 학기 동안 학급 전체가 이런 방식으로 과학책을 읽게 했다.

학생에게 물어보기

어떤 방식이 가장 훌륭하게 가르치고 지원하는 것인지 잘 모르겠다면 혼자 결정할 필요가 없다. 어떤 것이 최선인지 불확실하다면 학생에게 물어본다. 예를 들어, "이 수업시간 동안 다섯 개의 큰 주제를 네가 표시하고 싶니, 아니면 그것을 다른 사람이 표시하게 할까?" "함수에 대한 수업을 하는 동안 활동지를 사용하고 싶니, 아니면 활동지 없이 한번 해 보고 싶니?"라고 물어볼 수 있다.

과제를 작은 단계로 나누기

어떤 학생에게는 과제를 더 작게 나누어 주는 것이 유용하다. 예를 들면, 어떤 학생은 혼자 공부할 때 책상에 할 일 목록을 붙여 놓는다. 특수교사가 완수해야 할 큰 과제를 적어 주면 학생은 이를 혼자 완수한 후 목록에서 지운다. 만약 글을 읽지 않는 학생이 있다면 그림 목록을 만들고 그 학생이 각 과제를 완수할 때마다 해당 그림을 지우게 할 수 있다.

과제 시간 연장하기

추가 시간이 주어지면 많은 학생이 다른 사람들처럼 동일한 과제를 완수할 수 있다. 이 경우 어떤 과제에 할당된 시간을 천천히 늘려 주는 것이 도움이 될 수 있다. 또한 다른 학생들이 시험을 한 시간 안에 마칠 수 있다면 그 학생은 시험을 부분별로—첫날 앞부분, 다음 날 두 번째 부분—치르게 할 수 있다.

교수적 수정

학생이 성공하도록 하기 위해 교수에서의 작은 변화가 필수적일 수 있다. 교재나 교수 방법을 바꿈으로써 많은 학생이 필요한 지원을 얻을 수 있다.

교구 바꾸기

때로는 학생의 성공을 위해 필요한 것은 다른 유형의 교구이면 충분하다. 필기도구, 종이의 크기나 종류, 자리배치를 바꾸는 것이 어떤 학생에게는 큰 차이를 가져올 수 있다. 예를 들어, 쓰기를 해야 할 때마다 브렛은 머리를 책상에 숙이고 있거나 화가 나 연필을 부러뜨렸다. 교사, 치료사, 학급 지원을 하는 보조인력으로 구성된 교육팀은 함께 만나 브렛이 보이는 행동의 잠재적인 원인과 어떻게 하면 글쓰기 시간이 즐거울지에 대해 논의했다. 대화 끝에 작업치료사는 모든 학생이 자신의 필기도구와 종이 크기를 선택할 수 있게 하자고 제안했다. 이 방법이 제공되자 브렛은 끝이 뭉툭한 검정색 마커와 반쪽 크기의 종이를 선택했다. 어떤 이유에서인지 그는 교구의 변화를 매우 좋아하며 더 긴 시간 동안 쓰기를 하였다. 나중에 브렛은 '전체가 비어 있는 종이'를 보면 불안해졌고, '종이에 연필이 닿는 느낌'이 너무 싫었다고 설명했다.

한 번에 제한된 양의 정보만 제시하기

어떤 학생들은 한 번에 적은 양의 정보만 보는 것을 선호한다. 정보의 배치는 명확하고 산만하지 않아야 한다. 예를 들면, 적당한 여백은 숙제가 혼란해 보이지 않게 할 수 있다. 이런 조정은 과제의 각 부분을 서로 다른 페이지에 넣어 복사함으로써 쉽게 만들 수 있다. 또한 수정테이프도 산만한 정보나 그림을 줄여 주는 데 도움이 된다. 어떤 항목을 복사할 때 학생들이 처리해야 할 정보를 줄여 준다. 단어 카드나 단어 창(word window, 예: 두꺼운 종이에 셀로판지를 댄 작은 네모 창을 뚫어 학생이 한 번에 한 줄 혹은 한 단어만 볼 수 있게 한다)은 학생들이 스스로 읽는 동안 정보를 제한하도록 도와줄 수 있다.

구체화하기

많은 학생은 수업에서 가르치는 개념을 지원하는 사진이나 동영상 같은 구체적인 예시를 필요로 한다. 교육팀 내부에 학교 도서관과 인터넷에서 학습을 지원하는 사진이나 동영상을 검색하는 누군가를 두는 것이 도움이 된다. 그런 다음 교사는 이러한 교수 보조자료를 짧은 수업(mini lesson)이나 교실에 있는 학습공간(learning center)에 포함할 수 있다. 시각적 지원을 사용하는 것은 장애학생뿐 아니라 수업을 듣는 모든 학생에게 유익하다.

미리 가르치기

어휘나 주요 개념과 같은 큰 개념을 미리 가르치는 것은 많은 학생에게 유용할 수 있다. 미리 가르치기는 나머지 학생에게 그 개념을 '공식적으로' 가르치기 전에 실행해야 한다. 교사는 나머지 학생이 이를 배우기 전에 해당 학생에게 개념, 용어, 아이디어를 소개할 수 있다. 예를 들어, 학생들이 과학실에 갈 준비를 하는 동안 특수교사는 브렛에게 과학 핵심 어휘를 가르쳤다. 브렛은 인력과 척력이라는 용어를 이해하고 과학실로 들어갔다. 이 방법은 브렛이 좀 더 자신감을 갖고 수업에 들어갈 수 있게 했다.

모든 학생에게 정리기술 가르치기

장애학생과 비장애학생 모두 조직화(organization)에 어려움을 겪는 것은 흔한 일이다. 어느 중학교 1학년 교실에서는 수업이 끝날 때마다 학생들이 교실을 떠나면서 자신의 수행에 대한 서류철을 점검하면서 색으로 표시된 장소에 자기 공책이 제대로 있는지 확인하게 하였다. 우리가 관찰한 바로는 이러한 정리 점검은 물건을 정리하는 데 만성적인 어려움을 겪고 있는 아담에게뿐 아니라 비슷한 지원이 필요한 수많은 다른 학생도 지원한다는 것이다. 또 다른 교육팀은 학생들이 매일 집에 가져가야 하는 항목을 모두 체크리스트로 만들었다. 이러한 목록은 어떤 학생에게든 유용했다.

환경 수정

학생들이 학업 과제를 성공할 수 있게 돕는 학급 환경에서도 변화는 만들어질 수 있다.

율동 활용하기

대부분의 학생은 신체를 자주 움직여 주어야 한다. 학생들에게 분리된 개념이나 정보의 부분을 외우게 할 때 시각적 단서, 신호, 움직임을 사용한다. 움직임이나 시각적 단서를 사용하는 것은 암기에 어려움을 겪는 많은 학생에게 도움이 될 수 있다. 학생들에게 구체적인 단어의 개념과 어울리는 자신의 동작을 생각하게 한다. 예를 들어, 어느 초등학교 6학년 교사는 자신의 학급에서 '철자 에어로빅(spelling aerobics)'을 했다. 단어의 철자를 댈 때 만약 글자가 '길다'면(예: t, l, b) 학생들은 똑바로 서서 두 팔을 올리고, 만약 글자가 '짧다'면(예: o, e, a) 학생들은 두 손을 허리에 댄다. 만약 글자가 '아래로 뻗어 있다'면(예: p, g, q) 학생들은 두 손을 자신의 발가락에 댄다. 예를 들어, stop이라는 단어의 철자를 댄다면 학생들은 자신의 손을 허리에 대고, 두 손을 뻗었다가 다시 두 손을 허리에 댄 다음 두 손을 발가락에 댄다. 이 구체적인 사례가 매우 효과적인 이유는 동작이 의도적이고 교과내용과 연결된다는 점이다.

타이머 사용하기

타이머는 과제가 얼마나 걸릴지를 알고 싶어 하거나 시간을 계획하는 데 도움이 필요한 학생들에게 유용할 수 있다. 어떤 학생에게는 시각적 타이머(visual timer)나 시간이 얼마나 남았는지를 볼 수 있게 해 주는 타이머가 특히 유용하다.

참여적인 전환 활동 활용하기

모든 학생은 학급 생활을 즐기고, 웃으며, 또래와 연결되어 있을 때 좀 더 참여적으로 된다. 핵심교육과정의 요구기준을 생각할 때 놀이를 학급 일상에 스며들게 하는 것은 어려울 수 있다. 교사가 활용하는 활동 간 전환에 대해 의미 있게 생각해 볼 것을 제안한다. 전환 시간은 학급에 동작, 음악, 상호작용, 구호를 넣을 수 있는 적절한 순간이다. 〈표 6-3〉은 이 방법을 시작하도록 돕는 참여적인 전환 시간에 대한 아이디어를 제공한다. 다음 회의에서 여러분의 통합교육팀과 함께 재미있고 상호적인 전환 시간 전략에 대해 브레인스토밍을 해 본다.

표 6-3　**참여적인 활동 전환 전략**[8]

동작
• 흥미롭거나 재미있는 방식의 활동과 함께 교실(혹은 해당 장소)로 들어오거나 수업을 시작하기
• 45초간 춤추기 시간 갖기
• 스냅 사용하기(계속 반복하기-지휘자가 연주를 마칠 때처럼 모두 한 번에 정지할 수 있는 수신호)
• 박수 사용하기(천천히 시작해서 점점 빨라지기-지휘자가 연주를 마칠 때처럼 모두 한 번에 정지할 수 있는 수신호)
• PT 체조, 요가의 나무자세, 기타 신체 활동으로 '45초 도전'하기

---

8) 역자 주: 일부 내용(선창과 후창, 구호)은 맥락에 맞게 수정 혹은 삭제하였다.

- 응원구호 사용하기(예: 모두 함께 손뼉을 치면서 '대~한민국'이라고 소리치기)
- 노래 부르기(동작이 있는 노래를 함께 부르기)
- 5분 스트레칭하기
- 걷기 활동하기(학급에 교과 내용과 관련한 질문을 주고, 타이머를 설정한 다음 4분간 야외에서 걸으며 답을 논의하도록 함)

음악

- 학생들에게 새로운 과제나 활동의 단서가 될 수 있는 어떤 노래의 부분을 짧게 연주하거나 들려주기
- 전환의 신호로 악기 사용하기(예: 탬버린을 치면 멈추라는 신호, 가볍게 흔들면 움직이기 시작하라는 의미, 반복해서 두드리면 이제 나가라는 의미가 될 수 있음)
- 특정 리듬 미리 가르치기. 활동 전환의 시간이 되었을 때 손뼉을 치며 가르친 리듬을 시작하면 학생들이 나머지 리듬을 완성하도록 하기
- 음악 교사와 협력하기. 학생들이 음악시간에 부르고 있는 노래를 교사가 배우기. 치우는 시간이나 다음 활동으로 전환할 때 그 노래를 부르게 하기

타이머

- 학생들이 활동을 시작해야 할 때를 알리기 위해 스마트보드에 시각적 타이머(visual timer)를 빔프로젝트로 계속 보여 주기(예: TimeTimer™)
- 주방용 타이머 사용하기

선창과 후창(이 방법은 교사 혹은 지정된 학생에 의해 진행될 수 있다)

선창: 참새
후창: 짹짹
선창: 이제는 조용히
후창: 쉿!
선창: 무엇을 할까요?
후창: (수학, 국어, 사회, 쉬는 시간 등 선택하기)
선창: 언제 할까요?
후창: 바로 지금!

구호

- 유행가 구호: 나 나나나 나나나나나나~!
- 주문 구호: 수리수리 마수리 아브라카 다브라
- 치키치키 차카차카 초코초코 촉
- 위 캔 두 잇!
- 아자아자 화이팅!

이지는 유치원생이에요. 교실에서 활동을 전환할 때마다 매우 시끄럽고 심하게 짜증을 내요. 활동 간 전환이 어려운 이지 때문에 선생님은 전환 시간이 다가올 때 그가 미리 알도록 타이머를 사용할 것을 제안했어요. 저는 이지에게 타이머를 주면서 정리 시간이 되면 다른 학생들에게 알려 주는 책임을 주었어요. 그는 여기저기 돌아다니며 정리시간까지 5분…… 4분…… 3분이라고 알려 주었지요. 이지는 타이머가 끝날 때까지 계속 친구들에게 알려 주었어요. 그런 다음 "정리하자, 얘들아."라고 소리치는 거예요. 정말 달라졌지요!

— Sharon (일반교사)

앵커 활동 활용하기

통합교실이자 차별화가 잘된 교실에서는 학생들이 서로 다른 속도로 과제를 마치는 경우가 많다. 앵커 활동(anchor activities)이란 학생들이 자신의 과제를 끝냈거나 다른 활동 혹은 수업이 시작되기 전 시간이 남았을 때 하는 활동이다. 또한 앵커 활동은 교사가 학생들과 개별 혹은 집단 회의를 하는 수업시간에 활용될 수 있다. 그러나 앵커 활동은 단순한 시간 때우기나 쓸모없는 일이 아니다. 이런 활동은 의미 있고 필수적으로 학생들의 학습에 연결되어야 하며 학생들이 혼자 활동하기에 충분하도록 구조화되고 설명되어야 한다. [그림 6-7]에는 교사가 이 활동을 시작하도록 돕는 참여적인 앵커 활동 아이디어 목록을 제공하였으나, 통합학급에서 좀 더 흥미로운 앵커 활동을 계획하기 위해 여러분의 학생 및 교육팀 모두와 함께 브레인스토밍해 보기를 권한다.

앵커 활동: 앵커 활동의 목적은 학생들이 자기주도적인 방식으로 현행 단원의 내용과 관련된 핵심적인 학습을 확장시키기 위한 참여적이고 의미 있는 방식을 제공하는 데 있다.

• 그래픽 조직자 만들기

• 컴퓨터 활동 제공하기(단원 관련)

• 디지털로 된 이야기 만들기

• 교과와 관련된 내용을 소리 내지 않고 읽기

• 활동 상자 사용하기

• 진행 중인 프로젝트 하기(예: 광고, 블로그, 브로슈어, 비디오 만들기)

• 학습/흥미 센터 사용하기

• 이야기 쓰기

• 연극이나 촌극 만들기

• 어휘 공부하기

• 단원 삽화 그리기

• 듣기 장소 사용하기

• 컴퓨터로 만화를 그리거나 만들기(단원 관련)

• 수수께끼를 만들거나 풀기

• 숙제나 시험을 위한 수학문제 만들기

• 단원 활동을 검토하는 서류철 만들기

• 내용을 회상하는 데 도움을 주는 노래를 만들거나 개사하기

• 소규모 과학 실험실 활용하기

• 소규모 실험 만들기

• 추리 문제 만들기

• 복잡한 개념을 설명해 주는 마인드맵(mind map)/마인드웹(mind web) 만들기

• 본 수업을 위한 짧은 수업 계획하기

• 일기

• 저자/역사적 인물/과학자/수학자에게 편지 쓰기

• 역사적 인물/정치인/작가나 기타 관련인에 대해 조사하고 학급이나 학급 홈페이지를 위한 짧은 디지털 발표자료 만들기

[그림 6-7] 여러 가지 앵커 활동

지원 제공하기

지원을 어떻게 제공하느냐는 학생 성공에 핵심 요인이다. 주어진 지원의 유형과 수준은 학생이 얼마나 독립적이 되느냐 혹은 또래와 상호 의존적이 되느냐에 영향을 줄 수 있다.

지원을 제공하되 다 해 주지 않기

학생에게 도움이 필요하다고 가정하지 않는다. 만일 어떤 학생이 어려움을 겪고 있다면 먼저 또래에게 물어보도록 격려한다. 우리가 아는 많은 교사가 또래지원과 또래 상호작용을 증진하는 '선생님에게 오기 전에 세 명에게 물어보기' 규칙을 사용한다. 또 다른 교사는 '무엇이든 물어보세요' 학생을 지정하기도 한다. 이런 학생들은 항상 과제에 대한 지시문을 갖고 있으며 만약 어려움을 겪는 학생이 있다면 제일 먼저 이 역할을 배정받은 학생에게 찾아가게 한다. 또 다른 전략으로는 학생이 어려움을 겪는지 점검하고 지원을 제공하기 전에 "내가 시작하는 것을 도와줄까?"라고 물어보는 것이다. 만약 학생이 "아니요."라고 말한다면 이를 존중한다.

조용한 지원

지원을 받는 것은 항상 편한 일만은 아니다. 이것은 또한 학급을 산만하게 할 수도 있다. 그러므로 학생들이 공부하고 있을 때 조용한 목소리를 사용하도록 한다. 혹은 조용한 지원에 대해 생각한다. 예를 들어, 공책에 쓰거나 지시사항을 손으로 가리킨다. 또는 어느 특정인이 아닌 전체 안내를 한다. 이런 전략은 해당 학생뿐 아니라 학급에 있는 다른 학습자에게도 필요한 지원을 제공해 줄 수 있다.

또래지원

또래지원은 학생을 지원하는 가장 좋은 방법 중 하나이다. 지원적인 학급 분위기를 만들기 위해 교사는 모든 학생에게 서로 돕는 것이 학생들의 역할이라는 것을 설명할 수 있다. 그러나 좀 더 구체적인 또래지원의 활용으로는 학생들이 팀 혹은 짝이 되어 공부하는 협동학습의 활용, 주제 영역이나 기술에 대한 전문성에 기초한 또래교사의 교대, 나이가 더 많은 학생 교수자 혹은 더 어린 학생과 협력하는 연령 간 또래교사의 실행이 있다. 또래들은 수업 내용, 지시사항, 숙제 함께 검토하기, 다른 학생에게 교재를 소리 내어 읽어 주기, 신체적 지원 제공하기 혹은 조직화 도와주기를 함으로써 지원을 제공할 수 있다. 학급에서 또래를 활용하는 방법은 무수히 많지만 또래지원과 관련해 반드시 주의할 것이 있다. 예를 들어, '소냐는 항상 호세를 돕는다.'와 같이 '도와주는 관계'가 되지 않도록 설정하는 것이다. 대신 학생들이 서로 돕도록 격려한다. 호세가 소냐와 학급의 다른 학생들을 도울 수 있는 때를 알아낸다.

교과별 전략

〈표 6-4〉와 〈표 6-5〉는 서로 다른 교과 유형에 대한 조정과 조절 및 전 교과 영역에서 공통적으로 사용되는 활동을 설명한다.

교사는 조절과 조정을 설계할 책임이 있고 조정의 여러 유형과 이를 필요로 하는 학생에게 가장 좋은 활용방안을 알고 있어야 한다는 점을 기억한다. 만일 〈표 6-4〉나 〈표 6-5〉에 어떤 학생에게 시도해 보고 싶은 아이디어가 있다면 교육팀과 함께 어떤 것이 효과적인 전략일지 이야기한다. 사용 방법, 사용 시기, 해당 전략이나 아이디어를 언제 점진적으로 제거할지에 대해 논의한다.

표 6-4 　과목별 조정

과목	고려해 볼 수 있는 조정, 수정, 조절
국어/영어	• 카세트테이프/CD로 된 책 듣기(예: 오디오북) • 또래와 함께 읽기 • 단어창을 따라 읽기 • 헤드폰을 끼고 컴퓨터로 읽기 • 또래와 함께 활동하면서 요약하게 하기 • 큰 활자 인쇄물 읽기 • 실물 화상기 활용하기(사물을 확대해 줌) • 더 단순한 언어로 다시 쓴 이야기 사용하기 • 반복적인 글로 된 책 사용하기
수학	• 계산기 • 터치매스(TouchMath) • 1부터 100까지 있는 숫자 차트(hundreds charts) • 수직선 • 플래시카드 • 수세기 스티커 • 수학교구(예: 수세기 블록이나 칩) • 숫자를 쉽게 읽을 수 있도록 조정된 활동지 • 그림이나 시각적 자료 • 크기가 큰 큐브 • 칸을 셀 수 있는 차트지 • 말하는 계산기 • 점 대신 숫자로 된 주사위 • 실생활 문제(학생의 이름을 넣은 문제)
체육	• 여러 크기의 운동기구 • 조용한 활동(소음에 민감한 학생을 위한) • 선택활동 공간 • 경기장 크기 변경
미술	• 교구 선택 • 더 큰/더 작은 교구 • 받침대 • 미리 자른 재료 • 판화 등을 찍어 낼 수 있는 스텐실

	• 주머니가 있는 작업복과 앞치마
	• 손이 지저분해지는 것을 싫어하는 아동을 위한 장갑
	• 색깔별 줄모양의 만들기 교구(Wikki Stix)
	• 과정별 단계 붙여 두기
	• 변형 가위
과학	• 체험활동
	• 교사 시범
	• 역할극
	• 초청강연
	• 과정별 단계 붙여 두기
사회	• 형광펜이나 형광테이프
	• 해당 내용을 자기 자신과 연결하는 방법
	• DVD
	• 시각적 자료
	• 지도
	• 과제가 적힌 카드(단계별 과정이 적힌 카드)
음악	• 학생의 모국어로 된 노래
	• 악기
	• 노래를 부르는 동안 수화 사용
	• 손뼉을 쳐서 박자 맞추기
	• 집에서 연습할 음악 테이프/CD
	• 시청할 뮤직비디오

전 교과 영역의 일반적인 활동

지원은 교과 영역별로 학생에 따라 매우 다르게 보일 수 있다. 때로는 각 교과별로 다른 교사에게 책임이 있고 다른 기대를 가질 수 있다. 어떤 학생들은 특정 과목을 선호하고 그 과목을 더 잘 수행한다. 예를 들어, 리키는 음악을 좋아하고 음악 시간에 지원을 거의 받을 필요가 없다. 리키는 기꺼이 음악실에 들어가려고 하고 자신의 자료철과 악기를 준비해 간다. 반면, 과학시간에 리키는 교사나 과목을 좋아하는 것처럼 보이지 않으며 따라서 과제를 시작하는 데 좀 더 지원이 필요하다. 비록 학생 지원이 수업에 따라 다르게 보이기는 하지만 교사들은 서로 다른 과목에서 유사한 활동을 사용한다.

〈표 6–5〉는 전 교과 영역에서 공통적으로 사용되는 활동을 표시한 것이다. 교사들은 이러한 활동을 하루에 여러 번 학생들에게 요구할 수 있다. 그럼에도 불구하고 학생마다 서로 다른 이유로 이러한 활동을 하는 데 어려움이 있을 수 있다. 〈표 6–5〉의 오른쪽에 있는 고려사항 목록은 모든 능력의 학생들에게 도움이 된 것들이다.

표 6-5 **보편적인 활동과 지원**

학생 활동	학생에게 제공을 고려해 볼 수 있는 것
착석과 경청하기	• 볼 수 있는 시각 자료 • 활동 휴식 • FM 시스템(교사의 목소리를 증폭시킴) • 앉을 곳을 결정하는 데 도움이 되는 깔개나 매트 • 누가 말하고 있는지를 알려 주는 물건(예: 손가락 지시봉) • 앉을 수 있는 공 • 앉을 곳 선택하기 • 학생이 잡고 있거나 다룰 수 있는 주의집중을 위한 물건 • 듣기 시작을 알리는 신호 • 지금 읽기를 하고 있는 책 • 해당 내용과 관련된 물건이 있는 물체주머니 • 할 일(예: 다른 학생 돕기, 칠판에 아이디어 적기)
구두발표하기	• 지원 필요에 대한 선택 • 발표 내용을 적은 메모카드 • 시각 자료 • 유인물 • 녹음기 • 비디오테이프/DVD • 마이크 • 파워포인트 • 미리 입력된 의사소통 도구

시험 보기	• 시험 전략 검토 • 정보 검토 • 연습 시험 • 줄 간격이 넓은 시험지 • 쉬운 문제 먼저 내기 • 시험 대독자 • 선택지를 하나 혹은 두 개 제거해 선택 개수 줄이기 • 줄로 연결하기 문제에서 긴 열은 더 짧게 나누기 • 컴퓨터 • 필요한 만큼 시간 주기 • 구두시험 • 수행중심 시험 • 그리기나 이름표기 방법 선택 • 단순화한 언어
활동지 완성하기	• 단어은행 • 명확한 지시문 • 학생이 답변을 붙일 수 있는 파일 폴더 라벨지 • 강조된 지시문 • 문제나 질문 개수 줄이기 • 필기도구 유형 선택
토론하기	• 대화 매개 사물(talking object) • 학생들의 아이디어를 쓴 메모카드 • 또래지원 • 대답이 미리 입력된 의사소통 도구 • 아이디어나 개념을 그리기 위한 종이 • 토론에 참여하는 방법 선택 • 학생들이 논의하고 있는 글 • 강조된 텍스트 영역−해당 학생은 읽고 다른 학생들은 토론하기
필기하기	• 수업시간 동안 완성할 강의 개요 • 차트 • 그래픽 조직자 • 하루 전에 주는 교사 메모 • 스마트 키보드 • 필기 방법 선택

	• 키워드가 제거된 교사 메모 복사본 • 그림이 있는 강의 노트 • 다른 학생의 필기 복사 • 노트북
컴퓨터 사용하기	• 프로그램 시작 방법에 대한 업무카드(task cards) • 특수 키보드(예: IntelliKeys) • 확대 글꼴(enlarged font) • 특수 마우스 • 알파벳 순서 키보드 • 큰 활자 키보드 • 활동 선택
교과서 읽기	• 음성도서 • 큰 활자 인쇄물 • 형광펜 • 단체 낭독 • 본문에 대한 배경지식 • 개조식으로 주제 쓰기 • 질문을 써서 붙일 수 있는 스티커 메모 • 적절한 도서 • 인형 • 독서등 • 읽기 자료 선택
조직화하기	• 색 폴더 • 플래너 • 안건 칠판에 써 주기 • 숙제 칠판에 써 주기 • 숙제 활동지에 미리 3공 뚫어 놓기 • 그림 일정표 • 책상 위에 붙여 놓은 할 일을 쓴 스티커 메모 • 숙제 폴더 • 할 일 순서 점검표 • 책상 위에 시계나 타이머 놓기 • 일정을 말로 시연하기 • 일관성 있는 일과

쓰기	• 쓰기 전 자신의 이야기를 친구에게 말하는 옵션 • 전체 집단 토론 • 그래픽 조직자 • 개조식 글쓰기 사용 • 연필 잡기도구 • 학생이 성인 혹은 또래에게 이야기를 받아쓰게 하는 옵션 • 학생이 덧쓰기를 할 종이에 쓰인 단어 • 빈칸 채우기를 위한 스티커 • 쓰기 대신 그리기 선택 • 선이 도드라진 종이(학생이 촉각으로 선을 느낄 수 있음)

보조공학

보조공학은 장애인들이 수행하기 어렵거나 불가능할 수 있는 기능을 수행하도록 돕는 모든 유형의 공학이다.

> 특수교육에서 보조공학이란 아동이 특수교육 혹은 관련서비스의 혜택을 보는 데 혹은 아동
> 이 최소한으로 제한된 환경에서 교육을 받는 데 필수적인 모든 도구 혹은 서비스를 말한다(IDEA
> 2004, 34 C.F.R. §300.308).

「장애인교육법(IDEA)」(2004)에 설명된 보조공학이라는 용어는 '장애아동의 기능적 능력을 증진, 유지, 향상시키기 위해 사용되는 기성품이나 조정되거나 주문 제작된 모든 장비, 장치나 제작 도구'를 의미한다(20 U.S.C. §1401[a][25]).

보조공학 서비스(assistive technology service)라는 용어는 장애아동이 보조공학 도구를 선택, 구입, 사용하는 것을 직접적으로 도와주는 것을 의미한다. 여기에는 다음의 조항이 포함된다(IDEA 2004, 20 U.S.C. §1401[a][26]).

- 일상적인 환경에서의 아동에 대한 기능평가를 포함한 장애아동의 요구 평가
- 장애아동에 의한 구입, 대여, 기타 보조공학 도구 마련 방법
- 보조공학 도구의 선택, 설계, 조정, 맞춤, 조정, 적용, 유지, 수리, 교환
- 현행 교육과 재활 계획 및 프로그램과 연결된 기타 치료, 중재 혹은 보조공학 도구 서비스의 조정과 활용
- 장애아동 혹은 필요한 경우 장애아동의 가족을 위한 훈련 혹은 기술 지원
- 전문가를 위한 훈련과 기술 지원(개별교육 제공 혹은 재활서비스 포함), 고용주 또는 서비스를 제공하는 기타 개인, 고용 혹은 장애인의 중요한 생활기능에 실질적으로 관련된 기타 개인들에 대한 훈련 혹은 기술 지원

보조공학은 이동 기구(예: 워커 혹은 휠체어), 소프트웨어, 큰 자판 키보드, 시각장애 학생이 컴퓨터를 사용할 수 있게 하는 소프트웨어, 청각장애 학생이 전화로 이야기할 수 있게 하는 문자전화기를 포함한다. 쓰기와 관련해 소근육 운동기술에 어려움이 있는 학생은 알파스마트(AlphaSmart)와 같은 워드프로세서 기기를 사용할 수 있다. 의사소통에 어려움이 있는 학생의 경우 자신의 생각을 소리 내어 말하면 컴퓨터로 입력이 되거나 보완대체 의사소통 어플리케이션(예: Proloquo2Go)을 아이패드와 같은 스마트기기에 설치해 사용할 수 있다.

만일 학생이 어떤 유형의 보조공학을 사용한다면 교사와 교육팀은 이에 대해 최대한 배워야 한다. 가능하다면 해당 공학에 대한 구체적인 훈련을 요청해 학생이 그 도구를 사용하고, 프로그래밍하거나 필요하다면 고쳐야 할 경우 도울 수 있다. 이 장의 부록은 보조공학과 관련해 유용한 웹사이트와 관련 자료의 목록이다.

스티커 메모를 활용하는 스물한 가지 방법

어떤 교사는 매일 어느 학생에게 긍정적인 이야기를 스티커 메모에 써 주었다. 그

학생은 선생님의 메모를 집에 가져가 부모에게 읽어 주었다. 메모의 목적은 단지 그 학생에게 긍정적인 이야기를 해 주는 것이었다. 이러한 메모는 학생이 학교에서 자신의 수행에 대해 좋은 감정을 갖게 하는 데 큰 도움이 되었다. 스티커 메모는 놀랄 만큼 많은 용도로 사용될 수 있으며, 특히 학생의 학업을 지원할 때 사용할 수 있다. 〈표 6-6〉은 스티커 메모를 활용하는 스물한 가지 놀라운 아이디어를 보여 준다.

표 6-6　스티커 메모를 사용하는 스물한 가지 방법

- 개별 주제
- 할 일 목록
- 주머니에 넣을 수 있는 긍정적인 메모
- 쪽번호 표시
- 읽기 지침
- 본문의 특정 부분 강조
- 지시사항
- 읽기 교재에 학생에 대한 질문 쓰기
- 행동에 대해 문자 알림
- 손들기 점검 방법(학생이 자신의 손을 들고 대답할 때마다 기록)
- 활동지의 부분을 가리기
- 단어장(학생이 쓸 필요가 없으며, 대신 빈칸에 단어를 붙이기)
- 할 말이 많고 자주 불쑥 말하는 학생을 위해 자신의 질문을 스티커 메모지에 적어 질문을 하나 혹은 두 개 선택하게 하기
- 브레인스토밍 목록에 아이디어 추가하기
- 학생들이 프로젝트나 서류에 서로 피드백 주기
- 다이어그램의 부분에 명칭 붙이기
- 연결하는 매칭게임(matching game) 만들기
- 학생을 집단으로 만들기
- 또래에게 질문하기(예: "점심시간에 나랑 같이 앉을래?")
- 수업, 이야기, 활동의 주요 개념을 요약하기

학업지원에 대해 자주 묻는 질문

Q 어떤 학생은 제가 함께 활동할 때마다 저에게 "저리 가."라고 말해요. 저는 그 학생이 그냥 거기 앉아서 실패하게 둘 수는 없어요. 어떻게 해야 할까요?

A 그 학생의 이야기를 들어 봅니다. 만약 학생이 선생님과 활동하고 싶지 않다고 요청하면 그때는 그 학생을 지원하지 않습니다. 그 대신 물리적으로 그 학생 옆에 있지 않으면서 지원을 제공합니다. 이 장에 있는 지원 목록이 선생님에게 도움이 될 것입니다.

Q 지시가 주어졌을 때 한 학생이 저를 부르며 와서 도와 달라고 해요. 저는 지금 지원을 점차 제거하고 있는데 그 학생은 제가 옆에 없으면 아무것도 하지 않을 거예요. 어떻게 해야 할까요?

A 그 학생은 성인의 지원에 매우 의존적이 되었습니다. 그 학생이 스스로 시도할 필요가 있는 일들에 대해 학생에게 말해 보거나 또래에게 도움을 요청해 봅니다. 학급에 있는 모든 학생이 서로 도움을 주고받도록 격려합니다. 그 학생의 독립성을 증진하기 위한 방법들을 선생님의 교육팀과 함께 결정합니다. 그 해결책들이 그 학생으로 하여금 자신이 좀 더 독립적이 될 수 있다고 느끼게 하는지—자신의 의존성에 대한 벌이 아니라—확인합니다.

결론

교사로서 여러분은 아이디어를 구상하고, 거기에 사용되는 수정, 보조공학, 자료 수집 절차를 설계하며 실행한다. 교사는 일과 중 학업 및 사회적 영역에서 학생을 지원할 수 있는 조절이나 조정을 자신의 교육팀에 제안하는 것이 중요하다. 학생들이 특정 주제를 배우고 특정 활동을 수행하도록 하기 위해 필수적인 학업지원의 유형, 지원을 감소시킬 방법, 교육과정 전 영역에서 교재와 교수를 수정하는 최선의 방법에 대해 논의하는 시간은 소중하다. 교육팀이 특정 학생을 위해 이러한 변경을 할 때 결국에는 모든 학생을 위한 교수를 증진하게 되는 경우가 많다는 점은 흥미롭다. 이 장은 학업지원을 위해 교사가 사용할 수 있는 많은 전략에 초점을 두었다. 다음 장은 행동지원 전략에 대해 강조한다.

부록

보조공학 관련 웹사이트

- AbleData

  http://www.abledata.com
- AccessIT(교육에 사용되는 접근 가능한 정보기술에 대한 국립센터)

  http://www.washington.edu/accessit/index.html
- Alliance for Technology Access(공학접근을 위한 연합)

  http://www.ataccess.org
- CAST(Transforming Education Through Universal Design for Learning: 보편적 학습 설계를 통한 교육 변혁)

  http://www.cast.org
- CATEA(Center for Assistive Technology and Environmental Access: 보조공학과 환경접근 센터)

  http://www.assistivetech.net
- National Center to Improve Practice in Special Education Through Technology, Media and Materials(기술, 미디어, 자원을 통한 특수교육 실제 증진을 위한 국립센터)

  http://www2.edc.org/NCIP

- NATRI: National Assistive Technology Research Institute(국립보조공학연구소)

  http://natri.uky.edu
- RehabTool

  http://www.rehabtool.com/at.html
- University of Connecticut Center for Student with Disabilities(코네티컷대학교

  장애학생센터)

  http://www.csd.uconn.edu

읽기와 쓰기 관련 자료

- Kurzweil 3000: http://www.kurzweiledu.com

  Kurzweil은 교육과정 교재를 사용하는 데 있어 텍스트에 어려움이 있는 학습자가 이를 독립적으로 읽고, 공부 기술을 개발하며, 쓰기 과제를 완수할 수 있도록 해 주는 소프트웨어이다.
- CAST e-Reader: http://www.cast.org

  CAST는 읽기에 어려움이 있는 학생들을 위한 문자음성변환(text-to-speech) 소프트웨어를 제공한다.
- Screenreader: http://screenreader.net

  이 소프트웨어는 컴퓨터에 설치해 컴퓨터가 단어를 읽어 주도록 한다.
- Co:Writer Universal: http://donjohnston.com/cowriter/#.VBsd3vldXmc

  이 소프트웨어는 워드프로세싱 프로그램에 있는 단어 예측, 문법, 어휘 점검을 가능하게 해 학생들의 쓰기를 지원한다.
- Write:OutLoud: http://donjohnston.com/writeoutloud/#.VBse0fldXmc

  이 소프트웨어는 학습자가 단어, 문장, 문단을 타이핑할 때 청각적 지원을 제공한다. 어휘 사용, 문법, 철자오류를 들은 후 학생은 자신이 쓴 것을 듣고 봄으로써 자신의 작업을 독립적으로 수정할 수 있다.

국내 관련 웹사이트[9]

- 한국정보화진흥원 정보통신보조기기 지원: http://www.at4u.or.kr
  정보격차 해소 등을 지원하기 위해 설립된 공공기관으로 정보통신에 대한 접근과 활용이 어려운 장애인을 대상으로 한 정보통신 보조기기 소개와 지원 관련 내용을 담고 있다.
- 한국보완대체의사소통학회: http://ksaac.honglab.org
  특수교육학, 언어병리학, 재활공학, 컴퓨터 공학 등 보완대체 의사소통 관련 분야의 전문 연구자, 교육자, 기관들과 AAC 사용자 및 그 가족들이 참여하는 학술단체로 AAC 관련 자료와 동영상을 볼 수 있다.
- JINSORI(진소리): http://jinsori.honglab.org/home
  언어장애인을 위해 텍스트를 음성으로 변환해 주는 어플리케이션으로 구글플레이를 통해 무료 다운로드가 가능하다.
- 나의 AAC: http://www.myaac.co.kr
  엔씨소프트문화재단이 개발하여 무료로 배포하는 보완대체 의사소통 소프트웨어 및 국내외 다양한 AAC 소프트웨어(제품)에 대한 정보를 제공한다.

---

9) 역자 주: 이 내용은 독자의 이해를 돕기 위해 역자가 추가한 내용이다.

행동지원

자신의 비장애학생들을 생각해 본 베이커 선생님은 데이비드의 독특한
행동이라는 것이 그렇게 독특하지 않다는 것을 깨달았다.

> 담임교사로서 저를 가장 좌절시키는 것은 행동이에요. 예를 들면, 오늘도 2차 방정식을 가르
> 치려는데 제가 제일 걱정되는 것은 네이선이 자리에 계속 앉아 있을지예요. 그것이 가장 힘들 수
> 있거든요. 가르치는 것은 일반적으로 어려운 일이에요. 하지만 교과내용에 집중하는 동안 행동을
> 관리한다는 것은…… 정말 저를 지치게 하죠.
>
> — Maria (일반교사)

마리아 선생님처럼 많은 교사가 직면하는 가장 큰 문제 중 하나가 행동이다. Julie 는 대규모 교사 집단을 대상으로 강의를 한 적이 있는데, 교사들에게 자신이 본 가장 심각한 학생의 문제행동을 열거해 보도록 요청했다. 교사들은 잠시 생각하더니 각자의 목록을 공유했고 Julie는 이들의 이야기를 종이에 써 내려갔다. 목록에는 욕하기, 싸우기, 소리 지르기, 그만두기, 침묵하기, 교실에서 뛰기, 때리기, 자해하기 (예: 자신의 팔 깨물기)가 포함되었다.

그리고 동일한 교사 집단에게 자신들도 이러한 행동을 해 본 적이 있는지 물었다. Julie는 만약 한 번이라도 욕을 하거나, 싸우거나, 소리를 지르거나, 그만두거나, 침묵하거나, 교실에서 뛰거나, 누군가를 때리거나 혹은 자신을 해치는 어떤 것이라도 해 본 적이 있다면 손을 들어 보게 했다. 거의 모든 사람이 손을 들자 강의실은 어색한 웃음으로 가득 찼다. 이것은 어떤 특정 교사 집단의 반응이 아니다. 거의 모든 사람이 가끔은 문제행동 혹은 우려할 만한 행동이라고 생각되는 방식으로 행동한다. 계속해서 학생들의 문제행동과 교사 자신의 행동을 구별해 보도록 요청하자 어떤 교사가 진담 반 농담 반으로 이렇게 대답했다. "제가 나쁜 행동을 할 때는 더럽게 좋은 이유가 있거든요!" 어떤가? 학생들도 마찬가지이다.

다음은 교사 집단에게 자신이 이런 유형의 행동을 할 때 필요로 하는 것에 대해 생각해 보게 했다. 교사들은 다음과 같은 목록을 생각해 냈다. 안아 주기, 휴식 갖기, 이야기를 들어줄 사람, 한 잔의 와인, 낮잠, 냉각기간, 주제 바꾸기, 누군가와 이

야기하기. 이런 것들은 문제행동을 보이는 많은 개인을 진정시키는 데에도 좋은 목록이다. 하지만 여기 제안된 것뿐 아니라 제안하지 않은 것에도 주목해 보자. 어떤 교사도 강화판이 필요하다고 말하지 않았다. 설교가 필요하다거나 학급에서 격리되는 것을 말한 사람은 아무도 없다. 그 대신에 대부분의 사람처럼 성인들도 지원, 위로, 진정, 온화한 이해를 필요로 했다. 행동을 다시 생각하는 가장 쉬운 방법 중 하나는 학생들 역시 그러한 것들이 필요함을 기억하는 것이다.

직업상 여러분은 문제행동이 있는 학생과 일하게 될 것이다. 문제행동의 범위는 수업을 빼먹거나 그만두기와 같이 상대적으로 직접 대치하지 않는 행동에서부터 다른 급우들과 싸우거나 학교를 빠져나가거나 자해하기와 같이 좀 더 심각한 행동 혹은 외현화 행동에 이를 수도 있다. 이 장은 문제행동에 대한 전형적인 반응을 논의하고, 긍정적 행동지원(PBS)에 대한 개관으로 시작한다. 그다음은 학생이 이러한 문제행동을 보이기 전, 보이는 도중, 보인 후 일련의 할 일을 제안한다. 이 장의 마지막에는 자주 묻는 질문에 대해 답한다.

문제행동에 대한 전형적인 반응

뉴햄프셔대학교 장애연구소 연구원인 Herb Lovett는 문제행동에 대한 전형적인 반응에 대해 다음과 같이 설명하였다.

> 원치 않는 행동에 대한 우리의 첫 번째 반응은 우리가 용납할 수 없고 부적절한 행동이라 여기는 것을 교정하는 것이다. 이러한 인식 이면의 사고는 그런 행동을 보이는 사람은 통제력을 잃었고 책임 있는―통제력이 있는―사람들이 특별하게 고안된 방법과 기술의 적용을 통해 회복시킬 책임이 있다는 것이다(1996, p. 136).

이러한 반응 형태의 가장 큰 문제는 선택한 통제 방법이 작동하지 않을 때 교사는 좌절하게 되고 결과적으로 좀 더 처벌적인 통제 방법을 사용하는 경향이 있다는 것이다. 이런 의도는 역효과를 가져오며, 통제와 교정의 필요에 의해 교사들은 자신이

표 7-1　학생이 필요로 하는 것을 제공하기

이런 학생을 위해	필요한 것	예시
말이 많은	이야기할 기회	걸으면서 말하기(walk-and talks),[1] 생각하고 말하고 발표하기(think-pair-share),[2] 토론, 순서 바꿔 이야기하기(turn and talk)[3]
많이 움직이는	움직일 기회	일어서서 쓰기, 그래피티 방식으로 공부하기, 미켈란젤로 방식 글쓰기, 댄스파티, 등을 맞대기
이끌고 싶어 하는	이끄는 기회	줄반장, 문서 나누어 주기, 도우미, 가리키는 역할(pointer)
수줍어하는	사회적 상호작용에 대한 지원	집단 참여 전에 아이디어 적기, 시계 짝꿍(Clock Partners)[4]
저항하는	좀 더 많은 선택	문구, 종이 유형이나 색, 조작교구 고르기
심하게 짜증을 내는	진정할 시간과 끝났을 때의 계획 제공	"네가 준비되면 첫 단계를 쓰자."
남을 괴롭히는	우정을 강화할 기회	흥미에 기초한 점심 식탁, 또래와의 지원된 대화
그만두는	좌절을 표현할 방법	'쉬고 싶어요' 카드, 감정을 적을 수 있는 화이트보드
떠드는	떠들 수 있는 기회	두드릴 수 있는 마우스패드, 반복어구 소리 내어 읽기
방해하는	수업시간 동안 공유할 기회	순서 바꿔 이야기하기(turn and talk), 무언가 말하기, 사회적 휴식, 협동학습 집단
배정된 자리를 싫어하는	공부하는 데 최선의 방법을 선택할 기회	바닥에서 클립보드 사용하기, 보면대 사용하기, 미켈란젤로 방식 글쓰기, 그래피티 방식으로 공부하기

---

1) 역자 주: 프로젝트나 활동 장소(예: 전시회)에서 이동하면서 설명하는 스토리텔링 교수전략이다.
2) 역자 주: 주제에 대해 먼저 생각하고, 옆 사람과 짝지어 자신의 생각을 나누고, 생각을 정리해 발표하도록 하는 교수전략이다.
3) 역자 주: 상대방 바라보기, 상대방 이야기 경청하기, 순서 바꾸어 이야기하기, 조용히 기다리기 단계로 적용되는 교수전략이다.
4) 역자 주: 항상 같은 짝을 고르지 않도록 시계모양의 활동지에 12명의 짝 이름을 쓰게 하고, 교사가 부르는 시간에 해당하는 학생과 짝 활동을 하도록 하는 교수전략이다(이 책의 8장 참조).

지원하고 가르쳐야 하는 학생들을 자신들로부터 더 멀리 소외시키는 강력한 장벽을 자주 만들게 된다(Lovett, 1996). 이런 사고방식은 행동에 대한 다음과 같은 부정적 의미를 함축한다. '어떻게 하면 내가 좀 더 효과적으로 연결되고 지원할 수 있을까?'가 아니라 '이 학생은 대체 왜 이러는 거야?'가 되는 것이다. 〈표 7-1〉은 문제행동을 보이는 학생을 지원하기 위한 새로운 제안의 목록이다.

인본주의적 행동지원의 마음가짐이 있는 교사들은 학생을 비난하지 않는다. 그 대신 교육과정, 환경, 사회적 공간에 대한 비판적 성찰은 문제행동을 더 깊이 이해하게 한다. 이 장에서는 행동에 대한 전형적인 반응에서 벗어나 학생을 지원하는 좀 더 인본주의적인 방법을 지향하는 생각과 제안을 제시한다.

긍정적 행동지원

긍정적 행동지원(Positive Behavior Support: PBS)은 "장애인에게 전통적으로 적용되던 기계적이고 심지어 혐오적인 행동관리 실제에서 벗어나려는 운동"으로 발전하였다(Bambara, Janney, & Snell, 2015, p. 4). 이 접근은 "효과적인 교육 프로그램을 제공하고 지원적인 환경을 마련함으로써 문제행동의 예방과 개선을 강조하는 지원, 프로그램, 기타 중재를 개발하기 위하여 협력적인 팀과 문제해결 과정의 사용을 강조"한다(Bambara, Janney, & Snell, 2015, p. 5). 행동이란 의사소통의 한 형태이며, 교사들은 문제해결의 마음가짐으로 상황에 접근해야 한다. 하나의 체계(framework)로서 긍정적 행동지원의 기본 원칙은 다음과 같다.

1. 행동은 학습한 것이며, 바뀔 수 있다.
2. 중재는 행동에 대한 연구에 기반을 둔다.
3. 중재는 예방과 새로운 행동 교수를 강조한다.
4. 성과는 개인적으로도 사회적으로도 가치가 있다.

5. 중재는 종합적이고 통합된 지원을 필요로 한다(Carr et al., 2002; Janney & Snell, 2013).

긍정적 행동지원 체계에 접근하는 것은 팀 접근이 요구된다는 것에 주목한다. 여러분 혼자 긍정적 행동지원을 설계하고 실행할 수는 없다. 그럼에도 불구하고 여러분은 앞으로 이러한 체계와 학생들을 위한 행동계획이 실행되도록 돕는 책임이 있을 것이므로 이러한 기본 원리를 이해하는 것이 중요하다.

예방적인 행동관리

가장 심각한 문제행동도 미리 생각하기를 통해 피하거나 관리될 수 있다. 미리 생각하기에는 그 학생을 위해 무엇이 효과적일지 결정하는 것이 포함된다.

* * * * *

게이브는 자폐성장애가 있는 학생으로 일정이 바뀌는 것을 매우 힘들어한다. 그는 이동해야 할 시간이 언제인지 알아야 한다. 만약 게이브가 일정 변경으로 놀라게 되면 자신의 사물함에 숨거나, 왔다 갔다 하거나, 교실을 돌면서 뛴다. 이런 문제를 피하는 한 가지 방법은 게이브가 매일의 일정을 준비하도록 하는 것이다. 교육팀은 아침에 버스에서 게이브에게 인사하는 친구를 두게 했다. 그런 다음 게이브와 그 친구는 함께 교실로 걸어오고 교실에 들어오면 둘은 그날의 일정을 검토한다. 또한 게이브는 자신의 플래너에 그날의 일정 복사본을 넣는다. 이 전략은 게이브가 미리 그날의 일정에 대비하게 하고, 일정에 대한 불안을 줄여 주는 데 가장 성공적인 방법 중 하나였다.

* * * * *

관계 형성하기

Lovett는 학생의 행동을 지원하는 것에 있어 관계와 연결보다 더 중요한 것은 없다고 강조했다.

> (행동에 대한) 긍정적 접근은 사람들로 하여금 우리 대부분이 가진 것과 같은 종류의 관계와 소중한 것들, 즉 지속적이고 상호 애정과 관심을 갖는 것에 대해 이해하게 한다. 그런 관계에서 우리는 모두 실수를 하고, 어떤 면에서는 모두 부족하지만 관계란 지속적인 헌신이지 성공의 수준이 아니다. 관계의 맥락에서 우리 활동의 성공과 실패는 평가하기가 더 어려워지는데, 핵심 요소들은 더 이상 단순한 양이 아닌 좀 더 복잡한 질적 문제들이기 때문이다. 우리 전문가들은 관계의 중요성을 일상적으로 간과하고 있다(1996, p. 137).

여러분의 학생과 그들이 좋아하는 학습을 알게 되는 것은 문제행동을 다루는 데 있어 진정으로 도움이 될 수 있는 방식이다. Knoster는 "학생과 적절한 수준의 라포(rapport)를 형성하는 것은 학생의 행동을 돕기 위해 절대적으로 중요한 필수조건"이라고 강조했다(2014, p. 25).

* * * * *

마지 선생님은 중학교 2학년 담당으로 자신이 정말 싫어하는 학생에 대해 이야기했다. "저도 그 애를 좋아하고 싶어요. 하지만 그럴 수 없네요. 교실에서 그 애가 하는 행동은 저를 미치게 해요."라고 말했다. 우리는 이 학생에 대해 알게 되고 좋아질 수 있는 몇 가지 아이디어를 논의했다. 우리는 선생님이 매일 단 2분 동안만 학생과 만나 학생의 행동이나 학업 수행 이외에 다른 어떤 것이라도 이야기하도록 결정했다. 선생님은 학생에게 할 질문 목록을 생각했다. 선생님은 그 학생 옆에 앉아 스케이트보드, 그 학생의 강아지, 형제, 좋아하는 영화, 기타 학생 삶에 대한 질문으로 이야기를 나누었다. 선생님은 그저 대화를 시작한 것뿐이었고 학생에게 사랑스럽고 친절한 대화의 기회를 주었다. 선생님은 최선을 다해 이를 반복했다. "제가 이 대화를 즐겼을 뿐 아니라 지금은 정말 이 아이를 좋아하게 되었다는 것을 깨달았어요! 그리고 그 애도 저를 좋아하고 비밀을 털어놓죠……. 제 수업에서 그 아이의 행동은 정말 좋아졌어요. 방과후에 그 학생은 때때로 저를 찾아와 도와줄 것이 없는지 물어봐요. 장족의 발전을 했지요. 정말 그저 멈추고 들어 준 것이 다였어요."

＊ ＊ ＊ ＊ ＊

마지 선생님과 학생의 사례는 경청하기라는 행위가 교사와 학생의 관계를 더 가깝게 해 줄 수 있다는 것을 보여 준다. 경청하기라는 사소해 보이는 중재가 학생에게는 좀 더 교사에게 마음을 열게 되는 기회를 그리고 양측 모두에게는 좀 더 긍정적인 빛으로 서로를 바라보기 시작하는 기회를 만들어 주었다. 학생들과 관계를 형성하고, 교사가 학생들을 신뢰하고 있으며 학생 역시 선생님을 신뢰할 수 있다는 것을 알게 하는 여러 가지 방법이 있다. 이런 방법 중에는 학생이 여러분을 필요로 할 때 거기 있어 주는 것, 학생과 즐거운 시간을 갖는 것, 학생의 가정생활에 대해 아는 것, 가정방문을 하는 것, 학생이 좋아하는 영화를 보는 것, 학생이 좋아하는 활동에 참여하는 것, 학생의 친구와 취미에 대해 함께 이야기하는 것이 포함된다. 다음은 학생들과 매일 라포를 형성하는 추가적인 방법에 대해 논의한다.

학생과의 라포 형성 방법

Latham(1999)은 부모가 자녀와 라포를 형성하는 단계를 제공했다. 다음은 이 단계를 교사가 학생에게 활용할 수 있게 수정한 것이다.

1. 연령에 적합한 접촉(하이파이브, 악수하기), 얼굴 표정(그 상황의 본질을 반영하는), 적절한 목소리와 억양(예: 상황에 맞은 목소리여야 함), 몸짓 언어(예: 편안함 보이기, 두 팔을 열어 두기, 경청하고 있기, 학생 바라보기) 보여 주기
2. 개방형 질문하기(예: "방과후에는 무엇을 하니?" "그 영화에 대해 말해 보렴.")

3. 학생이 말할 때 듣기. 이상적으로는 학생보다 더 적게 말하기(끼어들거나 주제를 바꾸지 않기)
4. 공감하는 문장을 사용하기. 당신이 이해하며 신경 쓰고 있다는 것을 표현함으로써 거울처럼 행동하고 학생의 감정을 반영하기
5. 거슬리는 행동은 무시하고 사소한 문제들은 내버려 두기

학생 강점에 맞는 교수 방법 선택하기

학생의 긍정적 행동을 지원하는 가장 간단한 방법 중 하나는 교수 기법을 학생의 강점에 맞추는 것이다. 예를 들면, 학생이 미술에 재능이 있을 때 사회 수업시간에 학생이 자신의 생각을 그리도록 허락하면 그 학생은 좀 더 참여하려고 하며, 긍정적인 행동을 보이게 된다.

* * * * *

마이크 선생님은 자주 움직여야 하는 알렉스라는 학생을 가르친다. 일반교사인 마이크 선생님은 벽에 종이를 붙여 모든 학생이 책상에서 공부를 하는 대신 서서 마커를 사용해 브레인스토밍 활동을 하도록 했다. 알렉스는 더 잘해 냈으며, 다른 학생들도 이런 접근을 정말 좋아하는 것 같았다.

이런 활동을 하기 전에 알렉스는 가만히 앉아 있는 것이 어려웠기 때문에 자주 문제행동을 보였다. 알렉스는 끊임없이 자리에서 일어나 몸을 흔들거나 돌아다녔다. 마이크 선생님은 알렉스의 문제행동이 그의 학습 선호(신체운동 학습 선호)를 보여 준다고 느낀 것이었다. 그래서 선생님은 알렉스를 지원하기 위해 강점을 활용한 접근(strength-based approach)을 사용하였다.

* * * * *

학생들이 어떻게 문제행동을 하는지 알고 이해하는 것은 이들에게 필요한 것이

무엇인지를 교사가 확인하도록 도와줄 수 있다. 학생의 강점을 활용하는 것이 부정적인 행동을 감소시킬 수 있으며, 과제행동을 증가시켰다는 것을 연구결과가 보여준다(Kornhaber, Fierros, & Veenema, 2004). 다음은 그 사례이다.

- 만약 학생이 끊임없이 움직이거나 신체운동 학습자(bodily kinesthetic learners)라면 이들은 교수가 진행되는 동안 좀 더 움직일 필요가 있다. 예를 들어, 은영이는 수업시간 동안 움직여야 한다. 그래서 교사는 학생들에게 소리 내어 읽어주기를 할 때 은영이가 흔들의자에 앉아 있을 수 있게 한다. 은영이의 수업에 있는 교사들은 수업 활동을 하는 동안 학생들이 좋아하는 곳에 앉게 한다.
- 만약 학생이 상호작용형 학습자(interpersonal learner)라면 이들은 학습을 하는 동안 상호작용이 좀 더 필요하다. 예를 들어, 그웬은 친구들과 이야기를 할 수 있을 때 가장 잘 학습한다. 따라서 글쓰기를 하기 전에 그웬은 자신이 무엇을 쓸 계획인지에 대해 친구에게 이야기를 하도록 몇 분 동안의 시간을 갖는다.
- 만약 학생이 지속적으로 노래를 부르거나 음악적 재능이 있다면 학교에서의 음악 활동이 좀 더 필요하다. 루시는 음악을 좋아하며 그래서 교사는 작문 활동 시간에 음악을 사용한다. 이 음악은 루시가 집중하도록 돕고 다른 학생들 역시 좋아한다. 또한 교사는 라틴 음악의 박자가 속도감 있게 활동을 전환하는 데 도움이 된다는 것을 발견하였다.
- 만약 학생이 자신의 삶과 연관되는 것을 좋아하거나 독립형 학습자(intrapersonal leaners)라면 이들은 학교에서 교과 내용과 자신을 연결시킬 시간이 더 필요하다. 예를 들어, 제리는 개인적으로 연관되는 것을 좋아한다. 그래서 소설 『초원의 집(Little House on the Prairie)』 단원을 공부하는 동안 제리의 과제는 작품에 나오는 각각의 인물들이 자신과 어떻게 같고 다른지를 밝히는 것이다.
- 만약 학생이 수학 계산을 좋아하거나 매우 논리적이라면 여러분은 다른 과목에서도 이 학생의 학습을 강화할 수 있도록 수학과 논리를 사용할 수 있다. 예를 들어, 조지는 수학은 좋아하지만 영어는 힘들어한다. 그래서 교육팀은 조지

가 『로미오와 줄리엣(Romeo and Juliet)』에 나오는 인물들에 대해 벤다이어그램, 연대표, 그래프를 만들게 했다. 이는 조지가 각 인물들을 모두 기억하도록 도와주며, 토론 시간에는 학생들이 책의 세부사항을 기억하는 데 도움을 주기 위해 조지는 자신이 만든 차트를 다른 학생들과 공유한다.

긍정적 행동을 촉진하는 환경 만들기

접근 가능한 학습 환경을 만드는 것이 교사의 일이다. 어떤 교실에 들어갔을 때 지나치게 통제되고 틀에 박혀 있다고 느껴 본 적이 있는가? 어떤 환경에서는 따뜻하고 환영받는 기분을 느꼈는가? 어떤 유형의 학습 환경이 학습을 촉진할 것인가? 다음 목록은 좀 더 편안한 학급 환경을 촉진하도록 돕는 아이디어를 제공한다.

- 학생 간의 상호작용이 쉬운 방식으로 책상을 배치한다. 집단별로 책상을 원형으로 모여 앉게 하면 좀 더 상호작용을 촉진한다.
- 한 학급에서 있는 장애학생들은 서로 다른 장소에 앉는다. 장애학생을 함께 집단으로 묶지 않는다.
- 학생이 편하게 움직이면서 다른 학생들과 교류하게 할 수 있는 조용하고 편안한 장소를 만들어 준다.
- 그날의 주제나 일일 시간표를 붙여 구조화한다.
- 교실 한쪽에 부드러운 조명을 추가하고 학생들이 밝기를 조절할 수 있도록 한다.
- 앉을 수 있는 여러 가지 유형의 의자(예: 디스크 모양의 원형 의자, 팔걸이가 있는 의자, 흔들의자)를 추가한다.
- 학생을 분리된 장소에 앉혀 격리시키지 않는다.
- 학생 작품으로 벽을 장식해 학급이 학생을 위한 장소라고 느낄 수 있게 만든다.
- 중요한 순간에는 부드러운 음악을 배경음으로 한다.

- 만약 학생들이 바닥에 앉아야 한다면 부드러운 카펫이 깔린 장소가 좀 더 편안함을 느끼게 할 것이다.
- 만약 학생이 개인 공간(personal space)[5]과 관련한 어려움이 있다면 모든 학생을 작은 사각형 모양으로 구획이 나누어진 카펫 위에 앉게 한다.
- 만약 학생이 사전 예고 없이 수업에서 호명되는 것을 좋아하지 않는다면 언제 교사가 부르게 되는지 그 학생에게 알려 주는 체계를 마련한다.

학생의 욕구 충족하기

모든 인간은 행복해지기 위해 필요한 것들이 있고, 그렇기 때문에 예의 바르게 행동한다. 이것을 일명 보편적 욕구라고 한다(Lovett, 1966). 자율성, 관계, 상호의존성, 안전감, 신뢰감, 자아존중감, 소속감, 자기조절, 성취, 의사소통, 즐거움과 기쁨은 모두 인간에게 필요한 욕구이다. 학생이 이러한 욕구를 충족하도록 돕는 것은 학생이 편안하고 안전함을 느끼게 하는 학습 환경을 만드는 데 필수적이며, 이러한 감정은 다시 행동문제를 해결하도록 돕는다.

자율성

자율성이란 스스로를 다스리거나 자기결정을 할 수 있는 권리 혹은 힘을 의미한다. 학생들이 자율적이라고 느끼도록 돕기 위해 선택권을 제공하고 가능한 한 많은 결정을 할 수 있도록 허락한다. 예를 들면, 자리 위치, 함께 앉을 사람, 프로젝트를 위해 사용할 교구, 프로젝트의 주제, 필기도구 유형, 무언가를 수정할 것인지, 무엇을 먹을 것인지 등에 대한 선택을 포함한다. 학생들에게 보다 많은 선택권을 주는 것은 의사결정력을 증진하고 독립적인 사람이 되게 한다.

---

5) 역자 주: 개인이 편안함을 느끼는 상대방과의 관계와 거리이다.

관계와 상호의존성

이 장 전체는 관계에 대한 것이다. 학생들의 삶에 있어 인간관계는 정말 중요한 것이기 때문이다. 학생들은 자신의 또래들과 관계를 맺고 연결될 권리가 있다. 학생에게는 서로를 돕기 위한 여러 기회가 생겨야 한다. 8장은 학생 간의 관계를 촉진하고 서로가 연결되도록 하는 여러 전략을 제안하고 있다. 이러한 욕구들이 충족되지 않을 때 학생들은 다른 사람의 주의를 끌기 위한 끊임없는 시도를 하게 될 것이다. 주의를 끌기 위한 이런 시도는 다양한 방식으로 일어난다. 때리기, 두드리기, 괴롭히기를 통해 일어날 수도 있다. 어떤 학생은 외로워 보이며 혼자 앉는 것을 선택할 수도 있다. 어떤 경우는 화가 나 보이며 문제행동을 통해 어떤 상황을 빠져나가려 노력하기도 한다.

안전감과 신뢰감

안전하고 신뢰하는 관계를 만들기 위해서는 말한 것을 지키는 것이 필요하다. 여러분이 믿을 수 있는 사람이며, 어떤 학생도 벌주거나 다치게 하려고 거기 있는 것이 아니라는 것을 보여 준다. 학생에게 한 약속을 지킨다. "문제행동을 하는 많은 사람은 깨진 약속을 너무 많이 경험했다."라는 것이 밝혀졌다(Pitonyak, 2007, p. 18). 학생들에게 여러분은 학생을 벌주고 관리하기 위해서가 아니라 도와주고 지원하기 위해 있다는 메시지를 끊임없이 보낸다. 학생을 학습 환경에서 격리해서는 안 된다. 그 환경에서 타임아웃이나 혹은 잠깐이라도 학생이 격리될 때마다 그 학생에게는 다음과 같은 분명한 메시지가 전달된다. "이곳은 너를 환영하지 않아. 이 공동체의 구성원이 될 자격은 너의 행동에 달려 있어." 이것은 다음과 같은 악순환을 만든다. 학생들은 자신이 여기 속해 있지 않다 생각하고 그런 생각을 보여 주려는 방식으로 행동한다. 만일 자신이 격리되면 그러한 의심은 강화된다.

즐거움과 기쁨

모든 학생은 학습 환경 안에서의 즐거움과 기쁨이 필요하다. 학생을 지원할 때 스스로 질문해 보자. "이 학생은 교실에서 얼마나 자주 즐거움이나 기쁨을 경험하는 가?" "이 학생은 얼마나 자주 웃거나 다른 학생들과 즐거운 시간을 보내는가?" "이 환경에서 얼마나 많은 시간에 즐거움과 기쁨을 느낄 수 있을까?" 좀 더 즐거운 학습 을 만들기 위해 이러한 질문에 대한 의미 있는 방법을 알아보고 설계하는 것은 통합 교육교사의 바쁜 일상적 책무에서 간과될 수 있다. 하지만 이것은 정말 중요하다! 즐거움과 기쁨을 경험하는 것은 학생의 호기심을 자극하고, 우정을 형성하고 유지 하며, 자신감을 증진하고, 학생이 더 큰 도전을 할 수 있게 격려할 수 있다. 학생을 지원할 때 성공을 축하하고 즐거움을 북돋우며 더 웃고 즐거운 공간이 되도록 하는 것은 학생들의 학습을 위해 중요하다.

의사소통

모든 학생은 자신들의 필요와 요구에 대해 의사소통할 권리가 있다. 어느 학급에 서 교사가 날씨와 날짜를 물었다. 의사소통 기기를 사용하는 한 학생이 그 기기의 버 튼을 눌러 "제가 대답할게요."라고 말했다. 그 학생은 조회 시간 동안 버튼을 또다시 누르고 세 번을 더 눌렀다. 그 학생은 결코 호명되지 않았다. 그 교사는 의사소통 기 기에서 나는 소음에 짜증이 나기 시작한 것 같았고 마침내 학생에게 다가가 이를 치 워 버렸다. 이후 그 학생은 자신의 의사소통 기기를 되찾은 다음 버튼을 눌러 이런 말이 나오게 했다. "나는 슬퍼요." 이 이야기는 중요한 것을 보여 준다. 의사소통은 얻어지거나 치워질 수 있는 것이 아니다. 모든 사람은 자신의 말을 들어 주길 원하고 또 그럴 자격이 있으므로 의사소통을 위한 시도는 어떤 것이든 존중되어야 한다.

만약 학생이 자신의 이야기를 들어 주지 않는다고 믿는다면 자신의 생각, 감정, 요구를 행동을 통해 의사소통하려고 시도할 것이다. 학생들은 자신의 자립을 주장 할 것이고, 자신이 즐겁고 기쁠 수 있는 특정한 방식으로 행동할 것이며, 자신이 안 전하지 않다고 느끼거나 무언가를 의사소통할 필요가 있을 때 이를 행동으로 옮기 게 될 것이다. 의사소통을 위한 기회를 의도적으로 만드는 것은 학생들이 부정적 인 행동을 피하도록 돕는 데 필수적이다. 학생들은 '외로워요.' '안전하다고 느껴지지 않아요.' '내가 필요한 것을 어떻게 말해야 할지 모르겠어요.'와 같은 것들을 의사소통하려고 할 수 있다. 학생들이 보이는 행동이 의사소통이라는 것을 알기가 쉽지 않을 수 있지만 모든 행동은 의사소통이라는 점을 기억하는 것이 중요하다. 교사의 업무는 학생들이 자신의 행동으로 의사소통하려는 것이 무엇인지를 알아내기 위해 노력하는 것이다.

스스로 물어보기: 이 사람은 무엇이 필요한가

우리 선생님이 제 생각을 들으려고 하시면 좋겠어요. 시도조차 안 하면 어떻게 알 수 있겠어요?

— Olivia (초등학교 6학년 학생)

각 학생의 요구를 충족해 주는 일들이 더 많이 생기도록 계획한다. 예를 들어, 학생에게 좀 더 많은 선택 기회가 필요하다고 믿는다면 학생에게 더 많은 선택권을 주어야 한다. 만일 학생에게 좀 더 많은 움직임이 필요하다고 생각한다면 이것을 수업계획에 추가해야 한다.

우리는 이러한 제안이 대부분의 행동체계 및 계획과는 모순된다는 것을 알고 있다. 많은 이가 필요한 것을 주면 더 많은 문제행동이 일어날 것이라고 믿는다. 하지만 사실은 그 반대이다. 만일 학생의 요구를 충족하도록 돕는다면 학생들은 자신이 원하는 것을 얻기 위해 잘못된 행동을 할 필요가 없다(Kluth, 2010; Lovett, 1996; Pitonyak, 2007). 〈표 7-2〉는 행동에 대해 생각해 볼 수 있는 여러 아이디어를 제공한다.

스스로에게 해 볼 수 있는 좋은 질문은 다음과 같다.

- 이 학생은 무엇이 필요한가?
- 이 학생은 학교에서 행복과 즐거움을 느끼는 것이 좀 더 필요한가?

표 7-2　행동에 대한 새로운 질문

도전이 되는 행동	결함에 대한 질문	새로운 질문
끊임없이 움직이기	왜 조이는 읽기시간에 양반다리로 앉아 있지 않을까?	읽기시간을 어떻게 재구조화해야 조이가 움직이면서 동시에 학습할 수 있을까?
말하기	왜 리엄은 수학시간에 내가 수업을 하려고 하면 방해하는 걸까?	의미 있는 참여가 가치 있다는 메시지를 전하면서 대화식 토론 수업을 하려면 어떻게 해야 할까?
노래 부르기	왜 미아는 읽기 활동시간에 내가 혼자 공부하는 시간을 주면 계속 흥얼거리는 걸까?	미아에게 어떤 감각지원을 해 주어야 미아가 읽기 활동을 생산적으로 할 뿐 아니라 다른 사람들을 방해하지 않게 될까?
오로지 나	왜 제임스는 새로운 과학 주제를 탐색할 때 자신이 학교 밖에서 경험한 활동이나 일들을 계속해서 이야기하는 걸까?	제임스가 주변을 동기화시키도록 과학에 관한 자신의 배경지식을 공유하게 할 수 있을까? 어떻게 하면 '과학전문가' 되기 활동이 제임스의 논픽션 글 읽기를 지원할 수 있을까?
그만두기	왜 재즈는 낯선 성인이 말을 걸면 얼굴을 가리는 걸까?	어떻게 하면 재즈가 새로운 성인들과도 잘 지내고 효과적으로 상호작용하도록 지원할 수 있을까?
왜(why) 질문	왜 애슐리는 "왜요?"라고 물으며 나를 계속 힘들게 하는 걸까?	애슐리가 연구의 개념으로 '왜'라는 질문과 관련된 복잡한 지식을 발전시킬 수 있는 학습 경험을 어떤 연구기회를 통해 만들 수 있을까?
도발하기 혹은 다투기	왜 이사야는 운동장에 있는 동안 급우들과 자주 말다툼을 할까?	어떤 사회성 기술을 가르치면 이사야가 잘 놀고 협동학습 집단에 효과적으로 참여할 수 있을까?
뛰쳐나가기	왜 에이든은 소리를 지르고 교실을 나가는 걸까?	에이든에게 효과적인 의사소통 체계가 있는가? 이 행동이 어떤 의사소통을 하고 있는가? 에이든의 요구를 충족하기 위해 학업과제가 차별화되었는가?

자해행동을 하기	왜 클로이는 피가 날 때까지 손가락을 뜯고 여러 자해행동을 할까?	이 행동의 기능은 무엇인가? 클로이에게 왜 그런 행동을 하는지 물어보았는가?
지원하고 있는 교직원에게 거칠게 굴기	왜 잭은 특수교육보조원이 지시사항을 다시 설명하려고 하면 그녀를 때리는 걸까?	특수교육보조원이 학업 및 사회적 지원을 제공할 때 너무 가까이 있는가? 어떻게 하면 잭이 필요한 것을 요청할 수 있게 가르칠 수 있을까?

- 이 학생에게는 자신에게 일어난 일을 스스로 선택하고 통제하는 것이 좀 더 필요한가?
- 이 학생은 좀 더 소속감을 느끼는 것이 필요한가?
- 이 학생은 좀 더 많은 관계와 상호의존이 필요한가?
- 이 학생은 좀 더 많은 자율성이 필요한가?
- 이 학생은 의사소통에 좀 더 접근하는 것이 필요한가?

먼저 각 학생의 요구를 판단한 다음 이러한 요구를 충족하기 위한 방법을 결정하기 위해 교육팀과 함께 일한다.

다양한 방식과 자세유지를 위한 선택 제공하기

학생에게는 자신의 학업과제를 완성하는 방법에 대한 선택권이 주어져야 한다. 학습을 할 때 많이 움직이는 학생에게 수업 중 유리마커를 제공하는 것이 작문 과제를 위한 쓰기 목록, 브레인스토밍, 계획하기에 훌륭한 전략이라는 것을 우리는 발견했다. 얼룩이 잘 생기지 않는 책상 위에 수성마커를 사용하는 것 역시 서서 일하는 것을 좋아하는 학생에게 도움이 된다. 바닥에서 쓸 수 있도록 비닐로 된 샤워 커튼과 화이트보드 마커나 분필을 제공하면 학생은 수학풀이를 연습하거나 교과서에 있는 작문 주제에 대해 브레인스토밍을 하면서 바로 참여하게 된다.

자세유지에 대한 선택권을 제공하는 것은 또 다른 전략이다. 학생들은 어떤 과제를 할 때 '그래피티 방식(grafiti style)'을 선택할 수 있는데, 이 방식은 학생들이 벽에 종이를 붙이고 서서 작업을 마치도록 해 준다. 어떤 학생들은 바닥에서 일하는 것을 더 선호하는데, 이 경우 클립보드를 사용하게 하여 학생들이 편하게 글을 쓸 수 있게 한다. 우리가 '미켈란젤로 방식(Michelangelo style)'이라고 부르는 또 다른 전략은 책상 밑에 활동지를 고정시키고 학생들이 글쓰기를 하는 동안 등을 대고 누워 있게 하는 것이다. 또 다른 방법은 책상의 높이를 조절해 학생들이 활동을 완성하기 위해 책상에 서 있을 수 있게 하는 것이다. 학생에게 보면대를 제공하는 것은 학생의 선호에 따라 이동이 가능하고 쉽게 작업대의 높이를 조절할 수 있게 한다. 또한 학생들에게는 의자 대신 둥근 모양의 의자(disc chair)나 치료용 공을 선택하는 것이 허용될 수 있다. 교사가 자세유지에 대한 선택권을 제공할 때 학생은 자신의 일에 집중하고 성공적으로 활동할 수 있다. 〈표 7-3〉은 이러한 선택 제공의 예시이다.

표 7-3 기회 제공을 위한 제언

- PIG 그룹 만들기: 파트너(Partner)와 함께 개인(Individual) 혹은 집단(Group)으로 활동
- 마커나 연필
- 책상이나 창문에 쓸 수 있는 유리용 마커
- 컴퓨터나 노트북
- 작은 종이나 차트지
- 서 있기 혹은 앉아 있기
- 클립보드를 가지고 바닥 혹은 잔디밭에서 활동하기
- 듣기 혹은 읽기
- 그리기 혹은 쓰기
- 바닥에 그릴 수 있는 분필 혹은 연필과 종이
- 계속하기 혹은 5분간 쉬기
- 보면대 혹은 이젤 사용하기
- '그래피티 방식' 혹은 '미켈란젤로 방식'
- 의자 혹은 치료용 공 사용하기

문제해결자로서 학생을 활용하기

일단 학생이 제어할 수 없게 되면 교사들은 주로 그 상황을 시정하기 위해 학생이 학급규칙을 지키도록 돕는 행동관리 프로그램을 실행하려고 노력한다. Kohn은 "불쾌하다고 여기는 것들에 대한 우리의 반응은 학생을 대상으로 무언가를 하는가, 아니면 학생과 함께 하는가의 철학을 반영하는 것으로 설명될 수 있다."라고 주장한다(2006, p. 23). 학생과 함께 함으로써 교사는 학생이 문제해결자가 되도록 자신의 방향을 변화시킬 수 있다. 여기에는 학생들이 어떤 상황에서 성공하는 데 필요한 것이 무엇인지를 이들에게 묻는 과정이 포함된다. 학생들이 문제에 대한 해결책을 브레인스토밍하고 이를 실행할 수 있게 해 준다.

고비 넘기기

문제행동을 직면하게 되면 교직원들은 그 대가를 부과하거나, 대가가 부과될 것이라고 겁을 주거나, 보상을 제거하거나, 그 행동을 무시하는 것으로 주로 반응하며, 어떤 경우에는 억지로 학생을 얌전히 시키기도 한다. 학생을 억지로 얌전히 행동하게 하는 것에는 학생을 물리적으로 이동시키거나 '손을 포개어 이끄는 지원(hand-over-hand assistance)'[6]이 포함될 수 있다.

우리는 어느 중학교 교실에서 일어난 기싸움을 목격한 적이 있다. 교사가 어떤 학생에게 자세를 바로 하고 수업에 참여하라고 말하고 있었다. 하지만 그 학생은 계속해서 책상에 머리를 숙이고 있었다. 교사는 반복해서 "헌터, 고개 들고 따라 해."라고 지시했다. 그 남학생은 고개를 들지 않았다. 그러자 교사는 학생에게 경고했다. "지금부터 함께 따라 하지 않으면 네가 학생부에 가고 싶어 하는 것으로 간주하겠

---

6) 역자 주: 학생의 손에 성인이 손을 포개어 이끄는 성인 주도방식의 지원전략이다.

어." 학생은 움직이지 않았다. 교사는 학생부에 호출을 했고, 누군가 와서 그 학생을 데려가게 했으며, 학생은 교실로부터 격리되었다. 그 남학생은 남은 하루를 교내정학을 받고 그곳에서 잠을 자며 보냈다.

이러한 유형의 상황은 매우 다루기 어렵고 여러분도 유사한 상황을 목격한 적이 있을 것이다. 이런 경우에 쉬운 해결책이란 없겠지만 교사들은 첫 번째 방어선으로 위협과 격리를 너무 자주 사용한다. 연구자들은 부정적 강화가 단기간에 어떤 행동을 멈출 수는 있을지라도 장기적으로 그 행동을 멈추게 하는 방법으로는 효과적이지도 인도적이지도 않다고 판단한다(Kohn, 2006).

대안을 제시하는 것은 쉽지만 학생이 말을 들으려 하지 않을 때 계속 좌절하게 되는 당사자는 우리가 아니다. 그럼에도 불구하고 교사가 할 수 있는 다른 반응에 대해 고려해 보자. 만약 교사가 다음과 같이 반응했다면 책상에 머리를 대고 있던 그 학생과 교사의 상호작용은 어떻게 변할 수 있다고 생각하는가?

- 학생에게 걸어가 조용히 묻는다. "지금 뭐가 필요하니?"
- 학생에게 종이 한 장을 주고 말한다. "무엇이 문제인지 나에게 그려 주렴."
- 학생에게 혹시 휴식이나 물 한잔이 필요한지 조용히 묻는다.
- 학생에게 학급역할(예: 안내문 나누어 주기)을 도와 달라고 부탁한다.
- 학생에게 책임을 부여한다. "이 책을 영어선생님께 좀 전해 드리고 와 주겠니?"
- 활동을 전체적으로 변경하고 학생에게 다음 활동을 준비할 수 있게 선생님을 도와 달라고 한다.
- 학생의 행동을 해석하고 말한다. "다 했니?" 혹은 "무슨 문제가 있나 보구나. 선생님이 이해할 수 있게 도와줄래?"

이러한 반응 중 어떤 것이라도 교사가 했다면 그 학생이 남은 하루를 학생과 교사에게 중대한 개인적 비용을 치르게 하며, 학업손실을 가져오는 교내정학으로 마감하게 되었을지 의문이다.

보상과 처벌에 대해 신중한 연구자인 Alfie Kohn은 보상과 처벌은 단기적으로 효과적이라고 제안한다. 하지만 모든 교사는 스스로에게 이렇게 물어볼 필요가 있다. '무엇에 효과적인가?' 그리고 '무엇을 희생하고 얻은 결과인가?' 만약 교사가 학생들이 인생에서 무엇을 배우게 되길 원하는가에 대한 큰 그림을 생각한다면 학생들이 독립적이고, 책임감이 있으며, 사회성이 있고, 사람들을 배려하기를 원한다고 생각할 것이다. 보상과 처벌은 단지 일시적인 순종을 가져온다. 복종을 얻는 것이다(Kohn, 2006). 이런 것들은 내재적 책임감을 발전시키는 데 있어 어느 누구에게도 도움이 되지 않는다. 여러분의 인생에서 즐겁지 않은 과제를 생각해 본다. 예를 들어, 쓰레기 버리기를 싫어한다고 가정해 보자. 그리고 그 순간을 생각해 본다. 만약 여러분이 쓰레기를 버리려고 할 때마다 누군가 이렇게 말한다면 어떨까? "쓰레기 버리기를 정말 잘하는구나." 그것이 자신을 좀 더 동기화해 주는가? 그건 회의적이다. 때때로 사람들이 보상이라고 생각하는 것들이 실제로는 그렇지 않다. 껌, 사탕, 칭찬스티커와 같은 보상을 제공하는 것에 대해 다시 생각해 보는 것 또한 중요하다. 이것은 학생이 하는 일이 달갑지 않은 일이고 그래서 보상이 필요하다는 개념을 강화한다.

모든 행동은 의사소통이다

모든 행동은 무언가를 의사소통하고 있다는 점을 이해하는 것이 중요하다. 만일 학생이 문제행동을 하고 있다면 스스로 이렇게 질문해 본다. "이 학생은 무엇에 대해 의사소통하고 있는 것일까?" 일단 학생이 필요로 하는 것에 대해 최선을 다해 추측했다면 학생의 해당 요구를 충족하려고 시도해 본다. 이 과정을 훌륭하게 해낸 교사가 있다. 헤이든이라는 학생은 자신의 급우인 사라를 뒤에서 끊임없이 두드리는 행동을 했는데, 그 행동은 사라를 괴롭히는 것처럼 보였다. 선생님은 헤이든이 밉살스러운 행동을 하려고 한다거나 주의를 끌고자 한다고 추측하는 대신 헤이든의 행동을 친구와 상호작용하려는 시도라고 해석했다. 선생님은 헤이든에게 "가까이 와

서 사라와 이야기하고 싶니? 그렇다면 대화를 시작하기 위한 한 가지 방법은 '안녕'
이라고 말하는 거야."라고 속삭였다. 헤이든은 사라에게 좀 더 다가와서 '안녕'이라
고 말했고 거기서부터 대화가 시작되었다.

　학생이 무엇을 의사소통하고 있는지를 해석하는 몇 가지 유용한 방법은 다음과
같다.

- 학생에게 물어본다. "나는 네가 ○○을 하는 걸 보고 있단다. 내가 알았으면 하
  는 것은 뭐니?" 혹은 "네가 머리를 흔들 때 무슨 의미가 있는 것이 분명해. 그건
  무슨 의미니?"
- 관찰하고 배운다. 학생이 어떤 행동을 하기 전과 후를 모두 기록한다. 교육팀
  과 만나 이 학생이 이런 방식으로 행동해서 얻고자 하는 것이 무엇인지를 판단
  하려고 노력한다.
- 긍정적인 동기를 원인으로 생각한다. 가장 중요한 것 중 하나는 특정 학생에
  대해 자신이 믿고 있는 것이 무엇인지에 대해 생각해 보는 것이다. 해당 사실
  에 일치하는 가장 훌륭하고 가능한 동기를 원인으로 생각한다(Kohn, 2006). 학
  생이 사악한 의도를 가지고 있지 않다고 추정하고 그 학생은 아마 자신의 요구
  를 충족하려고 노력하거나 무언가를 의사소통하려고 시도하고 있다고 생각해
  본다.

　모든 상황은 두 개의 서로 다른 렌즈를 통해 투과될 수 있다. 사실과 일치하는 최
선의 가능한 동기를 추정할 때는 가능한 한 긍정적이고 좀 더 밝게 사실을 보려고
한다. 이처럼 긍정적으로 생각하는 것은 행동에 대해 좀 더 인본주의적으로 접근하
기 위한 문을 연다. 반면, 행동을 못된 혹은 사악한 것으로 해석할 때는 이와 유사한
방식으로 반응하기가 너무나 쉽다.

　통제불능이 되어 본 적 있는가? 그럴 때 무엇이 필요했나? 들어 줄 누군가가, 이
야기할 누군가가, 충고를 하지 않을 누군가가, 낮잠이나 빈둥거리는 시간이 필요했

나? 학생이 화가 나 흥분한 상태에 있을 때는 침착하면서 보호를 가장 잘해 주는 사람이 필요한 경우가 많다. 안전하고 차분하며 침착한 그리고 온화하고 침착하게 지원을 제공하는 성인이 필요하다.

학생이 그런 흥분 상태에 있을 때 (혹은 더 심각한 경우) 필요로 하지 않는 것은 무시되는 것, 학생을 향해 소리 지르는 것, 적대적으로 다루어지거나, 비꼬거나 공개적으로 망신을 주는 것 혹은 강제로 그 상황에서 격리되는 것이다.

행동관리(특히 자폐성장애가 있는 학생) 전문가인 Paula Kluth는 다음과 같은 조언을 한다.

> 학생이 발로 차고, 깨물고, 머리를 흔들고, 소리 지를 때, 가장 비참하고, 혼란스럽고, 두려우며, 불편함을 느끼는 것은 바로 그 학생일 가능성이 가장 높다. 그 순간에 가장 효과적이고 가장 인간적인 반응은 지원을 제공하고 위로하는 태도로 그가 편안함과 안정감을 느끼도록 돕는 것이다. 가르치는 것은 그다음일 수 있다. 위기상황에서 교사는 들어 주고, 지지하며, 옆에 있어 주어야 하는 것이다(2005, p. 2).

다른 학생들은 어떻게 행동하는가

학생이 학급에서 성인의 지원을 받을 때에는 불가피하게 추가적인 관찰을 받게 된다. 이것은 장애학생에 대한 행동기대가 다른 학생보다 더 엄격해지는 결과를 주로 가져오게 된다. 한번은 교사가 어떤 학생에게 수업 중 일어서 있으라고 말하는 것을 들었는데, 그때 교실에 있는 다른 두 명의 학생은 자고 있었으며, 또 다른 학생은 바닥을 기어 다니고 있었다. 다른 학생들에게서 기대하는 행동에 대해 관찰하고, 지원받는 학생이 이보다 더 높은 행동기준으로 수행하도록 기대하지 않아야 한다.

내게 개인적인 감정이 있는 것은 아니다

특수교사로서 Julie는 문제행동에 대해 제법 많은 노력을 했다. 가장 어려운 일은 어떤 일이든 개인적으로 받아들이지 않는 것이었다. Julie에게는 그녀를 화나게 하는 것이 어떤 것인지 특히 잘 알고 그 행동을 하는 학생이 있었다(적어도 그녀는 그렇게 생각했다). 그녀가 들은 최고의 조언은 공격행동에 '개인적인 감정은 없다.'라는 것을 기억하라는 것이었다. Julie가 지원하는 학생들은 불가피하게 문제행동이 있었다. 그녀가 학생들과 함께 있든 그렇지 않든 간에 학생들은 모두 자신의 행동을 어떻게 관리하는지 배우고 있었다. Julie는 때때로 스스로에게 이렇게 말하고는 했다. "개인적인 감정은 없어. 심지어 이 학생들이 나에게 욕을 할 때에도 지금 그건 나에 대한 것이 아니야."

어떤 학생들의 문제행동은 그들이 갖고 있는 장애의 기능이다. 걷기나 읽기에 어려움을 지닌 학생에게 화가 나지 않듯이—왜냐하면 그건 단지 그 학생이 가진 장애의 기능이라고 추측하므로—행동에 어려움을 겪고 있는 학생들에게도 화가 나지 않도록 해야 한다. 이런 상황 속에서 최선이자 가장 인도적인 방법의 대처는 도움을 주고 지원하는 것이다.

부모의 마음으로 생각해 보기

모든 학생은 누군가의 자녀라는 것을 기억한다. 학생의 문제행동을 직면했을 때 자신이 그 학생을 매우 사랑하는 누군가라고 상상해 본다. 만약 자신이 영유아기 때부터 그 아동이 자라고 배우는 것을 보아 온 사람이라면 어떠했을지, 그런 관점으로는 어떻게 반응했을지 상상하려고 노력해 본다. 만약 나의 아들이나 딸, 조카였다면 나는 어떻게 반응했을까? 사랑과 수용의 위치에서 반응할 때 처벌과 통제보다는 친절하고 인간애가 있는 대처를 하게 될 가능성이 훨씬 많다.

학생이 나아가도록 돕기

만약 학생이 심각하게 폭발적인 행동을 했다면 그 학생 역시 당황하고, 지치거나 혹은 여전히 부정적인 감정에 사로잡혀 있을 것이다. 학생이 이러한 경험을 마무리하고 나아가도록 돕는 것이 중요하다. 이러한 폭발 후에는 학생에게 그 위기가 끝났음을 알려 주고 학생의 감정을 확인하며 앞으로 나아가도록 도와주어야 한다. 〈표 7-4〉에 제시된 목록은 학생이 정서적인 위기를 넘어서 나아가도록 이야기할 수 있는 방법에 대한 지침을 제공한다. 가장 중요한 것은 침착함을 유지하면서 애정이 담긴 목소리 톤으로 학생과 의사소통하는 것이다.

학생이 입힌 손상이 있다면 이를 회복하도록 돕는다. 성인이 실수를 하거나 흥분하였을 때 가장 먼저 자신이 입힌 손해를 복구하지 않으면 안 된다. 언젠가 Julie는 발표 중에 청중 가운데 누군가를 하나의 사례처럼 활용하려다 실수를 했다. 그때 Julie는 그 사람을 당황시키려는 생각이 없었으나 결과적으로 그렇게 되었다는 것을 배웠다. 괴로웠지만 그 문제를 복구해야만 했다. 그래서 그녀는 사과의 글을 썼다. 사과의 글을 쓰는 것이 행동 폭발 이후 손상을 복구해야 하는 학생에게 최선의 방법은 아닐 수 있지만 핵심은 상황 수습을 도울 수 있는 것이 무엇인지 그 학생이 발견하도록 돕고 이를 고치기 위해 학생이 참여하게 도와야 한다는 것이다.

해결책이란 문제와 연결되어 있다. 예를 들어, 학생이 심한 짜증을 내는 동안 책장에 있는 책을 떨어뜨렸다면 최선의 해결책은 그 학생이 떨어뜨린 책을 줍도록 하는 것이다. 만일 학생이 자신의 작품을 찢었다면 해결책은 그 학생으로 하여금 망가뜨린 것을 테이프로 붙이게 하거나 새로운 작품을 다시 만들도록 하는 것이다. 만일 학생이 또래에게 고함을 쳤다면 해결책은 사과의 글을 쓰거나 그림을 그리거나 혹은 그저 "미안해."라고 말하는 것일 수 있다. 일어난 문제에 비해 더 많은 회복을 원하는 것이 아니다. 중요한 목표는 학생들이 적절한 때에 다시 학업으로 돌아갈 수 있도록 하는 데 있어야 한다.

표 7-4 행동문제가 발생한 이후 학생과 의사소통하기

의사소통 단계	학생에게 반응하기
위기가 종료되었을 때	"이제 끝난 것 같구나." "그 문제는 끝났구나." 학생이 문제에 대해 그려 보게 하고 그 상황이 끝났다는 것을 나타내도록 줄을 그어 지우게 하기
학생의 기분을 확인할 때	"그런 기분이 들어도 괜찮아. 네가 힘들었다는 것을 이해한단다." "자, 이제 끝났단다." "정말 답답하고, 화나고, 당황했구나." 학생을 그리고, 학생의 머리 위로 생각풍선을 그려 준다. 학생에게 어떤 생 각이었는지, 기분은 어땠는지 교사가 알 수 있게 도와 달라고 부탁한다.
이제는 마무리하고 앞으로 나아가야 할 때	"지금 필요한 게 뭐니?" "네가 다시 돌아와서 활동할 수 있게 내가 어떻게 도와주면 될까?" "돌아갈 수 있게 준비할 시간이 필요하니?" "지금 바로 돌아가서 공부하고 싶니?" "지금 당장 필요한 것을 나에게 그려 주렴."

행동지원에 대해 자주 묻는 질문

Q 학생에게 벌을 주지 않는다고 해서 그 행동을 하지 않게 될까요?

A 우리는 벌(punishment)이 주는 효과에 대해 믿지 않습니다. 사실 많은 연구가 타임아웃과 벌을 사용해 왔습니다. 벌은 단기적으로 효과적이지만 장기적으로 학생에게 부정적인 영향을 준다는 것을 이 연구는 제언합니다(Kohn, 2006).

Q 제 학생 하나는 또래들에게는 공격적이지 않은데 성인에게만 공격적이에요. 이건 무엇을 의미하는 걸까요?

A 이런 유형의 공격성은 대개 제공되는 지원의 유형이나 강도에 문제가 있음을 의미합니다. 학생들은 자신에게 제공되는 지원 때문에 오히려 소외감이나 불편함

을 느끼게 하는 치료사, 보조인력 혹은 교사를 대개 공격합니다. 예를 들어, 특수교육 보조원에 대해 공격성을 보이는 12세 소녀가 있었습니다. 보조원은 그 소녀 바로 옆에 앉아 집중적인 지원을 제공하고 있었습니다. 또한 그 보조원은 '스파이더링(spidering)'이라 불리는 기법(학생의 뒷머리를 손으로 기어오르듯 쓰다듬는 것)을 사용하고 있었습니다. 그런 지원의 유형과 수준은 그 학생을 당황하고 불편하게 하는 것처럼 보였습니다. 그리고 보조원이 학생에게서 멀리 떨어졌을 때 공격은 멈추었습니다.

Q 우리는 주로 보조인력이 바로 옆에 앉는 방식으로 네이션이라는 학생을 지원해요. 이것이 그 학생을 지원하는 최선의 방법인지 궁금해요.

A 학생 바로 옆에서 제공하는 밀착지원(side-by-side support)은 학생을 학업적으로 거의 지원하지 못하며, 오히려 문제행동을 가져오게 할 수 있습니다. 활동을 수정하고, 필기도구를 바꾸고, 접착 메모지에 글로 써서 촉진을 제공합니다. 이때 반드시 교육팀이 적절하다고 여기는 지원의 유형과 수준을 제공해야 합니다. 그러나 만약 이러한 것들이 그 학생에게 도움이 되지 않는다고 생각한다면 제공한 지원을 언제 서서히 사라지게 할 것인지를 교육팀과 함께 다음과 같이 논의합니다. 이 학생을 위한 지원을 어떻게 점차 줄여 가야 하는가? 학생의 성공을 위해 다른 어떤 지원 유형이 적절할 수 있을까?

Q 만약 학생이 다른 학생들을 방해한다면 교실을 나가도록 해야 할까요?

A 교실을 떠나도록 하는 것은 가장 마지막 수단이어야만 합니다. 머물러 있으면서 할 수 있는 여러 지원을 시도합니다. 이 장에서 언급되었던 그 모든 이유를 위해 학생이 그 환경에 머물도록 돕습니다. 만약 학생이 소음을 낼 때마다 나가라는 이야기를 듣는다면 그 학생은 학급 구성원의 자격이란 조용히 있는 것 혹은 착하게 있는 것의 결과라고 배우게 됩니다. 물론 다른 학생들을 생각해서 그런 것이지만 통합교육이 잘 실행되는 경우 학생들은 어떤 특정 학생이 소리를 낼 수도 있고 그 학

생도 다른 학생들이 여러 기술을 공부하는 것처럼 어떤 기술을 배우고 있다는 것을 모두 이해합니다. 대부분의 학생은 기회와 정보가 주어졌을 때 놀라운 인내심을 보입니다.

결론

교육팀이 행동에 대해 계획하고, 지원하며, 반응하는 것은 학생의 성공에 매우 중요하다. 모든 행동은 무엇인가에 대해 의사소통하고 있다는 것 그리고 모든 사람은 사랑과 인내가 필요하다는 것을 기억하는 것은 문제행동이 있는 학생을 교육하는 데 있어 여러분의 성공을 도울 것이다. 우리는 문제행동이 있는 학생을 교육하는 것이 쉽지 않다는 것을 알고 있으며, 그러므로 이 책의 마지막 장인 10장은 여러분 자신을 돌보는 것에 초점을 두어 여러분이 모든 학생을 위한 최선의 교육을 제공하기 위한 에너지와 역량을 가질 수 있게 한다. 다음 8장에서는 존엄과 존중이라는 개념이 사회적 관계를 촉진하는 데 얼마나 도움이 될 수 있는지를 논의한다.

사회적 지원: 물러서 있기

우정의 신비

* * * * *

세스는 급식실에 혼자 앉아 있다. 5분 뒤 몇 명의 학생이 같은 테이블에 와서 앉았다. 이 학생들과 세스 사이의 거리는 서로 함께 앉은 것이 아니라는 것을 분명히 했다. 신중히 음식을 씹고, 냅킨을 사용하던 세스는 점심을 다 먹자 천천히 자신의 소지품을 챙겼다. 그리고 건너편의 학생들을 쳐다보았다. 그들은 자기 축구팀 이야기를 하고 있었다. 점심을 먹는 동안 아무도 세스에게 말을 걸지 않았고 세스도 점심시간 동안 누구와도 말하지 않았다. 그는 고개를 숙이더니 점심시간 종료를 알리는 종이 칠 때까지 자기 스웨터의 실밥을 유심히 보았다. 세스는 일어나서 자신을 다음 수업에 데려다줄 활동보조인 주디에게 걸어갔다.

* * * * *

모든 학교와 학급에는 세스와 같은 학생들이 있다. 주로 학생에게 장애가 있거나 지원을 받고 있을 때 학생들의 사회적 고립은 심화될 수 있다. 어떤 장애학생들은 풍요로운 사회생활을 하며 우정과 사회적 관계를 맺고 있다는 것도 부정할 수 없다. 특수교육 서비스와 지원이 학생을 낙인찍고 분리하게 될 수도 있고, 사회적 상호작용과 우정을 촉진하게 될 수도 있다. 이 장은 세스와 같은 학생의 사회생활을 증진하도록 돕고 교육적으로 자연스러운 사회적 경험을 하게 하는 아이디어와 제안을 제공하고자 한다. 특히 이 장은 우정의 중요성, 섬세하고 자연스러운 지원을 제공하는 방법, 구조화 혹은 비구조화된 시간에 지원하는 방법에 초점을 둔다. 또한 사회적 상호작용의 규칙에 대한 교수와 사회적 지원에 대해 자주 묻는 질문을 논의한다.

우정의 중요성

우리 자신의 삶을 생각해 보자. 우정은 얼마만큼 중요한가? 친구는 우리 삶에 무엇을 더해 주는가? 친구란 우리의 삶의 질을 위해 매우 중요하다. 친구는 즐거움과 지원을 제공해 주고, 함께 재미있는 시간을 보내며, 우리 삶의 기쁨과 성공을 공유한다. 자신의 학창 시절 경험을 생각할 때 친구들을 만나기 위해 그때로 다시 돌아가고 싶은가? 우정과 관계는 모든 학생의 삶에 있어 중요한 부분이다.

> 우리 인간은 함께 있기를 원한다. 우리는 다른 사람들로 인해 상처받을 때 관계를 끊지만 혼자가 우리의 자연스러운 상태인 것은 아니다.
>
> – Wheatly (2002, p. 19)

> 매년 저는 자폐성장애가 있는 아들에게 친구가 있으면 좋겠다고 교육팀에 말합니다. 저는 교육팀이 아들에게 그러한 기술을 가르쳐 주고 필요한 경우에만 촉진과 지원을 했으면 합니다. 누군가가 제 아들의 주위를 맴돌며 또래와의 상호작용을 방해하지 않았으면 합니다. 그 애는 급식실과 운동장에서 필요한 상황이야기(social stories)[1]를 사용하면서 크게 발전하고 있어요. 내 아들에게는 친구가 있습니다……. '도우미'가 아니라요. 그것이 바로 아이가 원하는 것입니다. 학업적인 부분도 물론 중요하지만 시간이 지나면 늘게 될 것이고 가정과 학교에서도 가르치고 있으니까요. 하지만 사회적인 부분은 아들에게 가장 필요한 것이지요.
>
> – Carly (부모)

이 장은 교사가 학생의 사회적 상호작용을 방해하는 대신 또래와의 관계를 촉진

---

1) 역자 주: 학생의 사회적 기술을 교수하거나 자기조절 능력을 기르도록 돕는 데 활용되는 교수전략으로 개별 학생에 맞추어 특정 상황이나 활동 등에 대한 정보를 포함하는 구조화된 짧은 이야기이다.

하기 위해 어떻게 함께 노력할 수 있을지에 초점을 두고 있다.

하루 중 특정한 시간에 누군가 당신의 가장 큰 약점(예: 텅 빈 통장 잔고) 중 하나에 대해 함께 해결하려고 당신을 찾아온다면 기분이 어떨지 생각해 본다. 당신이 일하는 동안 그 사람이 바로 옆에 앉아 당신의 일정에 맞든 아니든 간에 공개적으로 관련 기술을 알려 준다면 어떻겠는가? 어떤 기분이겠는가? 선택권을 빼앗겼다고 느끼지는 않겠는가? 혹은 사생활이나 자유의 상실? 당신의 일상에 더해진 이 모습을 보고 당신의 친구와 동료는 무슨 생각을 하겠는가? 아마도 다들 당신을 피할 거라고 생각하는가? 아니면 사람들이 당신에게 모여들 거라 생각하는가? 한번 상상해 보자. 보조인력 혹은 특수교사의 존재는 당신이 가르치는 학생들에게 어떤 영향을 줄 것이라 생각하는가?

학급에 온 새로운 성인은 때로는 자석과 같다. 어떤 학생(특히 학년이 낮고 어릴수록)들은 그 성인과 상호작용하고 싶어 한다. 그러나 학생 바로 옆에서 제공하는 밀착지원(side-by-side support)의 의도치 않은 결과는 특히 또래 관계와 우정을 방해한다는 것이 광범위하게 기록되어 있다. Giangreco, Edelman, Luiselli와 MacFarland(1997)는 이러한 밀착지원(혹은 학생에 대한 교사의 물리적 근접성)이 여러 면에서 장애학생을 방해할 수 있다고 지적했다. 이러한 방식에는 일반교사의 주인의식과 책임감(예: 교사들이 학생을 자신이 아닌 '당신의' 학생이라고 보는 것)에 대한 간섭, 급우로부터의 분리, 성인에 대한 의존, 또래 상호작용에 대한 영향, 적합한 수업을 받는 것의 제한, 개인의 통제력 상실, 젠더 정체감의 상실, 다른 학생들의 수업 방해가 포함된다.

불행히도 통합된 특수교육 서비스에 참여한 많은 이가 통합학급에서도 특수학급처럼 분리된 학급에서 했던 것을 동일하게 해 왔다. 다시 말해, 일반교육 교과나 활동을 전혀 고려하지 않고 대신 특정한 기술을 가르치기 위해 학생을 교실 뒤편에 있는 책상으로 끌고 왔다. 이것은 통합학급지원(in-class support)을 의미하지 않는다. 하지만 이러한 일들은 흔히 볼 수 있다. 너무 밀접하게 일대일로 지원하는 것은 학생에게 당황스러운 일이 되거나 낙인이 될 수 있으며 이것은 학생이 있는 곳으로 들어가는 특수교육지원(push-in service)이 의도하는 바가 아니다. 한 명의 학생을 한 명의 특수교사 바로 옆에 배치하는 것(거의 붙어 있게 하는 것)은 일명 벨크로 현상(velcro phenomenon)으로 설명할 수 있다. 교사로서 학생에게 벨크로 테이프처럼 딱 붙어있는 것을 피하는 것이 중요하다. 딱 붙어 있기에는 손잡기, 학생 옆에서 걷기, 학생 옆에 앉기, 무릎에 학생 앉히기, 학급에서 일대일 중재를 위해 학생을 옆으로 데려오기가 포함될 수 있다. 이처럼 강도 높은 근접성을 대체할 수 있는 많은 방법이 있으며, 이 장에서 몇 가지를 제안하고 있다(이 장의 '자연스럽게 학생을 지원하는 다섯 가지 방법'과 '관계를 촉진하는 여섯 가지 방법' 참조).

벨크로 현상 연구

어느 연구에서는 초등학교 2학년 학생인 게리가 학급에서 활동하고 친구들과 노는 것을 관찰했다. 게리는 하루 종일 보조인력의 지원을 받았다. 4주 동안 게리는 또래와 겨우 32번의 상호작용에 참여했다. 이 중 29번은 보조인력이 없었던 날에 모두 일어났다. 보조인력이 그와 함께 있을 때 일어난 상호작용은 단지 세 번뿐이었고 세 번의 상호작용 중 두 번은 보조인력이 게리에게 다시 공부를 하라고 말함으로써 종료되었다. 보조인력의 부재는 게리의 능력 혹은 다른 학생들과 연결되려는 의지에 중대한 영향을 주었다(Malmgren & Causton-Theoharis, 2006). 이 연구는 보조인력에 관해 수행된 것이지만 중요한 것은 특정 직업이 아니라 사회적 상호작용을 방해하는 지원전략에 대한 것이었다.

관계를 대신하는 서비스: 삶의 질이란 진정 무엇인가

어느 인터뷰에서 학자이자 뇌성마비를 지닌 Norman Kunc은 분리되어 받은 개별치료(pull-out therapy service)가 자신의 인생에 끼친 영향에 대해 질문을 받았다.

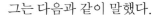

그는 다음과 같이 말했다.

아마도 어떤 치료사들은 "나는 (학생들의) 기능 향상을 도와 그들이 더 많은 일을 할 수 있도록 돕고 싶다."라고 말할 것입니다. 계몽적인 관점으로 보일 수는 있지만 저는 여전히 이러한 생각에 대해 심각히 우려합니다. 왜냐하면 전문가들은 기능수준과 삶의 질을 동일시하는 실수를 범하는데, 이것은 어떤 사람에게는 그렇지 않기 때문입니다. 그런데도 전문가들은 "당신이 더 잘 기능하도록 내가 도울 수 있다면 당신의 삶의 질은 향상될 것"이라고 말합니다(Giangreco, 1996b, 2004).

Kunc을 인터뷰한 Michael Giangreco가 "그런 사고방식에 대해 우려하는 바는 무엇입니까?"라고 묻자 Kunc은 다음과 같이 대답했다.

생각해 보면 비장애인의 삶의 질은 특정 방식으로 기능할 수 있는 자신의 능력과 일치하지 않는 경우가 많은데 장애인의 경우라고 왜 다르게 적용되겠습니까? 대부분의 사람은 기능수준보다는 개인적인 경험과 감정 그리고 인간관계나 즐거운 시간을 보내는 것, 다른 사람의 삶에 기여하는 것과 같은 일들이 삶의 질과 관계가 있다는 것에 동의할 거라 생각합니다. 인생에서 가장 중요한 순간을 생각해 보면 그건 자신의 기능수준과는 아마도 관련이 없을 겁니다. 그보다는 결혼을 하는 것, 첫아이의 출산, 우정 혹은 종교적인 피정을 가는 것과 같은 일들과 더 관련이 있으리라 확신하며 이런 일들 역시 자신의 기능수준과는 아마도 관련이 없을 겁니다. 역설적이게도 삶의 질을 증진할 것이라 추정하는 기능을 더 잘하게 하려는 시도라는 명목으로 장애인들에게서 관계, 지역사회에 기여할 기회, 심지어 즐거움 그 자체를 갖는 것조차 앗아 갑니다. 그래서 저는 정규학교에 가지 않았고 친구를 사귈 기회를 잃었습니다. 왜냐고요? 왜냐하면 전문가들이 내가 더 잘 기능하도록 교육받을 것이라고 가정한 특수학교에 나를 넣어 내 삶의 질을 향상시키려고 했기 때문입니다. 그래서 그들은 내게서 친구를 가질 기회를 빼앗았고 결과적으로 내 삶의 질을 실제로 방해한 것입니다(Giangreco, 1996b, 2004).

이 대담은 전문화된 서비스의 목적과 인간적 손실 간의 균형에 대한 질문을 불러일으켰다. 또한 교사들이 삶의 의미 있는 순간을 위한 많은 기회와 풍부한 사회적 기회를 만들도록 가르치기 위한 방법을 생각해 내게끔 한다. 그것은 적어도 교사들이 어떻게 서비스가 이행되는지에 대해 좀 더 신중히 생각하게 한다.

지원 숨기기: 섬세하고, 온화하며, 존중하는 지원

제발 수업 중에 말 걸지 마세요.

– Jesse (아스퍼거증후군이 있는 중학생)

이 지점에서 우리는 통합교육 서비스를 제공하는 것의 '기술(art)'로 다가간다. 믿을지 모르지만 훌륭한 통합지원에는 대단한 수완과 절묘함 그리고 우아함이 있는 게 사실이다. 이런 유형의 직무에는 미묘함(nuance), 신중한 행동 그리고 때로는 아무것도 하지 않는 것이 필요하다. 자폐증이 있는 대학생 제이미 버크는 자신의 사회적 상호작용에 대한 성인지원의 영향력에 대해 말하면서 자신이 받았던 지원은 눈치채기 어려울 정도로 섬세하게 제공되었어야 하며 사회생활에 대한 자신의 바람을 방해하지 않았어야 했다고 강조했다. 그는 "우리는 다른 친구들과 연결되고 싶어 하고 그럴 준비가 되어 있으며, 성인들은 조용히 눈에 띄지 않는 곳으로 들어가 모두를 볼 수 있는 곳에서 몸을 숨기는 호랑이처럼 자신들의 도움을 위장해야 한다."라고 말했다(Tashie, Shapiro-Barnard, & Rossertti, 2006, p. 185). 학생들에게 제공되는 서비스를 생각하면서 자신의 지원을 위장하기 위한 방법을 찾아본다. 보조인력과 함께 일할 때는 반드시 서로 논의하여 보조인력이 드러나지 않는 곳에 있으면서도 학생이 자연스럽게 사회화될 수 있고 또래와 활동할 수 있도록 하는 지원계획을 찾아낸다.

자연스럽게 학생을 지원하는 다섯 가지 방법

학생들은 자라면서 독립적으로 되어야 한다. 자연스러운 방식으로 지원을 제공하는 것은 지원인력에 대한 의존성을 줄이는 데 도움이 되는 하나의 방법이다. Causton-Theoharis와 Malmgren(2005)이 제안한 다음 방법들은 학생의 독립성과 또래와의 상호의존성을 최대화하고 성인에 대한 의존을 최소화하는 데 도움을 줄 수 있다.

1. 학생 바로 옆에서 성인이 지원하기 위해 옆에 앉거나 의자를 놓지 않는다.

수업시간 동안 여러분이 어디에 위치할 것인지는 매우 중요하다. 학생 바로 옆에 직접 앉을 이유는 거의 없다. 비록 어떤 학생이 행동 혹은 신체적 지원으로 인해 근접 지원이 필요한 경우라도 모든 시간을 학생 옆에 앉을 필요는 없을 것이다. 절대 학생의 바로 옆 공간에 성인이 계속해서 자리하도록 해서는 안 된다. 학생 바로 옆에 있는 빈 의자는 치운다. 모든 학생에게 일반적으로 하는 일(예: 유치원 환경처럼)이 아닌 한 어떤 학생이라도 무릎에 앉히거나 손을 잡고 있어서는 안 된다. 만약 특정 학교나 학급에서 여러분이 학생의 바로 옆에 앉을 것을 기대한다면 교육팀에 다음을 문의한다.

- 학생 바로 옆에 앉아 일대일 지원을 제공하는 것이 절대적으로 필요한 상황은 언제인가? (이러한 유형의 필수적 지원의 예는 의학적 지원을 제공할 때 혹은 학생을 들어 올리거나 옮겨야 할 때이다.)
- 하루 중 학생에게 지원을 덜 제공할 수 있는 때가 있는가? 있다면 언제인가?
- 언제 그리고 어떻게 우리가 이 학생의 독립성을 증진하도록 도울 수 있는가?
- 이 학생에게서 떨어져야 할 때는 언제인가?
- 또래가 이 학생에게 핵심 지원을 제공할 수 있는가?

2. 학생을 내보내지 않는다.

우정과 관계는 오랜 시간에 걸친 일상적인 경험에 의해 생긴다. 어떤 학생이 특수교육이나 치료 서비스를 받기 위해 통합학급에서 내보내질 때마다 학생은 다른 학생들과 함께 상호작용하고, 사귀며, 학습할 잠재적 시간을 잃게 된다. 만일 학생이 감각활동시간(sensory break)[2]을 위해 학급을 떠나야 한다면 감각교구를 학급에 투입하는 것을 고려한다. 만일 학생이 문제행동 때문에 학급을 떠나야 한다면 그 학생이 학급에 머물게 도울 수 있는 전략을 시도해 본다(문제행동이 있는 학생에 대한 전략은 7장 참조).

3. 또래지원을 증진한다.

만약 학생이 도움을 요청한다면 또래가 대신해도 되는지 물어본다. 이 기준은 모든 학생에게 동일하게 한다. 유용한 방법 하나는 '선생님에게 오기 전에 세 명에게 물어보기' 규칙을 모든 학생이 따르도록 하는 것이다. 학생들이 함께 활동하게 한다. 놀이 짝, 이동 짝(교실을 이동할 때 함께 걷는 짝), 선택시간 짝, 급식 짝, 수학 짝 등을 만든다. 교사가 의도적으로 사회적 경험을 하도록 계획한 그 학생이 짝을 선택할 수 있게 한다. 학생이 또래의 지원을 구하는 기술을 갖는 것은 일생 동안 유효하고 중요한 기술을 촉진하는 것이다.

4. 독립성과 상호의존성을 증진한다.

학생이 여러분과 함께 있을 때 성인의 지원 없이 과제를 할 수 있다면 다음에는 감독 없이 과제를 마치게 한다. 예를 들어, 어느 교육팀은 스티븐의 하교 일과에 어려움을 겪고 있었다. 이들은 10점 척도로 된 체크리스트를 만들었다. 처음에는 학급에 있는 모든 학생이 그 체크리스트를 사용했다. 스티븐에게는 사물함 안에 작은

---

2) 역자 주: 감각이 너무 과민하거나 혹은 저민감한 경우 학생이 적절한 각성상태를 유지하고 과제에 몰입하도록 몸이 필요로 하는 자극을 투입해 주는 활동이다.

자석이 붙은 체크리스트가 주어졌다. 마지막으로 스티븐은 체크리스트를 기억하고 가끔씩 또래에게 자신의 외투 지퍼를 잠그는 것을 도와 달라고 요청했다. 학생이 좀 더 독립적이고 성인 지원에 덜 의존하기 위한 다음 단계는 무엇인지 끊임없이 스스로에게 질문한다. 학생에게 여전히 도움이 필요하다면 상호의존성을 갖는 것(혹은 다른 학생들과 함께 과제를 성공적으로 마치는 것)을 목표로 생각해 본다.

5. 단서를 서서히 줄여 나간다.

학생을 위한 상호작용을 증진하는 가장 간단하고 효과적인 방법은 도움을 서서히 줄이는 것이다. 점진적으로 지원 제거하기(fading assistance)란 체계적인 방식으로 학생에게 주어진 지원의 유형과 수준을 실질적으로 감소시키는 것을 의미한다. 지원 줄이기는 독립성, 상호의존성, 또래와의 상호작용을 촉진한다. 〈표 8-1〉에 있는 단서활용 구조 목록을 참조한다. 이 구조의 목적은 가능한 언제라도 학생을 위해 가장 두드러진 지원(맨 위 목록)에서 가장 덜 두드러진 지원(맨 아래 목록)이 되게 하는 것이다(Doyle, 2008).

자연스러운 혹은 눈에 띄지 않는 지원을 제공하는 것은 학생들이 다른 이들과 같다고 느끼는 데 도움을 주는 중요한 첫 단계이다. 학생들이 서로 연결되도록 돕는 다음 단계는 학생과 또래를 연결하는 다리가 되어 줌으로써 관계를 촉진하고 학생이 긍정적인 사회적 상호작용을 하도록 돕는 것이다.

표 8-1 지원 유형

지원 유형 (가장 개입적인 순으로)	개념	예시
완전히 물리적인	학생 지원에 사용된 직접적이고 물리적인 보조	학생이 이름을 쓰는 동안 학생의 손을 잡고 도움
부분적으로 물리적인	활동에 필요한 전체 움직임 중 일부에 제공된 물리적 도움	지퍼를 끼우고 올리기 시작해 주면 학생이 나머지 부분을 마저 올림

모델링	학생이 할 일을 시범 보이기	성인이 미술 활동을 하면 학생이 그것을 모델로 해 미술 활동을 함
직접 구어	학생에게 직접적으로 제공되는 구어 정보	"조시, 지금 일어나야지."
간접 구어	학생이 참여하거나 해야 할 일을 생각하도록 촉진하는 언어적 단서 제공	"조시, 다음은 어떻게 해야 하지?"
몸짓의	의사소통하거나 단서를 강조하기 위한 신체적 움직임(예: 머리 끄덕이기, 엄지 올리기, 가리키기)	성인이 칠판에 쓰여 있는 주제를 가리키기
자연스러운	어떤 단서도 제공하지 않음. 학생이 해야 할 일을 알도록 돕기 위해 환경에 존재하는 일상적인 단서를 사용	수업시간 종치기, 교사는 학생들에게 활동영역으로 이동하라고 요청함. 칠판에 있는 '74쪽 펴기'를 읽기

출처: Doyle (2008).

장애학생과 또래를 이어 주는 다리로서 교사의 역할

교사는 학생들을 연결하는 다리가 될 수 있으며, 그 안에 섞여 좀 더 자연스러운 지원을 제공하고 학생들 간의 관계를 촉진할 수 있다. 다음은 학생들이 서로를 이해하고 지속적인 우정을 형성하도록 돕는 여섯 가지 방법이다.

관계를 촉진하는 여섯 가지 방법

다음은 Causton-Theoharis와 Malmgren(2005)의 내용을 수정한 것이다.

1. 학생들 간의 유사성을 강조한다.
일반학급에서 학생들은 끊임없이 이야기하며, 교육과정과 관련 없는 일에 대한 이야기를 공유한다. 학생들 간에 일어나는 대화를 의식하고 유사성을 찾아낸다. 예를 들어, 학생들이 야구 경기에 대해 이야기하고 있다면 "아, 조시의 언니도 야구를 하지."라고 말할 수 있다. 또는 학생들이 도서관에서 책을 가져왔을 때 아이들이 가져온 책들의 유사성에 대해 언급해 줄 수 있다. "너희 둘 다 컴퓨터에 대한 책을 골랐구나. 둘이 함께 앉아서 서로의 책을 비교해 보렴."

2. 학생들이 어울리기 위해 서로를 초대하도록 돕는다.

어떤 학생들은 정말 친구를 사귀고 싶어 하지만 다른 학생들에게 어떻게 접근해야 하는지 모른다. 학교 일과 중에 일어나는 모든 잠재적인 사회적 상황에 대해 교사가 사전에 대처하는 것은 도움이 될 수 있다. 사회적 가능성에 대해 미리 생각하고 학생들에게 다음과 같이 질문한다. "오늘 쉬는 시간에 누구와 놀고 싶니?" "그 애에게 어떻게 물어볼 수 있을까?" "자습시간에 누구 옆에 앉고 싶니?" 만약 발화를 하지 않는 학생이라면 학급에 있는 학생들의 사진 목록을 제공하고 이를 학생의 의사소통 기기에 입력해 친구들에게 물어볼 수 있도록 도와준다. "나랑 같이 놀래?" 혹은 "내 짝이 되어 줄래?"와 같은 말이 쓰여 있는 색인카드 역시 이런 상황에서 매우 유용할 수 있다.

3. 자연스러운 사회적 상황에서 행동지원을 한다.

학생이 어떤 일을 잘해서 칭찬을 받을 때 보상은 좀 더 사회적인 것으로 한다. 이런 방식은 그 보상에 포함되는 모두에게 좀 더 재미있을 수 있고 학생들이 사회적 상호작용을 배우고 연습하게 해 주는 이점이 있다. 이런 유형의 쌍방향 행동지원의 예는 다음과 같다.

- 친구와 함께 농구공 던지기
- 친구와 함께 점심 먹기
- 자습시간 동안 친구와 비즈공예로 목걸이 만들기

- 친구와 컴퓨터 게임하기
- 친구와 함께 도서관에 가서 책 읽기
- 수업시간 전에 친구와 함께 미술 활동하기

4. 학생들이 서로 상호작용하고 협력하게 하는 책임을 부여한다.

학생들은 일반적으로 학급과 학교에서 책임을 부여받는다. 이런 역할을 마치는 것은 학생들이 학급 공동체에 기여하고 소속감을 형성하도록 돕는다. 교사는 이러한 과업을 위해 짝을 만들어 주는 핵심 참여자이다. 예를 들어, 학급역할을 변경해 모든 역할을 짝과 함께 하게 한다. 학급역할이 생겼을 때 이 일을 함께 하도록 다음과 같이 학생들에게 요청한다. "수와 조앤, 너희 둘이 함께 이 종이를 나누어 줄 수 있니?"

5. 다른 학생들의 이해를 돕는다.

또래들이 서로에 대한 필수적인 정보를 이해한다면 학생들끼리 상호작용을 할 가능성이 훨씬 많다. 학생들의 질문에 솔직히 답변한다. Chelsea는 어린 학생에게 질문을 받았는데, FM 수신기[3]를 착용하고 있는 다른 학생에 대해 묻는 것이었다. "왜 그 애는 귀에 뭘 끼고 있어요?" 그녀는 그것이 개인적인 일이며 학생에게 하던 활동으로 돌아가라고 말했다. 그 학생은 돌아갔지만 중요한 질문의 답은 여전히 듣지 못한 채였다. 그 어린 학생의 생각에 이 주제는 말해서는 안 되는 것이 되었다. 의도하지 않은 이런 결과처럼 FM 수신기를 사용하는 그 학생은 마치 터부시되는 존재 같았다. 교사는 학생의 비밀정보를 또래들에게 공유하지 않는다. 하지만 그 학생 혹은 학생이 받고 있는 지원의 유형에 대한 기본적인 정보를 제공하는 것이 그 학생에게 도움이 되는 경우가 있다. 어떤 정보를 공유해도 되는지 확실하지 않다면

---

3) 역자 주: 청각장애 보조기구 중 하나로, 소음이 있는 환경에서 음원 근처에 마이크를 두고 청각장애가 있는 학생이 FM 수신기를 이용해 듣는 방식이다.

해당 학생, 특수교육 전문가, 자신이 함께 일하고 있는 교육팀 교사들에게 문의한다. 이런 주제를 설명하는 좀 더 적극적인 방법으로 어떤 교육팀은 수업시간에 모든 사람을 특별하게 만드는 것이라는 주제로 함께 이야기하기로 했다. 예를 들어, 한 중학교 교실에서는 학생들이 자신을 특별하게 만드는 것에 대한 목록을 작성했다. 그런 다음 학급 게시판에 이 정보를 붙였다. 어떤 학생은 "나는 할머니와 함께 살고 있다."라거나 "나는 2개 국어를 한다."라고 썼다. 그 반의 한 학생은 "나는 수화를 알고 있다."라고 썼다. 이런 유형의 대화는 구체적인 행동을 설명하거나 어떤 학생이 받고 있는 조절에 대해 설명할 때 사용될 수 있다. 또한 특정 학생을 언제 어떻게 도와줄 수 있는지에 대한 정보(예: 아기 목소리로 말하지 않는다. 도움이 필요한지 물어본다.)를 공유할 수도 있다. 이런 토론을 시작하기 전에 해당 학생이 이 계획을 괜찮아하는지 확인하고 그 학생이 공유하기를 원하는 정보가 무엇인지 결정하는 데 관련자들이 모두 참여하게 한다.

6. 빠지기!

학생들 간의 대화가 시작됐을 때 그 학생과 거리를 두면 자연스러운 대화가 일어날 수 있고 마침내 관계가 발전할 수 있다. 자신이 어디에 있어야 할지를 생각하고 가능한 한 학생을 방해하지 않도록 한다. 만약 자신이 학생과 너무 가깝게 있다면 모든 사람이 그 존재를 알게 되고 다른 학생들과 자신이 지원하는 학생 간에 보이지 않는 장벽이 만들어진다. 그 대신 지원을 점차 줄이고 다른 곳으로 이동해 자신의 관심을 다른 것에 둔다.

비구조화된 시간 지원

사회적 상호작용은 학교 일과 중에 항상 일어난다. 비구조화된 시간은 지원을 제공하는 데 가장 중요한 시간의 하나이며, 학생들이 서로 연결되도록 도울 수 있다.

다음은 핵심적인 시간의 예와 유용한 제안들이다.

등하교

학생들은 등하교를 위한 이동에 많은 시간을 쓴다. 이때가 사회적 상호작용을 촉진하기에 완벽한 시간이다. 등하교 시간에 그 학생과 함께 학교까지 걸어가거나 버스를 같이 타는 짝 혹은 이웃의 누군가를 가족들이 찾을 수 있게 돕는다.

복도

수업과 수업 사이를 이동하는 복도에서 같이 가는 짝을 둔다. Chelsea는 '날 따라 해 봐요 이렇게' 게임을 하고 있는 수업을 관찰했다. 5분의 이동시간 동안 학생들은 복도를 걸어가면서 짝과 함께 서로를 따라 하는 활동을 했다. 예를 들어, 교사가 한 손 들기, 혀 내밀기, 한 발로 뛰기를 하게 했고, 아이들이 도착했을 때 모두 한 발로 균형을 잡고 있었다. 이러한 기술은 대부분 '날 따라 해 봐요 이렇게' 게임을 하는 동안 해 본 기술이었고 두 학생의 개별화교육계획 목표와 직접 관련된 기술이었다. 이런 창의적 방식은 치료 기술을 통합한 것일 뿐 아니라 모든 학생이 좋아하고 이동 시간에 하고 싶어 하는 것이었다. 또 다른 교육팀은 중학생 사만사의 휠체어를 밀어 주는 학생과 그 옆에서 함께 걸어가는 학생을 두었다. 이 방법은 사만사가 성인에게서 떨어져 또래들과 대화할 기회를 갖게 했다. 만약 학생이 구어로 의사소통하지 않는 경우에는 그 학생이 사용하는 의사소통 기기에 "잘 지내?"와 같이 잡담을 할 수 있는 어구를 계획해 넣어 둔다. 그러면 학생이 복도를 이동하는 동안 의사소통을 시작할 수 있게 된다.

점심시간

점심시간은 중요한 친목 시간으로 적극적으로 미리 계획되어야 한다. 점심시간에 하는 직접 서비스가 자연스러운 상호작용에 어떤 영향을 주는지에 대해 신중해야 한다. 학생이 점심시간에 앉는 자리는 매우 중요하다. 장애학생들이 한 테이블에 모두 함께 앉지 않도록 한다. 대신 학생들이 좀 더 편안함을 느끼는 점심 장소를 선택하게 하고 동시에 또래와의 상호작용 가능성을 높인다.

어느 학교에서는 학생들의 흥미(예: 체스, 패션, 축구)를 쓴 이름표가 놓인 취미 식탁을 만들었다. 학생들은 자신이 관심 있는 식탁에 앉아 선호하는 주제에 대해 자유롭게 이야기를 할 수 있었다. 또 다른 학교에서는 '점심 친구들(lunch buddies)'을 만들었다. 점심 친구집단을 조직하는 것은 점심시간 동안 사회적 상호작용에 어려움을 겪는 학생을 돕는 유용한 방법이며 일부 유형의 서비스를 제공하기에 완벽하다. 점심 친구모임에는 점심시간 동안 특정 목적(예: 연말 피크닉 계획하기, 학급문집 만들기)을 위해 학생 집단을 모으는 것이 포함된다. 이런 다양한 학생모임은 해당 과업을 완수하기 위해 매주 만날 수 있다. 이런 혼합모임이 장애학생만으로 구성되지 않도록 하는 것은 필수적이다. 학년 말 점심모임은 피자 파티로 자신들의 성취를 축하할 수 있다. 여기서의 목표는 학생들이 좀 더 친밀한 환경에서 함께 모여 사회적 상호작용을 증진하고 우정을 형성하도록 돕는 것이다.

좀 더 차분한 분위기를 위해 점심시간에 음악을 사용할 수 있다. 요나를 지원하던 교육팀은 자폐성장애가 있는 요나가 감각문제로 급식실을 견디기 힘들어하는 것을 알고 이 전략을 사용했다. 요나에게 듣고 싶은 음악을 물어보고 비틀즈의 음악을 급식실에 방송했으며 모든 학생에게 차분한 분위기를 제공했다. 무엇보다도 요나는 급식실에 머무를 수 있었고 한 주에 며칠은 다른 학생들과 서로 이야기를 주고받았다.

쉬는 시간 혹은 선택활동 시간

학생이 원하는 활동과 함께 활동하고 싶은 또래를 선택하게 한다. 고등학교에서 학생의 자리는 중요하다. 학생에게 어디에 앉고 싶은지를 물어보고 그 선택을 존중함으로써 각 학생이 교실에서의 짝과 자리를 선택하게 한다. 쉬는 시간이나 교실 밖에서의 휴식 시간에 그 학생에게 특히 흥미를 끄는 활동을 한다. 예를 들어, 케이시라는 다운증후군이 있는 학생은 집에서 비즈공예로 목걸이 만들기를 좋아했다. 이전에 작업치료사는 수공예 활동을 이용해 학생을 교실에서 빼내어 개별치료 방식으로 손의 기민성 강화와 소근육 운동 기술을 가르쳤다. 이를 대신해 교사는 비즈공예 상자를 교실로 가져와 학생들이 이 상자를 서로 나누어 쓴다면 함께 사용할 수 있다고 말했다. 그리고 교사는 케이시의 책상에 그 상자를 놓고 케이시에게 상자에 대한 책임을 부여했다. 쉬는 시간이 어떻게 돌아가고 있는지를 보러 갔을 때 네 명의 여학생과 두 명의 남학생이 비즈공예 상자 주변에서 반원을 그리며 앉아 모두 목걸이를 만들고 있었다. 케이시는 소근육 기술을 훈련하고 있었으나 더 중요한 것은 또래에 둘러싸여 편안한 대화에 참여하고 있었다는 점이다.

짝 선택하기

어떤 학생들에게는 "짝을 찾으세요."라는 말이 학급에서 가장 듣고 싶지 않은 말이다. 학생들이 친구들과 함께 떠들썩하게 활동하는 동안 불가피하게도 어떤 학생들은 남겨져 계속해서 짝을 구하게 될 것이다. 이런 일이 발생한다면 성인이 그 학생의 짝이 되어서는 안 된다. 대신 학생이 친구를 찾도록 도와준다. 또한 이런 시간 전에 미리 짝을 결정하는 것이 훨씬 도움이 된다.

매우 신중한 어느 교육팀은 수학 시간에 또래와의 관계에 반복적으로 어려움을 겪고 있는 크리스틴에게 매번 똑같은 시나리오로 일어나는 일을 보는 데 지쳐 새로운 해결책을 냈다. 크리스틴을 포함한 각 학생이 12명의 서로 다른 계획된 짝을 갖

시계 짝꿍

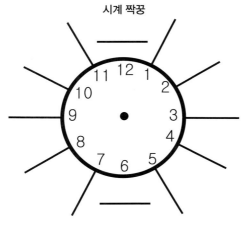

[그림 8-1] 시계 짝꿍 활동지

출처: Jones, R. C. (2012). *Strategies for reading comprehension: Clock buddies.* Retrieved from http://
www.readingquest.org/strat /clock_buddies.html

도록 의도된 짝 만들기를 활용했다. 이 해결책은 계속해서 남는 짝이 생기게 해 학
생들이 소외감을 느낄 필요가 없었다. 인터넷에서 구할 수 있는 시계 짝꿍(Clock
Buddies) 활동지(Jones, 2012; [그림 8-1] 참조)를 사용해 학생들이 시간별 짝에 이름
을 등록하도록 해 교육팀은 남은 일 년 동안의 짝을 의도적으로 설정했다. 그 이후
로 교사가 "여러분의 2시 짝꿍을 찾으세요."라고 말하면 크리스틴은 누가 자신의 짝
이 되는지를 알 수 있었고 수학 시간에 성공적으로 참여할 수 있었다.

수업시간 지원

　수업시간 동안 교실을 돌아다니며 모든 학생의 질문에 답하고 모두를 지원한다.
오직 한 학생만 도움을 받게 되면 그 학생은 낙인찍힐 가능성이 매우 높다. 가장 좋
은 시나리오는 교사가 학급 전체를 지원할 때 그 교사가 특정한 학생을 돕기 위해
거기 있다는 생각을 누구도 하지 않게 하는 것이다. 만약 여러분이 특수교사라면 자

신을 '특수교사'라고 부르는 것을 피한다. 대신 자신을 또 다른 교사이며, 모든 학생을 가르치는 선생님으로 언급한다. 지원하고자 하는 학생이 활동을 시작하면 그 곁을 맴돌지 않는다. 해당 학생이 다른 모두와 마찬가지로 활동하고 실수하도록 시간을 준다. 그리고 그 학생이 다른 모든 학생이 하는 동일한 방식으로 도움을 요청하게 한다. 만약 학생을 다시 지도해야 한다면 빠르게 한다. 또한 조용히 칭찬해 주고, 과잉지원하지 않도록 주의한다. 이러한 부분 각각이 중요하며, 교사의 지원은 가능한 한 눈에 띄지 않으면서도 부드러워야 한다.

모든 학생이 장애학생과 접촉하도록 교사는 학생들이 특정 학습 영역이나 교구가 있는 곳으로 가게 하는 대신 교수자료를 장애학생에게로 옮겨 놓을 수 있다. 휠체어를 사용하는 유치원생 알렉스의 교육팀은 이러한 방법을 훌륭하게 수행했다. 모든 학생이 정보를 모으기 위해 지구본이 있는 곳으로 가고 있었다. 교육팀은 알렉스의 책상에 지구본을 가져다 놓기로 했고 지구본을 보러 간 많은 학생이 알렉스와 상호작용하였다.

학생에게 사회적 상호작용 규칙 가르치기

많은 학생이 다른 사람들과 상호작용하는 방법에 어려움을 겪는다. 이것은 마치 게임을 하는데 규칙을 모르는 것과 같다. 이렇게 느끼고 있는 학생과 일하고 있다면 규칙을 명확하게 가르친다. 그러나 고립되거나 장애학생만 있는 분리된 학급에서만 가르쳐서는 안 된다. 대신 학급과 운동장에서의 일상적 순간을 활용해 학생들이 서로 어떻게 상호작용하는지를 정교하게 가르친다. 여기에 도움이 되는 유용한 자원이 많이 있다. Carol Gray는 자폐성장애가 있는 학생을 위한 상황이야기와 학생들이 사회적 규칙을 이해하도록 돕기 위해 사회적 상황을 만화형태로 그리는 것에 대한 책을 여러 권 집필했다(Gray, 2010 참조). 또 다른 방법은 자신의 교육팀에 문의하거나 인터넷 검색을 해 보는 것이다. 교사는 외로움이 학창 시절의 일부라고 여겨서는 안 된다.

교사는 학생들이 우정을 형성하고 유지하도록 중재하고 도울 수 있다.

> 교사로서 선생님들의 직무는 아동을 고치거나 치료하는 것이 아니라 적극적인 참여, 또래 간
> 의 존중과 수용을 촉진하고 그들이 자신의 잠재력을 발휘하도록 지원하는 것입니다.
>
> － Jordan (통합학급에서 교육받고 있는 장애학생의 부모)

사회적 지원에 대해 자주 묻는 질문

Q 학생의 문제행동으로 인해 다른 학생들이 그와 함께 있는 것을 원하지 않아요. 어떻게 해야 할까요?

A 먼저 선생님께서는 그 학생이 우정과 관계를 맺을 가치가 있다고 여기셔야 합니다. 문제행동을 최소화하면서도 다른 학생들이 그 행동을 이해하도록 돕는 방식으로 해당 학생을 지원합니다. 케니라는 학생은 불안하면 몸을 앞뒤로 흔들었는데 이 행동은 또래에게 이상하게 보였습니다. 그 행동이 무엇을 의미하는지 다른 학생들에게 그저 설명하기만 했는데 어떤 영리한 학생이 케니에게 이렇게 물었습니다. "네가 몸을 흔드는 걸 멈추게 도와주려면 내가 어떻게 하면 돼?" 케니는 키보드를 쳐서 다음과 같이 대답했습니다. "네 어깨에 내 손을 올려놓게 해 줘." 그 순간부터 케니의 또래들은 몸을 흔드는 그의 행동을 돕기 위해 이렇게 물었습니다. "나한테 기댈래?"

Q 학습자를 나가게 해서는 안 된다고 제안했지만 감각문제가 있는 한 학생이 급식실에 있으려고 하지 않아요. 어떻게 해야 할까요?

A 이 책에서 논의한 급식실 관련 몇 가지 아이디어를 고려해 봅니다. 급식실을 학생에게 맞게 조정합니다. 음악, 점심 짝, 흥미 영역, 편안함을 주는 물건 혹은 좀 더 조용한 점심 장소에 대해 생각해 봅니다.

Q 왜 저의 지원을 점차 줄여야 하는지 이해는 하지만 그러면 학생과의 '직접 접촉 시간'으로 간주되지 않을까 봐 걱정이에요. 제가 지원을 줄이는 동안 무엇을 할 수 있을까요?

A 이것은 일반적인 우려입니다. '직접 접촉 시간(direct contact minutes)'이란 학생들과의 직접적인 접촉(예: 학생을 만지거나 손을 잡고 지원을 제공하거나 학생이 있는 책상에 함께 앉아 있는 것)을 하고 있어야 한다는 의미는 아닙니다. 그 대신 학생들은 여러분이 전문성을 발휘해 구성한 학습 경험에 참여하는 것을 의미합니다. 학생들이 어떤 기술(예: 글씨 쓰기)을 연습하고 있을 때 여러분은 학생들을 준비시키고 학급을 돌면서 다른 학생들을 도와줄 수 있습니다. 한 학생에게서 벗어날 때 다른 학생들을 지원할 수 있고 다음 수업을 위한 조정을 준비하거나 자료를 수집할 수 있습니다. 더 나아가 다른 교사와 보조인력을 자문할 수도 있습니다.

결론

이 장의 초반에 세스라는 학생에 대해 알아보았다. 세스는 사회적 의사소통에 어려움을 겪고 있는 학생이다. 그의 사회생활에 있어 가장 큰 손실은 하루 종일 성인의 지원을 받으며 특수교육 서비스를 위해 끊임없이 교실에서 나가야 한다는 것이다. 우정과 관계는 세스의 발달과 삶의 질을 위해 중요하다. 이것은 모든 학생에게도 그러하다. 서비스를 받는 사람들을 위한 보살핌은 최대한의 통합교육과 사회적 상호작용의 기회를 보장하도록 해야 한다. 교사로서 여러분은 치료 혹은 분리되어 받는 개별서비스에 대한 새로운 결정과 이를 통합적으로 수행하기 위한 결정을 할 수 있다. 이 장에서 언급한 여러 제안은 학교의 사회적 측면에서 학생을 포함하려는 교사의 노력을 지원하기 위함이다. 다음 장은 보조인력의 활용을 통해 학업과 사회적 지원 모두를 제공하는 것에 초점을 둔다.

보조인력에 대한 지원과 감독

적절한 훈련과 감독 없이 밧줄 사용법을 배운 보조인력에게 일어날 수 있는 일

　장애학생을 위한 필수적인 지원과 접근 그리고 통합교육의 제공을 위해 전국적으로 교육구에서는 보조인력을 고용한다. 보조인력에는 여러 유형과 역할, 명칭이 있다. 어떤 보조인력은 일대일 학생지원을 하고, 다른 보조인력은 수업의 교수 보조를 위해 고용된다. 교육구에서는 보조교사, 교수보조원, 도움교사 혹은 보조원과 같은 명칭을 사용한다.[1] 여기서는 수업을 하는 동안 학생을 지원하기 위해 학급에서 활용되는 교육보조원을 설명하는 포괄적인 용어로 보조인력[2]을 사용한다.

　보조인력은 특정 학년, 학급, 학생의 지원을 위해 배정될 수 있다. 학급에서 근무하도록 배정된 보조인력의 역할과 의무에 대해서는 학교행정가와 상의하는 것이 가장 좋다. 보조인력에게 지도와 지원을 제공하는 것은 교사의 직무이다. 통합교육 교사들은 보조인력의 교수적 활용을 계획하고 지도하는 역할에 대해 자신이 잘 준비되어 있지 않은 것 같다는 이야기를 자주한다. 보조인력은 교육팀의 중요한 구성원이며, 이 장에서는 모든 보조인력과의 협력, 지원, 감독을 증진하기 위한 전략과 수단을 공유한다.

　학생들과 마찬가지로 보조인력 역시 기술과 지식의 다양성이 있다는 것을 기억한다. 어떤 경우 보조인력은 매우 노련한 반면, 교사나 다른 사람들이 완전히 교육에 초보인 경우도 있을 것이다. 가장 먼저 할 일은 자신과 일하는 보조인력에 대해 알아 가는 것이다. 보조인력이 했으면 하는 일에 대해 이들이 기술을 갖고 있거나 그렇지 않을 수 있지만 학생을 효과적으로 지원할 수 있게 준비하도록 돕는 것은 교사의 직무이다. 이들의 기술과 강점에 대해 파악하고 그러한 강점을 어떻게 활용할지 생각한다.

---

1) 역자 주: 우리나라의 경우 시·도교육청에 따라 특수교육보조원, 특수교육 보조인력 등 다양한 명칭을 사용하며, 사회복무요원이 보조인력으로 배치될 수 있다. 이 외에도 「장애인복지법」에 따라 '활동보조인'이 등하교 지원을 할 수 있다.
2) 역자 주: 우리나라의 경우 「장애인 등에 대한 특수교육법」 제2조 제2항에 따라 '보조인력'은 '특수교육 관련 서비스'의 한 유형으로 정의된다.

보조인력 환영하기

자신과 일하는 보조인력과 단단한 라포를 형성하는 것은 성공적인 관계를 발전시키는 데 필수적이다. 보조인력에게 지원적이고 우호적인 환경을 만드는 것이 중요하다. 이것은 학생을 지원할 때 협력적 접근을 증진할 것이다. 또한 보조인력이 학급 공동체의 일부로서 앞으로 일어날 핵심 일정에 대해 아는 것이 중요하다. 〈표 9–1〉은 자신의 학급에 들어온 보조인력을 환영하는 방법을 제안한다.

보조인력이 학생의 학업, 사회성, 의사소통, 행동 목표에 대한 일반적인 지식을 갖고 있어야 한다는 것을 통합교육교사가 인식하는 것이 필수적이다. 다시 말해, 보

표 9-1 │ 학급에서 보조인력을 환영하는 방법

- 보조인력이 교실에서 자신의 소지품을 놓을 수 있는 지정된 공간을 마련한다.
- 학급에서 서비스를 제공하는 각 성인의 이름을 교실문에 붙인다. 이것은 협력적 팀 접근이 모든 학생을 교육하기 위한 것임을 전한다.
- 다른 교사에게 하는 것과 같이 보조인력을 호칭한다. 만약 선생님이라는 호칭을 사용하고 있다면 학급에서 이들의 이름을 동일하게 부른다. 이것은 존중을 나타낸다.
- 보조인력이 학생 책상과 의자를 사용하지 않게 함으로써 학급에서 지원교사임을 나타낸다.
- 어떤 학급안내문이나 가정통신문이라도 보조인력이 읽을 수 있게 하고 수정이 필요한 부분이 없는지 점검하게 한다. 가능하다면 학급안내문의 마지막에 학급에서 함께 일하는 모든 성인의 이름을 함께 표기해 팀 접근이라는 점을 전달한다.
- 특정한 일일 혹은 주별 역할을 정해 줌으로써 보조인력을 학급 문화에 포함한다.
- 보조인력에게 의견을 묻고 어떤 문제해결 회의라도 팀의 일환으로 포함한다.
- 보조인력을 부모–교사 회의와 공개수업주간에 초대한다. 이러한 가족과의 상호작용은 학교 공동체에서의 소속감을 준다.
- 보조인력에게 환영과 감사 카드를 쓴다.
- 보조인력을 교수팀의 일환으로 소개하고 자신과 유사하게 소개한다. 예를 들어, 새로운 학생들에게 사진이나 독특한 취미를 보여 주는 감성적 물건들을 보여 주면서 자신을 소개했다면 보조인력 역시 이러한 방법으로 소개하도록 한다.

조인력이 여러분의 교육관, 교수와 학습의 큰 목표, 관리와 행동에 대한 접근방식을 이해하는 게 유리하다는 것이다. 다음에서는 교사가 함께 일하는 보조인력 지원을 위해 기대하는 바를 의사소통하기, 연수하기, 관련 정보 공유하기, 학급활동 시범 보이기에 대한 아이디어를 제공한다.

기대하는 바를 의사소통하기

학생을 통합하는 방법에 대해 기대하는 바를 의사소통하는 통합교육교사는 보조 인력이 학급에서 자신의 역할과 책임을 완전히 이해하도록 지원할 수 있다. 우리가 만난 어느 노련한 통합교육교사는 보조인력을 직접 지원하기 위해 이러한 기대에 대해 직접적으로 의사소통할 뿐 아니라 구체적인 수업시간의 교수 절차를 개요로 적은 업무카드(task card)를 개발하기도 하였다. 이런 방식은 추측이나 방임적 의사 결정을 막고 보조인력이 학생의 학습과 상호작용을 촉진하는 데 집중하게 해 준다. 업무카드 체계를 실행하기 위한 자세한 정보는 이 장의 마지막 부분에 논의된다.

연수하기

보조인력이 학급의 구조를 이해할 수 있기 위해서는 교사가 학교차원의 연수 혹은 전문가 연수 시간에 보조인력을 포함하도록 옹호할 수 있어야 한다. 여기에는 교육과정 개발, 사회성 기술과 행동 관리에 대한 주제를 포함한다. 이러한 연수에 참여하는 것은 보조인력이 교육계에서 사용하고 있는 전문용어를 배우고, 교과수업의 구조와 조직 개요를 알게 하며, 교사의 전문적 공동체 안에서 소속감을 얻게 한다. 보조인력이 교수와 학습, 통합교육의 목표, 자신의 역할에 대해 더 잘 이해할수록 학급에서 장애학생을 더 효과적으로 지원할 수 있게 될 것이다. 통합교육의 의미와 학생들이 학업, 행동, 사회적 목표를 달성하도록 지원하는 최상의 실제는 무엇인지에 대한 연수에 접근하게 하는 것은 보조인력이 통합학급에서 효과적으로 일할 수 있는 지식을 갖게 한다. 또한 각 보조인력이 통합교육 실제에 대한 자신의 지식을 증진하기 위한 참고서적으로『통합학급에서의 효과적 지원을 위한 보조인력 핸드북(The Paraprofessional's Handbook for Effective Support in Inclusive Classrooms)』(Causton-Theoharis, 2009b)을 제공할 것을 제안한다.[3]

관련 정보 공유하기

보조인력은 개별 학생에게 최선의 지원을 하는 방법에 대해 명확한 훈련이 필요하다. 만일 보조인력이 행동중재계획(behavior intervention plan: BIP)이 있는 학생을 지원한다면 이를 교사와 함께 검토할 기회가 있어야 한다. 보조인력은 행동중재계획을 적법하게 따르기 위해 무엇을 해야 하고 무엇을 하지 말아야 하는지 명백히 알 필요가 있다. 이는 개별화교육계획에 대해서도 마찬가지이다. 보조인력은 자신들이 지원하고 있는 학생의 개별화교육계획을 볼 수 있어야 한다. 많은 교사가 개별화교육계획의 주요 내용에 대해 보조인력과 의사소통하는 방식으로 '한눈에 보는 개별화교육계획'를 만든다. 한눈에 보는 개별화교육계획의 예는 [그림 5-2]를 참조한다.

시범 보이기

장애학생을 위한 학급 실제와 지원에 대한 시범 보이기(modeling)는 보조인력이 배울 수 있는 현장경험의 기회를 제공한다. 조정, 수정, 보완적 지원과 서비스의 실행에 대한 연수는 중요하다. 새로운 차별화 기술을 실행할 때 보조인력의 이해를 촉진하기 위해 대화를 시작하고 새로운 전략을 시도하는 이유를 이해하도록 돕는다. 보조인력이 수업의 작은 부분을 이끌 수 있는지 물어보고 소집단이나 문제행동이

---

3) 역자 주: 국내 추천 도서로는 박승희, 장혜성, 나수현, 신소니아(2007)의『장애관련종사자의 특수교육 입문』(서울: 학지사)이 있다.

있는 학생을 어떻게 지원하는지 시범을 보인다. 이런 방법은 보조인력이 한 명의 학생에게 일대일로 배정되어 그 옆에 계속 있는 것보다 학급에서 소집단을 돌며 토론을 촉진하는 질문을 하도록 의사소통하는 데 도움을 준다. 보조인력이 자신의 수업을 어떻게 지원하기를 원하는지에 대해 창의적으로 생각하고 이에 대한 시범 보이기 방법을 찾는다.

또한 사람이 먼저인 언어의 사용, 학급 성향, 학생과의 상호작용에 대해 생각하는 것이 필수적이다. 사회적 상호작용과 인간 그리고 관계중심 교수에 대한 강조는 모두가 학급에서 가치 있고 중요하다고 느끼면서 활동하는 학급을 만드는 데 결정적이다. 보조인력은 교사의 상호작용을 지속적으로 관찰하고 이를 따르게 된다. 통합교육은 통합학급의 잠재적 교육과정(hidden curriculum)[4]으로 제안되는 관계와 연결, 소속감이 중심이 된다. 이러한 통합학급의 잠재적 교육과정을 명확히 하고 이것에 대해 실제로 보조인력과 함께 이야기하는 통합교육교사들을 우리는 알고 있다. 그리고 자신들의 사회적 상호작용, 성향, 학생과 연결되는 데 사용한 기술들을 논의한다. 교수전략과 사회적 상호작용에 대한 시범 보이기는 보조인력이 학급에서 자신의 역할을 시각화하고, 편안함을 느끼도록 해 준다.

보조인력과의 의사소통

보조인력과의 의사소통은 통합교육을 실행하는 데 필수적이다. 지속적이고 끊임없는 의사소통은 기대를 설정하고 모든 이가 공유된 목표를 향해 일하게 한다. 보조인력과의 지속적인 연결을 위한 방법으로 주별과 일일 상호작용을 모두 계획하는 것을 제안한다.

---

4) 역자 주: 잠재적 교육과정이란 명시적 교육과정과 달리 공식적으로 직접 가르쳐지지는 않지만, 암묵적으로 학생들이 배우게 되는 또래 문화나 규칙 등을 포함한다. 따라서 연령, 성별, 지역사회 등에 따라 다양할 수 있다.

주별 계획 회의

주별로 이루어지는 의사소통은 보조인력이 현행 수업 단원에 대해 알게 하고, 학생의 가정 혹은 학교생활에서의 어떠한 변화라도 최신 정보로 갱신하게 하며, 기대에 대해 고려하고, 계획된 학업지원을 실행하기 위한 준비를 하는 데 매우 중요하다. 따라서 보조인력과의 주별 회의 일정을 수립하는 것이 좋다. 가정으로 보낼 뉴스레터나 안내문의 초안을 제공하는 것은 보조인력에게 학급과 학교의 각종 행사에 대한 최신 정보를 준다. 이것은 보조인력이 교육팀의 한 구성원이 되는 데 도움을 주며, 계획하기를 목적으로 한 회의 시간을 줄여 준다.

가능하다면 언제라도 학습 경험을 계획하는 데 보조인력을 참여시킬 것을 제안한다. 우리는 많은 교육팀이 보조인력과 연락을 주고받기 위해 주별 이메일을 사용하는 것을 보았다. 주별 의사소통 외에도 보조인력과 함께 일일 점검을 하는 것은 중요하다. 보조인력과 함께 하는 점검을 위해 다음과 같은 질문 목록을 사용할 수 있다.

- 소집단 학습은 어땠나요?
- 사회시간에 활동 수정은 어땠나요?
- 자료수집에 대해 질문이 있으신지요?
- 행동중재계획(BIP)에 대해 질문이 있으신지요?
- 변경되어야 할 수정이나 조정에 대해 제안하실 것이 있으신지요?
- 학급에서 본인의 교수적 역할에 대해 어떻게 느끼시나요?

일일 문제해결 회의

교육팀이 매일 의사소통을 할 때 즉각적인 모니터링에 기초한 유연한 교수전달이 가능하다. 학교 일과 시작 전이나 후 혹은 팀 회의시간을 준비하는 동안 10분을 잡아 두는 것은 교육팀이 현재 수업, 변경사항, 실행에 적합한 수정이나 조정에 대해 협의하게 해 준다. 공통의 계획시간을 찾기 어려운 팀은 서로 메모나 질문 혹은 새로운 정보를 간단히 적을 수 있는 공책을 마련할 수 있다. 이러한 일일 의사소통 체계는 교육팀이 공동 교수시간을 방해하지 않으면서 교실이 학생으로 가득할 때 해당 학생들에 대한 이야기를 하지 않고도 점검 가능하게 한다.

일단 경청하기

보조인력의 이야기를 경청하는 것을 잊지 않는다. 이들은 특별한 아이디어나 상황에 접근하기 위한 새로운 방법을 갖고 있는 경우가 많다. 매주 어떤 일이 일어나고 있는지를 듣고, 지원하고 있는 학습자에 대한 이들의 경험에 대해 좀 더 배울 수 있는 질문 시간을 반드시 갖도록 한다. 학생과 학습에 대한 이들의 관점과 이해를 확인한다. 이런 경청은 더 많은 기여와 통합교육의 효율성을 증가시키는 팀워크로 이어질 것이다.

보조인력 역할 주기

보조인력의 감독교사(supervisor)로서 명확한 역할과 책임을 부여하는 것은 명시적인 기대를 설정하는 데 도움이 된다. 무엇이 효과적이고 무엇은 바뀌어야 하는지에 대한 일반적인 의사소통과 함께 수업을 계획하는 교사들과의 회의에 보조인력을 포함하는 것이 중요하다. 수업 설계 과정에 여러 방면으로 참여한 보조인력은 모든 학생의 학업적 성공을 위해 공유된 주인의식을 갖게 된다. 교사는 다른 형태의 수정을 제공하기 위한 제안사항을 물어보거나 다음 주 수업을 위한 조정에 도움을 요청할 수도 있다. 보조인력이 가진 아이디어를 단지 물어보는 것만으로도 학생을 위한 서비스를 제공하려는 교육팀 접근에 대한 이들의 헌신을 평가할 수 있다. 만일 주별로 교재에 대한 조정(예: 큰 활자로 된 인쇄물, 활자의 가독성 조정)을 한다면 보조 인력에게 이 업무를 맡도록 요청할 수도 있다. 보조인력의 책임감, 기여도, 헌신을 증진하기 위한 방법을 찾는 것은 학생의 요구를 더 잘 충족할 수 있는 강한 교육팀 이 되는 데 기여한다.

비록 교사로서 우리가 수업 계획과 실행 과정에 보조인력이 많이 참여하기를 원 하지만 특정 학생을 위한 수정이나 조정을 하는 데 있어 보조인력에게 모든 책임을 기대할 수는 없다. 이것은 보조인력의 직무를 넘어선다. 자격을 갖춘 교사와의 연대 와 감독하에 보조인력은 수정과 조정에 대한 준비를 포함한 장애학생의 교수를 지 원할 수 있다. 분명히 말하자면 교육팀은 수정과 조정을 위해 주로 협력하지만 이러 한 기능을 보조인력에게 완전히 위임할 수는 없다. 교사의 교육과정에 대한 전문성, 학생에 대한 지식, 특수교육에 대한 연수는 개별화된 지원을 하는 데 필수적이다.

업무카드

교사와 보조인력이 속한 많은 교육팀은 회의부터 수업 설계에 이르기까지 일정 과 시간의 제약이라는 어려움을 겪는다. 많은 교육팀이 사용하는 전략 하나는 보조 인력을 위한 업무카드(task cards)를 쓰는 것이다. 교사들이 주간 수업을 계획하는 동안 한 사람을 지정해 보조인력이 수행해야 하는 수업의 순차적 단계를 간단히 적 게 한다.

[그림 9-1]은 중학교 3학년 읽기수업에 함께하는 보조인력을 위한 업무카드의 예 시이다. 보조인력이 교육팀과의 주별 계획 회의에 참여할 수 없어도 한 명의 교사가 보조인력과 만나 수업의 개요를 제공하고 업무카드에 있는 순차적 단계를 검토해 줄 수 있다. 계획을 하는 동안 교사들은 수업 중 각 성인의 역할에 대해 논의할 수 있기 때문에 이 전략은 교육팀에게도 도움이 되었다. 또한 이 전략은 보조인력이 의 도된 역할을 하게 한다. 특정 역할을 배정하는 것은 전체 수업시간 동안 보조인력이 장애학생 옆에 앉게 되는 경향을 줄여 준다. 업무카드를 작성하는 목적은 의도한 역

학습목표: 학생들은 정보전달문에 있는 저자의 의도가 어떻게 전개되고 있는지를 분석할 수 있다.

과제

짧은 수업

교사가 짧은 수업(minilesson)을 진행하는 동안 스마트보드에 시각적 메모를 구성한다. 학생들의 생각을 듣고 저자의 주요 의도와 이를 뒷받침하는 근거를 나타내는 그래픽 조직자를 만든다. 그림을 그리고, 스케치하고, 제목을 붙인다.

워크숍
- 학생들은 읽기를 하는 동안 자신들의 정보전달문에 이를 뒷받침하는 근거를 배치하고, 스티커 메모지에 이것을 작성해 5명의 학생과 협의한다. 함께 협의하고 있는 학생들의 이름은 교사의 협의회 활동지에 있다.
- 협의회를 하는 동안 제이든에게 혹시 지원이 필요한지 잘 지켜본다. 만약 지원이 필요하다면 문자 지원(색인카드나 스티커 메모지 사용)을 제공하고 다음 학생 협의회를 시작한다. 우리가 제이든의 읽기 지구력과 독립성을 형성하는 데 노력하고 있음을 기억하고 지원을 제공하며 자신의 신체적 영향력을 신속히 줄인다(멀리 떨어지기).
- 킴이 읽기와 의사소통 교재를 꺼냈는지 확인하고 함께 활동할 또래를 선택하게 한 다음 활동을 시작한다.
- 오늘의 교수 핵심은 저자의 주요 의도와 그 목적을 뒷받침하는 증거를 제시하는 여러 방식을 알아내는 것이다. 각 협의회는 개별 학생이 보여 준 장점으로 시작한 다음, 한 가지 교수 핵심과 학생들이 계속 공부해야 할 특정 기술 순으로 한다.

마치기
- 교사가 수업을 종료하는 동안 제이든을 점검한다. 알림장에 숙제를 적었는지 확인한다.
- 제이든이 자신의 서류철에 읽기 활동지를 정리하도록 지원하고 숙제에 필요한 모든 물품을 가져가는지 확인한다.
- 킴이 자신의 의사소통 기기와 알림장 의사소통 공책을 챙겼는지 확인한다. 다음 일정 점검을 위해 킴에게 다음 시간에 어디로 가야 하는지를 알고 있는지 물어본다.

[그림 9-1] 중학교 3학년 읽기수업 보조인력 업무카드

할을 부여하고 교수지원을 확산하며, 수업의 모든 측면에서 성인을 의미 있는 방식으로 활용하는 것이다.

수업에서 보조인력에게 배정될 수 있는 역할은 많이 있다. 여기에는 일대일 교수 제공하기, 소집단 스테이션교수 담당하기 혹은 대집단 수업 촉진하기가 포함된다. 이 책의 5장에 있는 협력에 대한 내용에서 교사가 학급에서 사용할 수 있는 각각의 협력교수 배치유형에 대해 설명했다. 이러한 각 배치는 보조인력과 함께 활용될 수 있다. 다른 점이 있다면 정의된 목표를 지원하고 수업 계획을 만드는 것을 포함한 교사의 밀착 감독이 없이는 보조인력에게 스테이션교수나 교실 내 학습영역(learning center)을 계획하도록 요청하지 않는다는 점이다. 교사는 일차적으로 계획하는 역할을 할 것이고, 보조인력이 스테이션교수나 학습영역을 이끄는 역할에 대해 편안해하는지 확인해야 한다.

학급 일상에 보조인력 포함하기

교사가 보조인력을 수업과 학급 일상에 진정으로 포함하는 여러 방법이 있다. 보조인력이 일반학급에서 효과적으로 일하는 몇 가지 방법에는 학급 업무 돕기, 행동 관리계획 실행하기, 자료 수집하기가 있다.

학급 과제

어느 교사는 완료해야 할 주별 학급 업무에 대한 전반적인 체크리스트를 만들기로 하였다. 과제를 나열한 줄 다음에 완료 시 체크하기 위한 줄과 의견을 적기 위한 작은 칸을 넣었다. 이러한 과제에는 일반학급 유지업무(예: 책상 닦기, 식물에 물 주기, 학급물품 공간 청소하기), 가족과의 의사소통(예: 의논할 사항 점검하기, 가족에게 돌려줄 알림장 쓰기, 현장학습 동의서 받기), 학급문고와 계산기 보관함 정리가 포함되었다. 중요한 것은 학급 일과에 모든 이가 참여하는 것이었다. 보조인력이나 교사가 시간이 날 때에는 언제나 그 목록을 점검하고 과제 중 하나를 하며, 끝난 과제를 표시했다. 이런 방식은 보조인력의 참여를 도와주었다. 또한 보조인력은 조정과 수정을 위한 물품이 어디에 있는지를 알게 되었다. 그리고 이러한 방법은 학습 환경을 조직화하는 데 도움을 주었다.

미리 생각하기

초등학교 4학년을 담당하는 케이티 선생님은 운 좋게 자신의 학급을 지원하는 보조교사 질 선생님과 함께 일했다. 보조교사인 질 선생님은 사만다라는 학생을 지원하도록 배정되었지만 교육팀은 사만다가 좀 더 독립적이 되도록 도와주는 노력을 하고 있었다. 질 선생님을 학생 옆에 앉게 하는 대신, 케이티 선생님은 미리 생각하기를 했다. 사만다와 다른 학생들을 위해 앞으로 필요할 수 있는 모든 교수적 지원에 대한 목록을 만들었다. 예를 들어, 한 주간의 목록에는 다음 내용이 포함되었다. ① 세포분열에 대한 비디오 검색, ② 유사분열에 대한 사진 찾기, ③ 유사분열을 시각화하고 이해하도록 돕는 과제와 관련한 체험활동 알아보기, ④ 사만사의 의사소통 기기에 입력할 다음 주 철자와 단어 추가하기. 통합교육교사들은 교수−학습 과정에 보조인력을 어떻게 포함시킬 수 있을지에 대해 미리 생각하기를 활용해 볼 것을 제안한다.

행동지원하기

보조인력은 행동관리계획의 실행에도 참여한다. 여기에는 기능적 행동평가(functional behavioral assessment: FBA)에 사용할 자료를 수집하거나 행동중재계획이 어떻게 실행되고 있는지를 점검하는 데 참여하는 것이 포함될 수 있다. 보조인력이 학생의 행동중재계획에 대해 명확한 지식을 갖는 것은 이들이 자신의 행동관리, 학생을 적극적으로 지원하는 방법, 문제행동의 순간에 반응하는 방법에 대해 인식하게 되는 이점이 있다. 이런 참여의 자연스러운 확장은 보조인력이 문제를 더 잘 이해하고, 논의에 좀 더 신중하게 기여하기 위해 특정 학생의 행동을 둘러싼 환경에 주목하고, 자료를 수집하게 한다. 교사가 실행하는 긍정적 행동지원과 문제 순간에 대한 자료수집에 보조인력을 더 많이 참여시킬수록 교육팀 전체가 의도한 대로 행동을 더 잘 지원할 수 있게 된다.

평가 참여

보조인력은 평가자료를 수집하는 데 활용될 수 있다. 학생의 학습목표에 대한 진전을 점검하는 데 도움을 주는 형성평가 자료를 모을 때 보조인력을 참여시킨다. 이러한 참여에는 다양한 전략이 있다. 각 학생에게 교육과정과 관련해 개방형이면서 생각해 보는 계기가 되는 두 개의 질문을 하게 할 수 있다. 보조인력이 학생의 생각을 간단히 적을 수 있는 양식을 만들거나 학생의 반응을 추적하기 위한 디지털 녹음기를 사용하도록 할 수 있다. 또 다른 방법으로는 보조인력이 개별 학생 혹은 학생 집단과 함께 수행평가를 시행하게 할 수도 있다. 보조인력에게 수행평가를 위한 평가표(rubric)를 제공하고 수행을 채점하거나 이를 기록하도록 요청한다.

앞서 언급한 사례들은 바쁜 일과로 교사가 시간이 없을 때 성인 시간을 활용할 수 있는 두 가지 방법이다. 이는 더 나은 교수설계와 결정에 기여하는 방법으로 학급의 교수-학습 환경에서의 보조인력을 포함하는 데 유용한 전략일 수 있다. 보조인력이 실행할 수 있는 다른 형성평가로는 5분 동안 자유롭게 글쓰기 결과 검토하기, 외출허가증 점검하기, 답안지 검토하기, 자기평가 자료 검수하기, 수업시간 동안 개인용 화이트보드 사진 찍기가 있다. 교육과정 단원에 실시할 형성평가에 대해 생각하고 의도한 대로 다음과 같이 스스로에게 질문한다. '늘어나는 평가자료에 보조인력이 기여할 수 있는 방법은 무엇일까?' '학생의 학습과 사고의 진행상황을 더 잘 이해하고 이러한 자료가 우리의 교수적 결정에 정보를 줄 수 있으려면 어떻게 해야 할까?'

보조인력은 주로 개별화교육계획 목표의 진행 상황을 추적하기 위한 자료수집에 참여한다. 매월 초에는 많은 교육팀이 개별화교육계획 목표의 진행 상황을 측정하기 위한 방법으로 어떤 자료를 수집할지를 결정하기 위한 회의를 한다. 이러한 자료수집의 한두 영역을 보조인력에게 배당한다. 이와 같은 전략은 다양한 교육팀 구성원으로부터 자료가 수집되기 때문에 유리하다. 또한 보조인력이 개별화교육계획 목표를 숙지하고, 학생을 교육하는 데 있어 자신의 역할을 강화하며, 자신이 함께 일하는 학생의 교육적 성과에 대해 노력하고 주인의식을 갖는 데 도움이 된다. 개별화교육계획 목표의 성취와 관련해 의도된 자료수집은 교육팀이 자료에 기반을 둔 교수적 결정을 할 수 있게 한다.

　　보조인력이 총괄평가(summative assessment)에 필요한 조정을 하게 한 교육팀이 있다. 학급 전체 혹은 학년 수준의 시험을 실시한 후 교육팀은 필요한 조정의 유형에 대해 논의한다. 보조인력은 큰 활자 인쇄물을 만들거나, 가독성 수준을 변경하기 위해 시험 문제를 고쳐 쓰고, 큰 과제를 처리하기 쉽게 명확히 나누고, 여백에 시각적 단서를 제공하며, 녹음기나 기타 필요한 테크놀로지를 준비하고, 적절한 중단점(break points)을 기록하거나, 말로 지시된 부분이 있다면 이를 서면 지시문으로 만든다.

지원을 줄여 가는 방법 가르치기

　　보조인력이 학생을 일대일로 지원할 때 이들에게 가르쳐야 할 가장 중요한 기술 중 하나는 지원을 줄이거나 서서히 사라지게 하는 방법이다. 만일 현명하게 지원을 제공하는 법에 대해 신중히 생각하지 않는다면 학생들은 지원에 지나치게 의존할 수 있다. 선의를 가진 보조인력과 교사들은 종종 과도한 지원을 제공하게 되는데, 이는 벨크로 현상과 같은 문제를 야기할 수 있다(Causton-Theoharis, 2009a; Causton-Theoharis, Giangreco, Doyle, & Vadasy, 2007; Causton-Theoharis & Malmgren, 2005). 다시 말해, 학생을 지원하는 가장 나쁜 방법 중 하나는 지원하는 사람이 학생 바로 옆에 직접 위치해 있는 것이다. 교육팀에게 다음의 질문을 한다.

1. 지원을 제공할 때 물리적으로 학생 옆에 있는 것이 절대적으로 필요한 때는 언제인가?
2. 학생 바로 옆에 앉거나 학생과 같은 물리적 공간에 있는 것을 대체하는 것은 무엇인가?

학생의 바로 옆에서 제공하는 밀착지원(side-by-side support)을 다양하게 대체한다. 장애학생을 지원할 때 전반적인 하나의 목표는 독립성을 증진하기 위해 필요한 보완적 지원과 서비스를 실행하는 것이다. 독립성을 증진하고, 학업적 교육과정에서의 발전을 가져오며, 장애학생을 의미 있게 통합하기 위한 대안을 찾는다. 이러한 대안으로는 활동을 조정하고, 또래와 함께 공부하게 하며, 테크놀로지를 활용하고,

---

표 9-2 **밀착지원의 대안**

- 과업 변경하기
- 학생이 또래와 함께 활동하게 하기
- 테크놀로지 활용하기
- 해야 할 일 목록을 제공하고 학생이 각 목록을 점검하게 하기
- 의제(agenda) 사용하기
- 누군가 교과서의 글자를 짚어 주기보다는 컴퓨터 워드 화면을 사용하기
- 시각적 필기하기
- 교실 앞에서 필요한 단계 시범 보이기
- 그래픽 조직자 만들기
- 촉진과 단서 제공하기
- 집단 구성원들이 역할을 가진 협동학습 활용하기
- 글자를 음성으로 변환해 주는 소프트웨어(text-to-speech software)로 접근 가능한 텍스트 만들기
- 과제분석에 참여해 과제를 더 작은 부분으로 나누기
- 학생이 각 수학 문제를 푼 다음 교사 혹은 보조인력과 함께 점검하게 하기

할 일 목록을 제공하고, 의제를 활용하거나 워드 프로그램을 사용하는 것이 있다. 기타 다양한 대안이 〈표 9-2〉에 제시되어 있다. 교사가 감독하고 있는 보조인력과 함께 밀착지원을 대체하는 목록을 협력적으로 구성할 것을 제안한다. 이것은 장애학생 바로 옆에 앉아 있는 것을 기대하는 것이 아니라는 것과 통합교육의 학업적·사회적 요소를 촉진하는 동안 의미 있는 지원을 제공하는 더 유용한 전략들이 있다는 메시지를 전달한다.

고마움 전하기

보조인력으로 일하는 것은 어려운 일이다. 이들은 대개 최소한의 교육과 훈련을 받지만 사회화, 의사소통 요구, 행동상의 요구, 학업적 요구라는 측면에서 가장 어려운 학생들과 일하게 된다. 그러므로 보조인력의 감독자(supervisor)로서 이들이 자신의 일과 노력에 적합한 감사를 받을 수 있는 방법에 대해 생각한다. 이들의 노고에 감사하는 혁신적이고 창의적인 방식을 생각해 본다. 동료, 학생, 가족에게 이들의 공헌을 소개한다. 이들의 헌신, 시간, 노력에 진심으로 감사한다는 것을 알리는 노력은 강력한 교육팀을 만드는 데 값진 기여를 한다.

보조인력에 대해 자주 묻는 질문

Q 자폐성장애가 있는 학생을 일대일로 보조하도록 배정된 보조인력이 기본적인 읽기와 쓰기 교수를 제공해야 할까요?

A 통합교육교사는 확실한 문해 교수(literacy instruction)란 반드시 자격을 갖춘 교사에 의해 계획되고 실행되어야 한다는 것을 인식합니다. 보조인력은 자격을 갖춘 교사에 의해 제공되는 교과 교수를 주로 보완합니다. 하지만 보조인력의 교수가 내용지식이 있는 교사에 의해 전달되는 교수를 대체해서는 안 됩니다. 보완적 지원과

교수는 자격을 갖춘 교사에 의해 계획되고, 보조인력에 의해 제공될 수 있습니다. 하지만 현장에서 장애학생은 너무 흔하게 보조인력에 의한 교육을 받고 있습니다.

Q 보조인력은 학업적·사회적 지원이 필요한 학생 바로 옆에 앉아 있어야 할까요?

A 간단히 답하면 그렇지 않습니다. 관련 연구는 학업 혹은 사회적 활동을 하는 동안 가까이에서 끊임없이 해당 아동의 옆에 앉아 있는 보조인력의 지원은 의도치 않은 영향을 끼친다고 제안합니다(Malmgren & Causton-Theoharis, 2006). 학업 활동을 하는 동안 보조인력은 교실을 돌아다니며 모든 학생에게 지원을 제공하면서 더 자주 지원이 필요한 해당 학생에게 세심한 주의를 기울여야 합니다. 사회적 활동 시간에 보조인력의 목표는 대화를 시작시키거나 촉진한 다음 지원을 서서히 없애 또래 간의 자연스러운 사회적 상호작용을 증가시키는 것입니다. 보조인력은 장애학생이 진정한 접근을 통해 완전한 참여를 이루고 학업적·사회적 경험을 하도록 지원합니다. 장애학생 바로 옆에 앉아 있는 것은 불필요하며 경우에 따라서는 좋지 않을 수도 있습니다.

Q 보조인력이 통합학급에서 장애학생을 전혀 지원해 본 적이 없다면 어떻게 해야 할까요?

A 선생님과 일하고 있는 보조인력이 통합학급에 있는 장애학생과 결코 일한 적이 없다면 선생님께서 연수를 제공할 필요가 있을 것입니다. 가장 좋은 방법은 보조인력이 통합교육 지원을 시작하기 전에 통합교육 영역에 대한 전문가 연수를 받도록 하는 것이지만 이것이 항상 가능한 것은 아닙니다. 선생님은 보조인력에게 통합교육의 이해, 학업적·사회적·의사소통·행동지원, 지원을 점차 제거하는 방법, 독립성 촉진하기, 기타 선생님의 수업에서 학생들과 관련한 구체적인 정보를 제공할 책임이 있을 수 있습니다. 선생님이 통합학급에서 기대하는 바를 의사소통하고 학급에서 일하는 성인의 필수적인 역할에 대해 신중하게 설명합니다.

Q 정말 보조인력이 소집단 수업을 운영할 수 있나요?

A 자격을 갖춘 교사의 지도하에서만 그렇습니다. 보조인력을 위한 서면 지시를 제공하고, 감독과 지원을 합니다.

결론

전국적으로 교사들은 자신의 학급에서 지원을 위해 배정된 보조인력과 일하고 있다. 보조인력에게 적합한 지원과 안내가 제공된다면 이들은 훌륭한 자원이 될 수 있다. 보조인력을 위한 기대와 연수 및 지원에 대해 지속적인 의사소통을 제공하는 것은 조화로운 팀을 만드는 데 필수적이다. 긍정적인 관계와 상호존중을 통해 보조인력은 모든 학생을 위한 통합교육을 제공하는 데 기여하는 중요한 팀원이 될 수 있다.

교사의 자기돌봄:
스스로를 돌보며 지원하기

그동안 다양한 캐릭터의 옷을 입고 학생들을 성공적으로 가르쳐 온 밀러 선생님은
이제는 자신의 교수자신감에 맞게 옷장을 수리할 때라고 생각했다.

오늘날 교사들이 직면하고 있는 압박은 과거에 비해 훨씬 심각합니다. 저는 이 모든 것이 시험 준비, 교육구의 커트라인 점수에 맞추기, 내 직업 유지를 위한 것처럼 느낄 때가 있습니다. 아, 그렇지…… 장애가 있는 학습자를 위해 교수를 차별화하고 지원하기…… 저는 집에 도착하면 주로 저녁을 먹은 후 TV를 틀어 놓고 잠이 듭니다. 그런 다음 아침 일찍 일어나 이 모든 것을 다시 반복해야 하지요. 지금 당장 내 자신을 돌봐야 할 필요를 느낍니다.

– Sean (일반교사)

대학교수이자 저자이며 컨설턴트인 그리고 가장 중요하게는 두 아이의 엄마로서 Julie는 자주 절박해지며 끊임없는 재충전을 필요로 한다. 결과적으로 Julie는 이 마지막 장을 쓰는 것이 가장 어렵다는 것을 알았다. 기억에 남는 순간 하나는 아이들을 잠자리에 들게 한 후 Julie가 친한 친구와 동네 서점의 자기개발서 통로에 서 있는 자신을 곧 깨달은 것이었다. 그녀는 여러 구절을 소리 내어 읽었다. 그 책들은 그녀에게 '분재나무가 되어야 한다.'라거나 깊게 숨을 쉬면서 동물로 둘러싸인 협곡에 있는 '자신을 상상해 보라.'라고 했다. 그녀가 첫 번째 든 생각은 '협곡이 뭐지?' '어떤 종류의 동물?' '위험하지 않나?' '맹수인가?'였다. Julie와 친구는 다른 손님들이 자신들을 곁눈질로 쳐다볼 때까지 웃었다. 모든 사람은 서로 다른 방식으로 자신을 돌보며, 모든 개인은 각자 자신에게 최선의 방식을 찾는 게 필요하다. 이 장은 자신을 돌보는 방법에 대한 비법을 제공하지는 않는다. 대신 도움이 될 만한 아이디어와 예시를 제공한다. 쉬지 못하거나 건강 및 여러 합리적인 이유로 교사들은 학생을 가르치는 데 어려움을 겪게 될 것이다. 그것이 마라톤 때문이든 목욕하기 때문이든 간에 스트레스를 다루어야 할 때 자신이 좋아하는 것 그리고 자신의 스트레스를 완화하고 건강함과 균형감을 느끼는 데 도움이 되는 것이 무엇인지에 초점을 두는 게 중요하다.

교사라는 직업은 쉽지 않다. 그리고 또한 세상에 정말 쉬운 일이란 없다. 여러분은 이 직업이 정말 보람 있는 일이라거나 아니면 정말 스트레스가 많은 일이라는 것을 알게 될 수도 있으며, 날마다 생각이 달라질 수도 있다. 그러나 한 가지는 확실하다. 다른 사람을 돕는 동안 여러분 자신도 돌봐야 한다는 것이다. 본질적으로 자신의 욕구가 충족되지 않는다면 다른 사람들의 욕구도 완전히 충족해 줄 수 없다. 자신의 문제로 괴로움을 겪고 있다면 다른 사람의 문제해결을 도울 수가 없는 것이다. 또한 자기 자신만의 지원체계를 만드는 것이 필요하다. 이 장은 문제해결, 네트워킹, 자기 자신의 돌봄을 위한 전략에 대해 제안한다. 이 장(그리고 이 책)은 교사를 위한 새로운 직무설명(job description)을 제시하며 끝맺는다.

지원 네트워크 만들기

> 세상에 오직 혼자여서 말할 이도 없고, 별의 아름다움을 함께 나누고 함께 웃으며 보듬어 줄 이도 없다면 당신은 삶의 목적이 무엇이겠는가? 삶의 의미를 주는 것은 바로 타인의 삶이고, 사랑이다. 이것은 조화로움이다. 우리는 서로의 기쁨, 도전의 기쁨, 성장의 기쁨을 발견해야 한다.
>
> – Mitsugi Saotome (1986, p. 1)

교사로서 자신을 지속하기 위해서는 돌봄지원의 네트워크가 필요하다. 직장에서 고립감을 느끼는가? 자신이 더 많은 지원을 받았어야 했다고 생각하는가? 나를 사랑하고 마음 써 주는 모든 사람을 생각해 본다. 그럼 이제는 직장에서 고립감을 느낄지도 모르는 다른 사람을 생각해 본다. 학교, 학급 혹은 학년 수준에서 작은 팀이나 지원 파트너십을 만들어 보자.

지원팀 만들기

어느 4학년 교육팀은 매주 금요일 아침에 순서를 정해 아침식사를 가져오는 지원팀을 만들었다. 이들은 안건 없이 그냥 함께 모여 이야기했다. 대화는 즐거웠고 편

했으며 팀 구성원들은 단순히 서로를 이어 주는 시간을 가졌다. 1년에 두 번, 그들은 자신의 가족을 초대해 토요일 아침식사를 같이하기로 계획했다. 함께 밥을 먹으면서 서로에 대해 그리고 서로의 사랑하는 사람들에 대해 더 잘 알게 되었다. 이것은 교육팀이 더 깊은 전문적 공동체가 되는 데 도움이 되었다.

공동체 만들기

같은 교육구 소속의 어떤 교사집단은 매주 학교 일과 후에 만나 함께 요가를 했다. 그런 다음 같이 달리기를 시작했다. 함께하는 이런 시간은 지원 네트워크를 형성하는 데 도움이 되었으며, 이야기를 하는 동안 운동도 하고 신선한 공기를 마시게 되었다.

또 다른 전문가팀은 도서관에서 만나 독서모임을 만들고 업무관련 서적과 단순히 재미있을 것 같은 책을 번갈아 읽었다. 연초에는 자신들이 읽을 독서목록을 정한다. 이들은 전문가 개발 예산을 통해 책을 구입할 수 있게 특수교육국장을 설득하는 방식으로 스스로를 조직화했다. 유용한 업무관련 서적과 학술논문의 목록은 이 장의 부록을 참조한다.

성취를 축하하기

크든 작든 이룬 성취에 대해 축하하는 것은 협력에 중요한 부분이다. 여러분의 통합교육팀이 잘해 낸 것에 대해 꼭 찬사를 보낸다. 특수교사가 힙합음악을 활용해 진행한 짧은 시문학 수업이 정말 훌륭했는가? 수업이 끝난 후 그것이 얼마나 훌륭했는지 이야기한다. 일반교사가 학생의 이번 달 개별화교육계획 목표를 달성하도록 도왔는가? 그 교사에게 이메일을 보내 자신이 그의 협력교수자인 것이 얼마나 행운인지 이야기한다. 어려운 과제를 하기 전에 작업치료사가 교과와 관련된 스펠링 에어로빅 활동[1]으로 학급을 활기 넘치게 하였는가? 그녀의 우편함에 다음과 같은 쪽

지를 남긴다. '스펠링 에어로빅이라니 정말 멋져요!'

통합교육은 학생, 교직원 그리고 학교 공동체 전체를 위해 많은 이점이 있는 광범위한 협업 과정이다. 팀의 성공을 다른 교사, 관련서비스 제공자, 학교 관리자, 부모, 학생과 공유하는 것은 학교와 교육구를 통해 통합교육의 성공을 확산하는 것만큼이나 자신과 학생을 축하하는 가장 훌륭한 방법이다. 학교 관리자에게 통합학교교육팀들이 서로 유용한 팁과 전략을 공유하는 지속적인 워크숍을 열도록 도움을 요청하거나 교육구 전체에 이러한 성공을 공유할 수 있는 가장 좋은 방법에 대해 문의한다.

점심 모임

공동체 의식을 느끼는 것은 잘 풀리지 않는 학교 일과를 재구조화하는 방법을 생각할 때 특히 유익하다. 어느 학년 교육팀은 어려운 문제들을 해결하기 위해 매주 목요일 점심시간에 만났다. 이 팀은 어려운 상황을 공유할 만큼 편안해졌다. 그 통합교육팀은 한 주 동안 문제에 대해 서로 점검하기로 했다. 구성원들은 "제임스가 점심시간에 이야기할 친구를 찾으셨나요?" "교육구의 보조공학 평가자와 연락할 방법을 찾으셨나요?" "제가 어떻게 도우면 될까요?" "그 어려운 부모님과의 회의는 어떻게 되었어요?"와 같은 질문을 서로에게 한다. 더 중요한 것은 이러한 점심 모임이 팀 구성원들에게 문제해결과 지원적인 제안을 제공한다는 것이다. 이 팀의 교사들이 형성한 공동체 의식과 안전감은 이런 어려운 일을 하기 위해 자신들을 계속 전념하게 하는 데 필수적이다. 이런 유형의 공식적인 지원 네트워크를 자신의 학교에서 시작하는 것을 고려해 본다.

---

1) 역자 주: 율동을 하면서 알파벳 철자를 말하는 활동이다.

자신의 활력 기여도에 대해 평가하기

긍정적인 태도로 하루를 밝혀 주는 사람과 일해 본 적이 있을 것이다. 이런 사람들은 문제를 해결해야 할 도전으로 바라보며, 모든 상황에서 좋은 점을 찾고, 자신들의 밝은 기질로 사기를 진작시킬 수 있다. 이들은 우리가 함께 일하거나 가까이 있고 싶어 하는 사람들이다. 긍정적인 생각은 전염성이 있기 때문에 이들은 실제로 우리 자신의 기분이나 견해에 영향을 줄 수 있다.

또한 그와 반대의 영향을 주는 사람들과 팀으로 일해 본 적이 있을 것이다. 그런 사람들은 모든 일을 부정적이고 비관적인 렌즈를 통해 바라보거나 해결책이 아닌 문제에 계속 초점을 둔다. 이런 사람들 또한 집단의 기분이나 감정에 영향을 줄 수 있다. 자신이 교육팀과 동료들에게 활력적인 기여를 하고 있는지 주의 깊게 생각해 보길 바란다. 자신은 학교에 어떠한 유형의 에너지를 가져오는 사람인가?

교무실에 들어가면서 모든 사람에게 따뜻하게 인사하는 쪽인가? 혹은 들어오자마자 바로 일을 하는 편인가? 아니면 동료와의 대화를 불평이나 근심에 대한 것으로 시작하는 편인가?

문제를 해결할 때 자신은 문제를 해결 가능한 방식으로 설명하고 바로 해결책으로 가는 편인가? 문제 자체에 얽매여 있는 편인가? 혹은 '다 해 봤고 어차피 안 될 거야' 태도를 지녔는가? 가장 최근에 동료와 했던 상호작용을 떠올려 본다. 자신이 가져온 활력 기여는 어떤 유형이었는가? 자신의 몸짓 언어는 어떠했는가? 목소리 톤은 어떠했나? 무슨 말을 하거나 하지 않았는가? 자신의 활력 기여도를 어떻게 평가하겠는가? 도움이 되는? 중간의? 부정적인? 긍정적인?

이제 동료나 부모와의 다음 회의나 논의에 대해 생각해 본다. 긍정적이고 생산적인 대화를 위한 분위기를 어떻게 만들 것인가? 분위기를 유머 있고 가볍게 할 수 있는가? 1~2분 정도 잠깐 시간을 내어 동료의 이야기를 진심으로 들어줄 수 있는가? 긍정적인 분위기로 대화를 시작하고 이를 유지할 수 있는가? 이러한 질문을 자주 반복하는 것은 긍정적이고 활력 있는 태도를 유지하는 데 도움이 될 수 있다. 이는 직장 분위기를 더 건강하게 만들 뿐 아니라 자신을 위해서도 더 건강한 태도와 견해를 갖게 한다.

문제를 해결하기

이 책을 읽고 여러 유형의 문제나 상황을 다루는 아이디어나 전략을 배운다 하더라도 아직 다룰 준비가 되지 않은 문제들이 불가피하게 일어날 것이다. 효과적이고 효율적인 문제해결법을 배우는 것은 자기돌봄(self-care)의 한 형태가 될 수 있다. 문제에 대해 체계적으로 접근하고 잠재적 해결방안을 공부함으로써 그러한 문제를 좀 더 통제하고 대처할 수 있다. 해결이 어려운 문제를 만났을 때 다음의 일반적인 아이디어나 제안을 생각해 본다.

- 학교의 다른 교사들과 이야기한다.
- 협력교수자에게 문제를 상의한다.
- 관련서비스 전문가에게 이야기한다.
- 앉아서 문제를 생각한다. 내가 (여기에 질문을 넣기)을/를 해결하기 위해 할 수 있는 방법은 무엇인가? 잠재적 해결책을 모두 적어 본다.
- 학생에게 이야기한다.
- 학교장에게 이야기한다.
- 부모에게 이야기한다.
- 보조인력과 이야기한다.
- 문제를 그림으로 그려 본다.
- 산책을 한다. 걷는 동안 오로지 해결책을 생각한다.
- 가장 친한 친구나 파트너에게 이야기한다. 이때 학생에 대한 모든 정보는 비밀로 유지하도록 주의한다.

만약 다른 사람과의 회의나 혼자 하는 브레인스토밍이 새로운 해결책 발견에 도움이 되지 않는다면 창의적 문제해결 과정(CPS)과 같은 단계적 문제해결 절차가 필요할 수 있다.

창의적 문제해결 과정

　창의적 문제해결 과정(creative problem-solving process: CPS)은 혁신적인 방식으로 문제에 접근하고 해결하기 위한 방법으로 오랜 기간 증명되어 왔다(Davis, 2004; Parnes, 1985, 1988, 1992, 1997). 이 방법은 문제를 다시 정의하고, 그 문제해결을 위한 창의적인 방법을 떠올리게 하며, 문제해결을 위한 조치를 취하도록 도울 수 있다. 교사들은 이를 사용해 지원하는 학생에 대한 문제를 해결한다. Alex Osborn과 Sidney Parnes(Osborn, 1993)는 사람들이 문제를 해결할 때 포함하는 단계에 대해 광범위한 연구를 수행했다. 그리고 사람들이 전형적인 다섯 단계의 과정을 사용한다고 보았다. 다음은 각 단계에 대한 설명이다.

문제를 탐색한다

1. 사실 발견: 문제에 대해 사실이라고 알고 있거나 생각하는 것을 설명한다. 누가? 무엇을? 언제? 어디서? 어떻게? 이 문제에 대해 사실인 것과 사실이 아닌 것은 무엇인가?
2. 문제 발견: 쟁점을 명확히 한다. 그리고 이를 다른 방식으로 바라본다. 다음의 문장을 완성한다. 우리는 어떤 방식으로 ……할 수 있을까?

아이디어를 낸다

3. 아이디어 발견: 가능한 한 많은 아이디어를 낸다. 판단과 강화는 일단 미룬다 (예: '좋은 생각이네요.' 혹은 '그건 안 될 것 같아요.'와 같은 말을 하지 않는다).

실행 준비를 한다

4. 해결책 발견: 아이디어를 자신이 만든 어떤 준거(criteria)와 비교한다. 자신의 해결책이 효과가 있을 것이라고 어떻게 알 수 있을 것인가? 이 단계를 위한 예시 준거로 〈표 10-1〉을 참조한다.
5. 수용안 발견: 단계별 실행계획을 만든다.

다음 예시는 구체적인 문제를 해결하기 위해 한 학교에서 이 방법을 실제로 어떻게 사용했는지 설명한다.

* * * * *

초등학교 1학년 학생인 트레버의 교육팀은 쉬는 시간이 끝났을 때 트레버를 운동장에서 나오게 하는 데 매우 어려운 시간을 보내고 있었다. 트레버는 숨바꼭질을 하려고 했고 교육팀은 그를 잡거나 안으로 들어가게 할 수가 없었다. 쉬는 시간의 끝은 마치 술래잡기처럼 되기 시작했고 교육팀 구성원들은 트레버를 쫓는 것이 결코 즐겁지 않았다. 트레버는 미끄럼틀 꼭대기로 올라갔고, 만약 성인이 계단으로 올라가면 미끄럼틀로 내려왔다. 성인이 미끄럼틀로 올라가면 트레버는 봉을 타고 내려오려 했다. 다른 이들에게는 재미있는 장면처럼 보이겠지만 교육팀은 좌절했고 당황스러웠다. 교육팀은 이 행동의 의사소통적 의도에 대해 생각했고 트레버가 쉬는 시간이 끝난 후 교실로 돌아가고 싶지 않다는 것을 의사소통하려는 시도라고 생각했다. 그러나 이 정보를 아는 것이 트레버를 안으로 들어오게 하려면 무엇을 해야 할지를 찾는 데 도움이 되지는 않았다. 또한 교육팀은 트레버가 활동 간 전환에 어려움을 겪었다는 것을 알고 있었다. 이 팀은 전체가 함께 모여 〈표 10-1〉에 간략히 제시된 창의적 문제해결 과정(CPS)에 참여했다.

* * * * *

표 10-1 효과적인 창의적 문제해결 과정

문제해결 과정의 단계	트레버의 교육팀 사례
1. 사실 발견	트레버가 끝나기를 기다리는 것은 효과가 없다. 트레버가 운동장을 떠나게 하는 데 적어도 10분이 걸린다. 운동장을 떠나는 모든 이들에게 반응하지 않는다—계속해서 놀이한다. 친구들과 술래잡기하는 것을 좋아한다. 활동 전환을 힘들어한다. 트레버에게 무엇이 필요한지 물어본 사람은 아무도 없다.
2. 문제 발견	트레버가 쉬는 시간이 끝난 후 신속하고 기분 좋게 돌아오도록 도울 수 있는 방법은 무엇인가?
3. 아이디어 발견	타임아웃을 시킨다. 쉬는 시간을 뺏는다. 타이머나 시계를 준다. 또래 도우미를 배치한다. 트레버가 들어오기 전 얼마 동안 밖에서 노는지 지켜본다. 쉬는 시간에 아예 밖에 나가지 못하게 한다. 스티커를 붙일 수 있는 차트를 만든다. 쉬는 시간을 추가로 더 준다.
4. 해결책 발견	우리는 이 해결책이 다음과 같이 되길 원한다(기준의 예시). 1. 트레버에 대한 또래인식을 증진한다. 2. 독립성 혹은 상호의존성을 촉진한다. 3. 학생에게 매력적이다. 4. 소속감을 증가하고 촉진한다. 5. 또래 간의 상호작용을 증가시킨다. 6. 실제로 실행 가능하다.
5. 수용안 발견	교육팀은 마침내 세 가지 아이디어를 혼합해 이 문제를 해결하기로 결정했다. 교육팀은 먼저 트레버를 만나 무엇이 도움이 될지에 대해 물었다(이때 학생에게는 아이디어 메뉴를 제공). 트레버는 또래지원과 함께 타이머를 사용하기로 결정했다. 교육팀은 트레버에게 시계형 타이머를 주고 타이머가 울리면 트레버를 찾는 또래를 확인하도록 했다. (쉬는 시간이 2분 남았을 때) 타이머가 울리자 두 명의 소년이 서로를 찾아 함께 줄을 섰다. 문제해결.

출처: Giangreco, Cloninger, Dennis, & Edelman (2002); Osborn (1993).

스스로를 돌보기

비행기를 탔을 때 위기가 발생하면 자녀를 도와주기 전에 자신 먼저 산소마스크를 착용해야 한다는 승무원의 안내 방송을 들어본 적이 있는가? 이 규정의 뒤에 숨겨진 생각은 만약 비행기가 추락한다면 반드시 자녀를 도와줄 수 있어야 한다는 것이다. 만약 자신에게 산소가 부족하면 다른 이를 도와줄 수 없다. 본질적으로 자기 자신을 돌보고 직장 밖에서 자신을 잘 성장시킴으로써 가르치는 학생에게 완전한 도움을 주고 이들을 성장시킬 수 있는 것이다.

자신의 기본 욕구 충족하기

Maslow(1999)는 모든 인간의 기본적인 생리학적 욕구를 밝혔는데, 여기에는 산소, 음식, 물, 체온 유지가 포함된다. 타인의 욕구 충족을 도울 수 있으려면 다른 모든 사람과 마찬가지로 먼저 자신의 욕구를 확인하고 이를 충족해야 한다. 하루 종일 일하려면 건강한 먹거리를 학교에 가져와 자신에게 연료 공급을 해야 할 수도 있다. 물병을 가져와 하루 종일 수분이 공급되게 할 수도 있다. 학교는 시시때때로 실내온도가 변하므로 스웨터나 겹쳐 입을 옷을 가져올 수도 있다. 사랑하는 사람들에 둘러싸여 사랑과 지지를 받는 느낌을 가질 수도 있다. 마지막으로 매일 밤 충분한 수면이 필요하다. 피곤하거나 짜증이 난다면 가르칠 준비를 하는 데 더 어려움을 겪게 된다. 이러한 욕구들은 모든 개인의 신체와 정신 건강의 핵심이다.

멈추고, 호흡하고, 명상하기

어떤 사람들은 명상을 매우 좋아한다. 잔뜩 땀 흘리는 것을 좋아하는 사람도 있다. 바쁜 일정 속에서 마음을 수련할 수 있는 여러 방법을 제시한다. 이러한 명상의 목표는 잠깐 동안 자신의 몸과 마음에 집중하는 것이며, 스트레스 감소와 정신건강을 위한 것이다.

걷기 명상

개와 함께 산책하거나, 산행을 하거나, 복사기나 우편함까지 걸어가는 동안 오직 한 가지에 집중한다. 이것은 매미소리가 될 수도 있고, 걸을 때 발밑에 있는 땅의 느낌, 복도에 걸려 있는 작품, 학생들 소리, 꽃이나 나무의 색이 될 수도 있다. 마음이 흐트러지면 애정을 기울여 처음에 집중한 것으로 돌아간다.

빨간불 명상

출퇴근하는 길이나 볼일을 보러 잠깐 밖에 나갈 때 빨간 신호등에 차가 멈춰 섰다면 라디오를 끄고 깊이 호흡하기에 집중한다. 마음이 흐트러지면 천천히 숨쉬기에 다시 집중한다.

먹고 마시기 명상

먹고 마시는 동안 특정 음식이나 음료수의 다양한 향과 식감, 감각에 집중한다. 마음이 흐트러지면 차분히 자신의 감각에 다시 집중한다.

기다리기 명상

줄을 서 있을 때, 대기실에 있을 때 혹은 특별 프로그램에서 돌아오는 학생을 기다리는 동안 자신의 호흡이나 주변 환경을 관찰한다. 전신스캔을 하는 데 시간을 써 본다. 근육이 긴장되어 있는가? 덥거나 추운가? 신체에 어떤 감각을 느끼는가? 어떤 감각이든 주목하고 그 부위에 애정과 차분한 에너지를 보낸다.

과제 관련 명상

마음챙김 명상을 일상 활동에 포함할 수도 있다. 예를 들어, 하고 있는 경험과 감각에 집중하고 흐트러진 마음을 정지한다면 손 씻기, 빨래 개기, 직장까지 운전하기, 설거지하기, 채점하기, 점심 만들기가 짧은 명상시간이 될 수 있다.

출구 찾기

자신을 돌보는 것은 직업을 유지하고 일하는 동안 균형감을 갖는 데 매우 중요하다. 업무 외적으로도 자신을 유지하는 방법을 찾는다. 요가, 달리기, 걷기, 자전거 타기, 산행, 수영과 같은 신체적 출구에 대해 고려해 본다. 게임하기, 독서, 글쓰기와 같은 지적 출구에 대해서도 고려한다. 혹은 회화, 조각, 제빵, 요리, 스크랩과 같은 창의적인 출구 혹은 대체로 창의적인 어떤 일을 시도해 본다. 목욕하기, 손톱 꾸미기, 마사지 받기와 같은 '나에게 주는 선물'도 생각해 본다. 또는 자신의 영적 균형을 유지하기 위한 명상, 기도, 요가와 같은 영적 출구도 있다. 다음은 간단한 명상 훈련법이다. 긴 하루 후에 혹은 직장에 가기 전 자신을 침착하게 만드는 데 도움이 되는 이런 훈련을 시도해 본다.

명상 연습하기: 10분간 해 보기

1. 방해받지 않는 편안한 장소를 찾는다.
2. 편안히 눈을 감고 앉아 마음을 집중한다. 번뇌의 마음을 비운다. 긴장을 푼다.
3. 마음이 흔들리기 시작한다면 부드럽게 다시 마음에 집중한다.
4. 편안함을 느낄 만큼 충분히 앉아 있어 본다. 10분간 해 본다.
5. 끝나면 다음과 같이 질문한다. 지금 기분은 어떤가? 활기 있고, 사려 깊으며, 사색적이고, 이완되거나 혹은 불안한가? 그러한 감정을 평온히 인정하고 다음에 시도할 명상을 생각한다.

이러한 유형의 전략은 균형감, 건강함, 차분함을 느끼는 데 도움이 될 것이다. 더 많은 정보는 이 책의 10장 부록을 참조한다.

결론

앞서 언급했듯이 우리는 특히 자기돌봄 영역에 있어 끊임없는 학습자라고 생각한다. 학생들과 함께할 때 우리는 계속해서 학생으로부터 그리고 그들을 위해 배우는 것이 필요하다. 우리의 희망은 이 책이 여러분 자신의 배움을 자극하게 되었으면 하는 것이다. 이 책을 읽으면서 해당 전략들을 시도해 보고, 효과가 있는 전략이나 아이디어를 발견하면 그것을 다시 사용해 본다. 동시에 모든 맥락, 모든 학생 그리고 매 순간이 어떤 새로움을 가져온다는 것을 기억한다. 어떤 아이디어나 전략이 언제 효과가 있는지 그리고 어떻게 효과가 있는지를 반추해 보는 것이 중요하다. 이 과정은 불가피하게 유동적이다. 매일 마지막에 다음과 같은 질문을 스스로에게 해 본다. ① 오늘은 무엇이 효과적이었는가? ② 무엇이 효과적이지 않았는가? ③ 내일은 무엇을 다르게 하고 싶은가?

우리는 이 책을 통합교육교사를 위한 새로운 직무설명—다른 방식으로 일하기 위한 소명—으로 끝맺고자 한다. 독자에게 감사하며, 학생들이 학업과 사회적 잠재력을 완전히 발휘하도록 여러분이 가르치는 학생을 돕는 행운이 있기를 바란다.

통합교육교사의 직무설명:
선생님이 알아주었으면 하고 학생들이 생각하는 것

제 이야기를 들어 주세요. 내 말 좀 들어 주세요. 저에게 물어봐 주세요. 소속감을 지원해 주세요. 함께 있어 주세요. 하지만 저를 그냥 놔두세요. 제가 배울 것이라고 기대해 주세요. 우정을 촉진해 주세요. 엄청나게 재미있는 수업을 계획해 주세요. 때로는 실패하게 해 주세요. 자립을 격려해 주세요. 항상 친절하게 말해 주세요. "무엇이 필요하니?"라고 물어봐 주세요. 안전하게 해 주세요. 배려로 다루어 주세요. 존중해 주세요. 다정하게 대해 주세요. "어떤 지원이 너에게 도움이 되겠니?"라고 물어봐 주세요. 신뢰를 주세요. 장애보다 먼저 제가 한 사람이라는 것을 기억해 주세요. 제가 소리를 낸다면 조용히 있어 주세요. 상호의존성을 높여 주세요. 제가 슬프다면 눈물을 닦아 주세요. 저를 격려해 주세요. 제가 다른 학생들과 연결되도록 도와주세요. 우정이 가능하다고 여겨 주세요. 제가 자신이 없다는 것을 알아주세요. 함께 만들고, 함께 웃고, 함께 즐거운 시간을 보내게 해 주세요. 항상 역량이 있다고 생각해 주세요. 일어난 사실에 대해 가능한 최선의 동기 때문일 것이라고 생각해 주세요. 통제하려 하지 말아 주세요. 제가 행복할 때 저와 함께 기뻐해 주세요. 선택하게 해 주세요. 긴장하지 마세요. 스스로 학습자가 되어 주세요. "어떻게 하면 너를 가장 잘 도울 수 있을까?"라고 물어봐 주세요. 다른 학생들과 함께 배우도록 해 주세요. 저의 부모님과 긍정적인 이야기를 나누어 주세요. 제가 성공하도록 계획해 주세요. 제가 어려움을 겪을 때 친절히 다시 지도해 주세요. 호흡해 주세요. 뒤로 한발 물러서 주세요. 지원을 서서히 줄여 주세요. 부드럽게 말해 주세요. 부드럽게 격려해 주세요. 부드럽게 재지도해 주세요. 저를 따라와 주세요. 사랑으로 이끌어 주세요. 긍정적이되어 주세요. 저에게 시간을 주세요. 저를 도전하게 해 주세요. 제 성장을 지켜봐 주세요. 저를 포함해 주세요.

부록

통합교육교사를 위한 추천도서

Giangreco, M. F., & Doyle, M. B. (Eds.). (2007). *Quick-guides to inclusion: Ideas for educating students with disabilities* (2nd ed.). Baltimore, MD: Paul H. Brookes Publishing Co.

Hehir, T., & Katzman, L. (2012). *Effective inclusive schools: Designing successful schoolwide programs.* San Francisco, CA: Jossey-Bass.

Kluth, P. (2010). *"You're going to love this kid!": Teaching students with autism in the inclusive classroom* (2nd ed.). Baltimore, MD: Paul H. Brookes Publishing Co.

Kluth, P., & Schwarz, P. (2008). *"Just give him the whale!": 20 ways to use fascinations, areas of expertise, and strengths to support students with autism.* Baltimore, MD: Paul H. Brookes Publishing Co.

Kohn, A. (2006). *Beyond discipline: From compliance to community* (10th anniversary ed.). Alexandria, VA: Association for Supervision and Curriculum Development.

McLeskey, J., Rosenberg, M. S., & Westling, D. L. (2013). *Inclusion: Effective practices for all students.* Boston, MA: Pearson.

O'Brien, J., Pearpoint, J., & Kahn, L. (2010). *The PATHS & MAPS handbook: Person-centered ways to build community.* Toronto, Canada: Inclusion Press.

Schwarz, P., & Kluth, P. (2008). *You're welcome: 30 innovative ideas for the inclusive classroom.* Portsmouth, NH: Heinemann.

Tashie, C., Shapiro-Barnard, S., & Rossetti, Z. (2006). *Seeing the charade: What people need to do and undo to make friendships happen.* Nottingham, United Kingdom: Inclusive Solutions.

Villa, R. A., Thousand, J. S., & Nevin, A. I. (2008). *A guide to co-teaching: Practical tips for facilitating student learning* (2nd ed.). Thousand Oaks, CA: Corwin Press.

통합교육교사를 위한 학술논문

Causton-Theoharis, J. (2009). The golden rule of supporting in inclusive classrooms: Support others as you would wish to be supported. *TEACHING Exceptional Children, 42*(2), 36-43.

Causton-Theoharis, J., & Malmgren, K. (2005). Building bridges: Strategies to help paraprofessionals promote peer interactions. *Teaching Exceptional Children, 37*(6), 18-24.

Giangreco, M. F. (1996). "The stairs didn't go anywhere!": A self-advocate's reflections on specialized services and their impact on people with disabilities. In M. Nind, J. Rix, K. Sheehy, & K. Simmons (Eds.), *Inclusive education: Diverse perspectives* (pp. 32-42). London, United Kingdom: David Fulton Publishers.

Theoharis, G., Causton, J., & Tracy-Bronson, C. P. (2015). *Inclusive reform as a response to high-stakes pressure?: Leading toward inclusion in the age of accountability.* NSSE(National Society for the Study of Education), an annual yearbook published with *Teachers College Record*.

보조인력과 함께하는 교사를 위한 추천도서

Causton-Theoharis, J. (2009). *The paraprofessional's handbook for effective support in the inclusive classroom.* Baltimore, MD: Paul H. Brookes Publishing Co.

Doyle, M. B. (2008). *The paraprofessional's guide to the inclusive classroom: Working as a team* (3rd ed.). Baltimore, MD: Paul H. Brookes Publishing Co.

Hammeken, P. A. (2008). *The paraprofessional's essential guide to inclusive education.* Thousand Oaks, CA: Corwin Press.

Nevin, A. I., Villa, R. A., & Thousand, J. S. (2009). *A guide to co-teaching with paraeducators: Practical tips for K-12 educators.* Thousand Oaks, CA: Corwin Press.

누구에게나 필요한 자기돌봄을 위한 추천도서

Byrne, R. (2006). *The secret.* New York, NY: Atria Books/Beyond Words.

Carlson, R. (1998). *Don't sweat the small stuff at work: Simple ways to minimize stress and conflict while bringing out the best in yourself and others.* New York, NY: Hyperion.

Covey, S. R. (2004). *The 7 habits of highly effective people: Powerful lessons in personal change* (15th anniversary ed.). New York, NY: Free Press.

Fontana, D. (1999). *Learn to meditate: A practical guide to self-discovery.* London, United Kingdom: Duncan Baird.

Hoff, B. (1983). *The tao of Pooh.* New York, NY: Penguin.

Moran, V. (1999). *Creating a charmed life: Sensible, spiritual secrets every busy woman should know.* New York, NY: HarperOne.

Palmer, P. (1999). *Let your life speak: Listening to the voice of vocation.* San Francisco, CA: Jossey-Bass.

Palmer, P. (2004). *A hidden wholeness: The journey towards the undivided life.* San Francisco, CA: Jossey-Bass.

Reynolds, S. (2005). *Better than chocolate.* Berkeley, CA: Ten Speed Press.

SARK. (1991). *A creative companion: How to free your creative spirit.* New York, NY: Fireside.

SARK. (1994). *Living juicy: Daily morsels for your creative soul.* New York, NY: Fireside.

SARK. (1997). *Succulent wild women.* New York, NY: Fireside.

SARK. (2005). *Make your creative dreams real: A plan for procrastinators, perfectionists, busy people, and people who would really rather sleep all day.* New York, NY: Fireside.

Topchik, G. (2001). *Managing workplace negativity.* New York, NY: AMACOM.

Wheatley, M. J. (2002). *Turning to one another: Simple conversation to restore hope in the future.* San Francisco, CA: Berrett-Koehler Press.

부록

1. 「장애인 등에 대한 특수교육법」
2. 특수교육대상자 진단 · 평가 의뢰서 제출 및 처리절차

1. 「장애인 등에 대한 특수교육법」(약칭: 특수교육법)[1]
[시행 2018. 5. 22.] [법률 제15367호, 2018. 2. 21., 일부개정]

제1장 총칙

제1조(목적) 이 법은 「교육기본법」 제18조에 따라 국가 및 지방자치단체가 장애인 및 특별한 교육적 요구가 있는 사람에게 통합된 교육환경을 제공하고 생애주기에 따라 장애유형·장애정도의 특성을 고려한 교육을 실시하여 이들이 자아실현과 사회통합을 하는 데 기여함을 목적으로 한다.

제2조(정의) 이 법에서 사용하는 용어의 정의는 다음과 같다. 〈개정 2012. 3. 21.〉

1. "특수교육"이란 특수교육대상자의 교육적 요구를 충족시키기 위하여 특성에 적합한 교육과정 및 제2호에 따른 특수교육 관련서비스 제공을 통하여 이루어지는 교육을 말한다.

2. "특수교육 관련서비스"란 특수교육대상자의 교육을 효율적으로 실시하기 위하여 필요한 인적·물적 자원을 제공하는 서비스로서 상담지원·가족지원·치료지원·보조인력지원·보조공학기기지원·학습보조기기지원·통학지원 및 정보접근지원 등을 말한다.

3. "특수교육대상자"란 제15조에 따라 특수교육을 필요로 하는 사람으로 선정된 사람을 말한다.

4. "특수교육교원"이란 「초·중등교육법」 제2조 제4호에 따른 특수학교 교원자격증을 가진 자로서 특수교육대상자의 교육을 담당하는 교원을 말한다.

5. "보호자"란 친권자·후견인, 그 밖의 사람으로서 특수교육대상자를 사실상 보호하는 사람을 말한다.

6. "통합교육"이란 특수교육대상자가 일반학교에서 장애유형·장애정도에 따라 차별을 받지 아니하고 또래와 함께 개개인의 교육적 요구에 적합한 교육을 받는 것을 말한다.

7. "개별화교육"이란 각급학교의 장이 특수교육대상자 개인의 능력을 계발하기 위하여 장애유형 및 장애특성에 적합한 교육목표·교육방법·교육내용·특수교육 관련서비스 등이 포함된 계

---

1) 역자 주: 이 내용은 독자의 이해를 돕기 위해 역자가 추가한 국내 법률이다.

획을 수립하여 실시하는 교육을 말한다.

8. "순회교육"이란 특수교육교원 및 특수교육 관련서비스 담당 인력이 각급학교나 의료기관, 가정 또는 복지시설(장애인복지시설, 아동복지시설 등을 말한다. 이하 같다) 등에 있는 특수교육대상자를 직접 방문하여 실시하는 교육을 말한다.

9. "진로 및 직업교육"이란 특수교육대상자의 학교에서 사회 등으로의 원활한 이동을 위하여 관련 기관의 협력을 통하여 직업재활훈련·자립생활훈련 등을 실시하는 것을 말한다.

10. "특수교육기관"이란 특수교육대상자에게 유치원·초등학교·중학교 또는 고등학교(전공과를 포함한다. 이하 같다)의 과정을 교육하는 특수학교 및 특수학급을 말한다.

11. "특수학급"이란 특수교육대상자의 통합교육을 실시하기 위하여 일반학교에 설치된 학급을 말한다.

12. "각급학교"란 「유아교육법」 제2조 제2호에 따른 유치원 및 「초·중등교육법」 제2조에 따른 학교를 말한다.

제3조(의무교육 등) ① 특수교육대상자에 대하여는 「교육기본법」 제8조에도 불구하고 유치원·초등학교·중학교 및 고등학교 과정의 교육은 의무교육으로 하고, 제24조에 따른 전공과와 만 3세 미만의 장애영아교육은 무상으로 한다.

② 만 3세부터 만 17세까지의 특수교육대상자는 제1항에 따른 의무교육을 받을 권리를 가진다. 다만, 출석일수의 부족 등으로 인하여 진급 또는 졸업을 하지 못하거나, 제19조 제3항에 따라 취학의무를 유예하거나 면제받은 자가 다시 취학할 때의 그 학년이 취학의무를 면제 또는 유예받지 아니하고 계속 취학하였을 때의 학년과 차이가 있는 경우에는 그 해당 연수(年數)를 더한 연령까지 의무교육을 받을 권리를 가진다.

③ 제1항에 따른 의무교육 및 무상교육에 드는 비용은 대통령령으로 정하는 바에 따라 국가 또는 지방자치단체가 부담한다.

제4조(차별의 금지) ① 각급학교의 장 또는 대학(「고등교육법」 제2조에 따른 학교를 말한다. 이하 같다)의 장은 특수교육대상자가 그 학교에 입학하고자 하는 경우에는 그가 지닌 장애를 이유로 입학의 지원을 거부하거나 입학전형 합격자의 입학을 거부하는 등 교육기회에 있어서 차별을 하여서는 아니 된다.

② 국가, 지방자치단체, 각급학교의 장 또는 대학의 장은 다음 각 호의 사항에 관하여 장애인의 특성을 고려한 교육시행을 목적으로 함이 명백한 경우 외에는 특수교육대상자 및 보호자를 차별하여서는 아니 된다. 〈개정 2018. 2. 21.〉

1. 제28조에 따른 특수교육 관련서비스 제공에서의 차별

2. 수업, 학생자치활동, 그 밖의 교내외 활동에 대한 참여 배제

3. 개별화교육지원팀에의 참여 등 보호자 참여에서의 차별

4. 대학의 입학전형절차에서 장애로 인하여 필요한 수험편의의 내용을 조사·확인하기 위한 경우 외에 별도의 면접이나 신체검사를 요구하는 등 입학전형 과정에서의 차별

5. 입학·전학 및 기숙사 입소 과정에서 비장애학생에게 요구하지 아니하는 보증인 또는 서약서 제출을 요구

6. 학생 생활지도에서의 「장애인차별금지 및 권리구제 등에 관한 법률」 제4조의 차별

제2장 국가 및 지방자치단체의 임무

제5조(국가 및 지방자치단체의 임무) ① 국가 및 지방자치단체는 특수교육대상자에게 적절한 교육을 제공하기 위하여 다음 각 호의 업무를 수행하여야 한다. 〈개정 2016. 5. 29., 2017. 12. 19.〉

1. 장애인에 대한 특수교육종합계획의 수립

2. 특수교육대상자의 조기발견

3. 특수교육대상자의 취학지도

4. 특수교육의 내용, 방법 및 지원체제의 연구·개선

5. 특수교육교원의 양성 및 연수

6. 특수교육기관 배치계획의 수립

7. 특수교육기관의 설치·운영 및 시설·설비의 확충·정비

8. 특수교육에 필요한 교재·교구의 연구·개발 및 보급

9. 특수교육대상자에 대한 진로 및 직업교육 방안의 강구

10. 장애인에 대한 고등교육 방안의 강구

11. 특수교육대상자에 대한 특수교육 관련서비스 지원방안의 강구

12. 그 밖에 특수교육의 발전을 위하여 필요하다고 인정하는 사항

② 국가 및 지방자치단체는 제1항의 업무를 수행하는 데 드는 경비를 예산의 범위 안에서 우선적으로 지급하여야 한다.

③ 국가는 제1항의 업무 추진이 부진하거나 제2항의 예산조치가 부족하다고 인정되는 지방자치단체에 대하여는 예산의 확충 등 필요한 조치를 하도록 권고하여야 한다.

④ 교육부장관은 제1항의 업무를 효율적으로 수행하기 위하여 문화체육관광부장관·보건복지부장관·고용노동부장관·여성가족부장관 등 관계 중앙행정기관 간에 협조체제를 구축하여야 한다. 〈개정 2008. 2. 29., 2010. 6. 4., 2013. 3. 23., 2016. 2. 3.〉

제6조(특수교육기관의 설립 및 위탁교육) ① 국가 및 지방자치단체는 특수교육대상자의 취학편의를 고려하여 특수교육기관을 지역별 및 장애영역별로 균형 있게 설치·운영하여야 한다.

② 국가 및 지방자치단체는 국립 또는 공립의 특수교육기관이 부족하거나 특수교육대상자의 의무교육 또는 무상교육을 위하여 필요한 경우에는 사립의 특수교육기관에 그 교육을 위탁할 수 있다.

③ 제2항에 따라 특수교육을 위탁한 경우에는 해당 특수교육기관의 교육여건이 국립 또는 공립 특수교육기관의 수준에 미달하지 아니하도록 지원하여야 한다.

④ 제2항에 따른 위탁교육·제3항에 따른 지원 또는 비용부담 등에 관하여 필요한 사항은 대통령령으로 정한다.

제7조(위탁교육기관의 변경신청) ① 제6조 제2항에 따라 교육을 위탁받은 사립의 특수교육기관에 취학하고 있는 특수교육대상자 또는 그의 보호자는 해당 특수교육기관의 교육활동이 매우 불량하거나 특수교육대상자의 특성에 맞지 아니하여 특수교육대상자의 교육에 현저한 지장을 주고 있다고 판단되는 때에는 교육장 또는 교육감에게 그 사유를 구체적으로 명시하여 취학하고 있는 교육기관 외의 교육기관에 취학할 수 있도록 교육기관 변경을 신청할 수 있다.

② 제1항에 따른 변경신청을 받은 교육장 또는 교육감은 신청 접수일부터 30일 이내에 제10조 제1항에 따른 시·군·구특수교육운영위원회 또는 시·도특수교육운영위원회를 열어 신청인·해당 학교의 장 등 이해관계인의 의견을 들은 후 변경 여부를 결정·통보하여야 한다.

제8조(교원의 자질향상) ① 국가 및 지방자치단체는 특수교육교원의 자질향상을 위한 교육 및 연수

를 정기적으로 실시하여야 한다.

② 국가 및 지방자치단체는 특수교육대상자의 통합교육을 지원하기 위하여 일반학교의 교원에
대하여 특수교육 관련 교육 및 연수를 정기적으로 실시하여야 한다.

③ 제1항과 제2항에 따른 교육 및 연수 과정에는 특수교육대상자 인권의 존중에 관한 내용이 포
함되어야 한다. 〈신설 2013. 12. 30.〉

④ 제1항과 제2항에 따른 교육 및 연수에 필요한 사항은 대통령령으로 정한다. 〈개정 2013. 12. 30.〉

제9조(특수교육대상자의 권리와 의무의 안내) 국가 및 지방자치단체는 제15조 제1항 각 호의 장애를
가지고 있는 자를 알게 되거나 제15조에 따라 특수교육대상자를 선정한 경우에는 2주일 이내에
보호자에게 해당 사실과 의무교육 또는 무상교육을 받을 권리 및 보호자의 권리 · 책임 등을 통보
하여야 한다.

제10조(특수교육운영위원회) ① 제5조에 따른 국가 및 지방자치단체의 업무수행에 관한 주요 사항
을 심의하기 위하여 교육부장관 소속으로 중앙특수교육운영위원회를, 교육감 소속으로 시 · 도
특수교육운영위원회를, 교육장 소속으로 시 · 군 · 구특수교육운영위원회를 각각 둔다. 〈개정
2008. 2. 29., 2013. 3. 23.〉

② 제1항에 따른 중앙특수교육운영위원회의 구성 · 운영 등에 관하여 필요한 사항은 대통령령으
로, 시 · 도특수교육운영위원회 및 시 · 군 · 구특수교육운영위원회의 구성 · 운영 등에 관하여
는 특별시 · 광역시 · 도 및 특별자치도(이하 "시 · 도"라 한다)의 교육규칙으로 각각 정한다.

제11조(특수교육지원센터의 설치 · 운영) ① 교육감은 특수교육대상자의 조기발견, 특수교육대상자
의 진단 · 평가, 정보관리, 특수교육 연수, 교수 · 학습활동의 지원, 특수교육 관련서비스 지원, 순
회교육 등을 담당하는 특수교육지원센터를 하급교육행정기관별로 설치 · 운영하여야 한다.

② 제1항에 따른 특수교육지원센터는 하급교육행정기관이나 특수학교, 특수학급이 설치된 일반
초 · 중 · 고등학교 또는 관할 지역의 관공서(장애인복지관을 포함한다) 등 특수교육대상자를
비롯한 지역주민의 접근이 편리한 곳에 설치하여야 한다.

③ 특수교육지원센터의 설치 · 운영 등에 관하여 필요한 사항은 대통령령으로 정한다.

제12조(특수교육에 관한 연차보고서) 정부는 특수교육의 주요 현황과 정책에 관한 보고서를 매년 정
기국회 개회 전까지 국회에 제출하여야 한다.

제13조(특수교육 실태조사) ① 교육부장관은 특수교육대상자의 배치계획·특수교육교원의 수급계
획 등 특수교육정책의 수립을 위한 실태조사를 3년마다 실시하고 그 결과를 공표하여야 한다. 〈개
정 2008. 2. 29., 2013. 3. 23., 2015. 12. 22.〉

② 교육부장관은 대학에 취학하는 장애학생의 교육여건을 개선하기 위하여 필요하다고 인정하
는 경우 장애학생의 교육복지 실태조사를 3년마다 실시하고 그 결과를 공표하여야 한다. 〈개
정 2008. 2. 29., 2013. 3. 23., 2015. 12. 22.〉

③ 교육부장관은 제1항과 제2항에 따른 실태조사를 위하여 필요한 경우 관계 중앙행정기관의 장,
지방자치단체의 장 및 「공공기관의 운영에 관한 법률」에 따른 공공기관의 장, 대학의 장, 그 밖
의 관련 법인 또는 단체의 장에 대하여 자료의 제출 또는 의견의 진술을 요청할 수 있다. 이 경
우 요청을 받은 자는 정당한 사유가 없으면 이에 협조하여야 한다. 〈신설 2015. 12. 22.〉

④ 제1항과 제2항에 따른 조사의 내용과 방법, 그 밖에 조사에 관하여 필요한 사항은 대통령령으
로 정한다. 〈개정 2015. 12. 22.〉

제3장 특수교육대상자의 선정 및 학교배치 등

제14조(장애의 조기발견 등) ① 교육장 또는 교육감은 영유아의 장애 및 장애 가능성을 조기에 발견
하기 위하여 지역주민과 관련 기관을 대상으로 홍보를 실시하고, 해당 지역 내 보건소와 병원 또
는 의원(醫院)에서 선별검사를 무상으로 실시하여야 한다.

② 교육장 또는 교육감은 제1항에 따른 선별검사를 효율적으로 실시하기 위하여 지방자치단체
및 보건소와 병·의원 간에 긴밀한 협조체제를 구축하여야 한다.

③ 보호자 또는 각급학교의 장은 제15조 제1항 각 호에 따른 장애를 가지고 있거나 장애를 가지고
있다고 의심되는 영유아 및 학생을 발견한 때에는 교육장 또는 교육감에게 진단·평가를 의뢰
하여야 한다. 다만, 각급학교의 장이 진단·평가를 의뢰하는 경우에는 보호자의 사전 동의를
받아야 한다.

④ 교육장 또는 교육감은 제3항에 따라 진단·평가를 의뢰받은 경우 즉시 특수교육지원센터에

회부하여 진단·평가를 실시하고, 그 진단·평가의 결과를 해당 영유아 및 학생의 보호자에게 통보하여야 한다.

⑤ 제1항의 선별검사의 절차와 내용, 그 밖에 검사에 필요한 사항과 제3항의 사전 동의 절차 및 제4항에 따른 통보 절차에 필요한 사항은 대통령령으로 정한다.

제15조(특수교육대상자의 선정)　① 교육장 또는 교육감은 다음 각 호의 어느 하나에 해당하는 사람 중 특수교육을 필요로 하는 사람으로 진단·평가된 사람을 특수교육대상자로 선정한다. 〈개정 2016. 2. 3.〉

1. 시각장애
2. 청각장애
3. 지적장애
4. 지체장애
5. 정서·행동장애
6. 자폐성장애(이와 관련된 장애를 포함한다)
7. 의사소통장애
8. 학습장애
9. 건강장애
10. 발달지체
11. 그 밖에 대통령령으로 정하는 장애

② 교육장 또는 교육감이 제1항에 따라 특수교육대상자를 선정할 때에는 제16조 제1항에 따른 진단·평가결과를 기초로 하여 고등학교 과정은 교육감이 시·도특수교육운영위원회의 심사를 거쳐, 중학교 과정 이하의 각급학교는 교육장이 시·군·구특수교육운영위원회의 심사를 거쳐 이를 결정한다.

제16조(특수교육대상자의 선정절차 및 교육지원 내용의 결정)　① 특수교육지원센터는 진단·평가가 회부된 후 30일 이내에 진단·평가를 시행하여야 한다.

② 특수교육지원센터는 제1항에 따른 진단·평가를 통하여 특수교육대상자로의 선정 여부 및 필요한 교육지원 내용에 대한 최종의견을 작성하여 교육장 또는 교육감에게 보고하여야 한다.

③ 교육장 또는 교육감은 특수교육지원센터로부터 최종의견을 통지받은 때부터 2주일 이내에 특수교육대상자로의 선정 여부 및 제공할 교육지원 내용을 결정하여 부모 등 보호자에게 서면으로 통지하여야 한다. 교육지원 내용에는 특수교육, 진로 및 직업교육, 특수교육 관련서비스 등 구체적인 내용이 포함되어야 한다.

④ 제1항에 따른 진단·평가의 과정에서는 부모 등 보호자의 의견진술의 기회가 충분히 보장되어야 한다.

제17조(특수교육대상자의 배치 및 교육) ① 교육장 또는 교육감은 제15조에 따라 특수교육대상자로 선정된 자를 해당 특수교육운영위원회의 심사를 거쳐 다음 각 호의 어느 하나에 배치하여 교육하여야 한다.

1. 일반학교의 일반학급
2. 일반학교의 특수학급
3. 특수학교

② 교육장 또는 교육감은 제1항에 따라 특수교육대상자를 배치할 때에는 특수교육대상자의 장애정도·능력·보호자의 의견 등을 종합적으로 판단하여 거주지에서 가장 가까운 곳에 배치하여야 한다.

③ 교육감이 관할 구역 내에 거주하는 특수교육대상자를 다른 시·도에 소재하는 각급학교 등에 배치하고자 할 때에는 해당 시·도 교육감(국립학교의 경우에는 해당 학교의 장을 말한다)과 협의하여야 한다.

④ 제3항에 따라 특수교육대상자의 배치를 요구받은 교육감 또는 국립학교의 장은 대통령령으로 정하는 특별한 사유가 없는 한 이에 응하여야 한다.

⑤ 제1항부터 제4항까지의 규정에 따른 특수교육대상자의 배치 등에 관하여 필요한 사항은 대통령령으로 정한다.

제4장 영유아 및 초·중등교육

제18조(장애영아의 교육지원) ① 만 3세 미만의 장애영아의 보호자는 조기교육이 필요한 경우 교육장에게 교육을 요구할 수 있다.

② 제1항에 따른 요구를 받은 교육장은 특수교육지원센터의 진단·평가결과를 기초로 만 3세 미만의 장애영아를 특수학교의 유치원과정, 영아학급 또는 특수교육지원센터에 배치할 수 있다.

③ 제2항에 따라 배치된 장애영아가 의료기관, 복지시설 또는 가정 등에 있을 경우에는 특수교육교원 및 특수교육 관련서비스 담당 인력 등으로 하여금 순회교육을 제공하도록 할 수 있다.

④ 국가 및 지방자치단체는 장애영아를 위한 교육여건을 개선하고 설비를 정비하기 위하여 노력하여야 한다.

⑤ 그 밖에 장애영아의 교육지원에 필요한 사항은 대통령령으로 정한다.

제19조(보호자의 의무 등)　① 특수교육대상자의 보호자는 그 보호하는 자녀에 대하여 제3조 제1항에 따른 의무교육의 기회를 보호하고 존중하여야 한다.

② 부득이한 사유로 취학이 불가능한 의무교육대상자에 대하여는 대통령령으로 정하는 바에 따라 제1항에 따른 취학의무를 면제하거나 유예할 수 있다. 다만, 만 3세부터 만 5세까지의 특수교육대상자가 「영유아보육법」에 따라 설치된 어린이집 중 대통령령으로 정하는 일정한 교육요건을 갖춘 어린이집을 이용하는 경우에는 제1항에서 정하는 유치원 의무교육을 받고 있는 것으로 본다. 〈개정 2011. 6. 7.〉

③ 제2항에 따라 취학의무를 면제 또는 유예 받은 자가 다시 취학하고자 하는 경우에는 대통령령으로 정하는 바에 따라 취학하게 할 수 있다.

제20조(교육과정의 운영 등)　① 특수교육기관의 유치원·초등학교·중학교·고등학교과정의 교육과정은 장애의 종별 및 정도를 고려하여 교육부령으로 정하고, 영아교육과정과 전공과의 교육과정은 교육감의 승인을 받아 학교장이 정한다. 〈개정 2008. 2. 29., 2013. 3. 23.〉

② 특수교육기관의 장 및 특수교육대상자가 배치된 일반학교의 장은 제1항에 따른 교육과정의 범위 안에서 특수교육대상자 개인의 장애종별과 정도, 연령, 현재 및 미래의 교육요구 등을 고려하여 교육과정의 내용을 조정하여 운영할 수 있다.

③ 특수학교의 장은 교육감의 승인을 받아 유치원·초등학교·중학교·고등학교과정을 통합하여 운영할 수 있다.

제21조(통합교육)　① 각급학교의 장은 교육에 관한 각종 시책을 시행함에 있어서 통합교육의 이념

을 실현하기 위하여 노력하여야 한다.

② 제17조에 따라 특수교육대상자를 배치받은 일반학교의 장은 교육과정의 조정, 보조인력의 지원, 학습보조기기의 지원, 교원연수 등을 포함한 통합교육계획을 수립·시행하여야 한다.

③ 일반학교의 장은 제2항에 따라 통합교육을 실시하는 경우에는 제27조의 기준에 따라 특수학급을 설치·운영하고, 대통령령으로 정하는 시설·설비 및 교재·교구를 갖추어야 한다.

제22조(개별화교육) ① 각급학교의 장은 특수교육대상자의 교육적 요구에 적합한 교육을 제공하기 위하여 보호자, 특수교육교원, 일반교육교원, 진로 및 직업교육 담당 교원, 특수교육 관련서비스 담당 인력 등으로 개별화교육지원팀을 구성한다.

② 개별화교육지원팀은 매 학기마다 특수교육대상자에 대한 개별화교육계획을 작성하여야 한다.

③ 특수교육대상자가 다른 학교로 전학할 경우 또는 상급학교로 진학할 경우에는 전출학교는 전입학교에 개별화교육계획을 14일 이내에 송부하여야 한다.

④ 특수교육교원은 제1항부터 제3항까지의 규정에 따른 업무를 수행하기 위하여 각 업무를 지원하고 조정한다.

⑤ 제1항에 따른 개별화교육지원팀의 구성, 제2항에 따른 개별화교육계획의 수립·실시 등에 관하여 필요한 사항은 교육부령으로 정한다. 〈개정 2008. 2. 29., 2013. 3. 23.〉

제23조(진로 및 직업교육의 지원) ① 중학교 과정 이상의 각급학교의 장은 특수교육대상자의 특성 및 요구에 따른 진로 및 직업교육을 지원하기 위하여 직업평가·직업교육·고용지원·사후관리 등의 직업재활훈련 및 일상생활적응훈련·사회적응훈련 등의 자립생활훈련을 실시하고, 대통령령으로 정하는 자격이 있는 진로 및 직업교육을 담당하는 전문인력을 두어야 한다.

② 중학교 과정 이상의 각급학교의 장은 대통령령으로 정하는 기준에 따라 진로 및 직업교육의 실시에 필요한 시설·설비를 마련하여야 한다.

③ 특수교육지원센터는 특수교육대상자에게 효과적인 진로 및 직업교육을 지원하기 위하여 대통령령으로 정하는 바에 따라 관련 기관과의 협의체를 구성하여야 한다.

제24조(전공과의 설치·운영) ① 특수교육기관에는 고등학교 과정을 졸업한 특수교육대상자에게 진로 및 직업교육을 제공하기 위하여 수업연한 1년 이상의 전공과를 설치·운영할 수 있다.

② 교육부장관 및 교육감은 지역별 또는 장애유형별로 전공과를 설치할 교육기관을 지정할 수 있다. 〈개정 2008. 2. 29., 2013. 3. 23.〉

③ 전공과를 설치한 각급학교는 「학점인정 등에 관한 법률」 제7조에 따라 학점인정을 받을 수 있다.

④ 제1항 및 제2항에 따른 전공과의 시설·설비 기준, 전공과 운영 및 담당 인력의 배치 기준 등에 관하여 필요한 사항은 대통령령으로 정한다.

제25조(순회교육 등) ① 교육장 또는 교육감은 일반학교에서 통합교육을 받고 있는 특수교육대상자를 지원하기 위하여 일반학교 및 특수교육지원센터에 특수교육교원 및 특수교육 관련서비스 담당 인력을 배치하여 순회교육을 실시하여야 한다.

② 교육감은 장애정도가 심하여 장·단기의 결석이 불가피한 특수교육대상자의 교육을 위하여 필요한 경우 순회교육을 실시하여야 한다.

③ 교육감은 이동이나 운동기능의 심한 장애로 인하여 각급학교에서 교육을 받기 곤란하거나 불가능하여 복지시설·의료기관 또는 가정 등에 거주하는 특수교육대상자의 교육을 위하여 필요한 경우 순회교육을 실시하여야 한다.

④ 교육장 또는 교육감은 제3항에 따른 순회교육의 실시를 위하여 의료기관 및 복지시설 등에 학급을 설치·운영하는 등 필요한 조치를 강구하여야 한다. 〈신설 2015. 12. 22.〉

⑤ 국가 또는 지방자치단체는 제4항에 따라 학급이 설치·운영 중인 의료기관 및 복지시설 등에 대하여 국립 또는 공립 특수교육기관 수준의 교육이 이루어질 수 있도록 대통령령으로 정하는 바에 따라 행정적·재정적 지원을 할 수 있다. 〈신설 2015. 12. 22.〉

⑥ 제1항부터 제4항까지의 규정에 따른 순회교육의 수업일수 등 순회교육의 운영에 필요한 사항은 대통령령으로 정한다. 〈개정 2015. 12. 22.〉

제26조(방과후 과정을 운영하는 유치원 과정의 교육기관) ① 「유아교육법」 제2조 제6호에 따른 방과후 과정을 운영하는 유치원 과정의 교육기관에 특수교육대상자가 배치되는 경우 해당 각급학교의 장은 특수교육대상자에 대한 방과후 과정 운영을 담당할 인력을 학급당 1인 이상 추가로 배치할 수 있다. 〈개정 2012. 3. 21.〉

② 제1항에 따른 방과후 과정 담당 인력의 자격기준, 운영방법 등에 관하여 필요한 사항은 대통령령으로 정한다. 〈개정 2012. 3. 21.〉

[제목개정 2012. 3. 21.]

제27조(특수학교의 학급 및 각급학교의 특수학급 설치 기준) ① 특수학교와 각급학교의 장은 다음 각 호의 기준에 따라 학급 및 특수학급을 설치하여야 한다.

1. 유치원 과정의 경우: 특수교육대상자가 1인 이상 4인 이하인 경우 1학급을 설치하고, 4인을 초과하는 경우 2개 이상의 학급을 설치한다.

2. 초등학교 · 중학교 과정의 경우: 특수교육대상자가 1인 이상 6인 이하인 경우 1학급을 설치하고, 6인을 초과하는 경우 2개 이상의 학급을 설치한다.

3. 고등학교 과정의 경우: 특수교육대상자가 1인 이상 7인 이하인 경우 1학급을 설치하고, 7인을 초과하는 경우 2개 이상의 학급을 설치한다.

② 교육감은 제1항에도 불구하고 순회교육의 경우 장애의 정도와 유형에 따라 학급 설치 기준을 하향 조정할 수 있다.

③ 특수학교와 특수학급에 두는 특수교육교원의 배치기준은 대통령령으로 정한다.

제28조(특수교육 관련서비스) ① 교육감은 특수교육대상자와 그 가족에 대하여 가족상담 등 가족지원을 제공하여야 한다.

② 교육감은 특수교육대상자가 필요로 하는 경우에는 물리치료, 작업치료 등 치료지원을 제공하여야 한다.

③ 각급학교의 장은 특수교육대상자를 위하여 보조인력을 제공하여야 한다.

④ 각급학교의 장은 특수교육대상자의 교육을 위하여 필요한 장애인용 각종 교구, 각종 학습보조기, 보조공학기기 등의 설비를 제공하여야 한다.

⑤ 각급학교의 장은 특수교육대상자의 취학 편의를 위하여 통학차량 지원, 통학비 지원, 통학 보조인력의 지원 등 통학 지원 대책을 마련하여야 한다.

⑥ 각급학교의 장은 특수교육대상자의 생활지도 및 보호를 위하여 기숙사를 설치 · 운영할 수 있다. 기숙사를 설치 · 운영하는 특수학교에는 특수교육대상자의 생활지도 및 보호를 위하여 교육부령으로 정하는 자격이 있는 생활지도원을 두는 외에 간호사 또는 간호조무사를 두어야 한다. 〈개정 2008. 2. 29., 2013. 3. 23., 2013. 4. 5.〉

⑦ 제6항의 생활지도원과 간호사 또는 간호조무사의 배치기준은 국립학교의 경우 교육부령으로,

공립 및 사립 학교의 경우에는 시·도 교육규칙으로 각각 정한다. 〈신설 2013. 4. 5.〉

⑧ 각급학교의 장은 각급학교에서 제공하는 각종 정보(교육기관에서 운영하는 인터넷 홈페이지를 포함한다)를 특수교육대상자에게 제공하는 경우 특수교육대상자의 장애유형에 적합한 방식으로 제공하여야 한다. 〈개정 2013. 4. 5.〉

⑨ 제1항부터 제8항까지의 규정에 따른 특수교육 관련서비스의 제공을 위하여 필요한 사항은 대통령령으로 정한다. 〈개정 2013. 4. 5.〉

제5장 고등교육 〈개정 2016. 5. 29.〉

제29조(특별지원위원회) ① 대학의 장은 다음 각 호의 사항을 심의·결정하기 위하여 특별지원위원회를 설치·운영하여야 한다.

1. 대학의 장애학생 지원을 위한 계획

2. 심사청구 사건에 대한 심사·결정

3. 그 밖에 장애학생 지원을 위하여 대통령령으로 정하는 사항

② 특별지원위원회의 설치·운영 등에 관하여 필요한 사항은 대통령령으로 정한다.

제30조(장애학생지원센터) ① 대학의 장은 장애학생의 교육 및 생활에 관한 지원을 총괄·담당하는 장애학생지원센터를 설치·운영하여야 한다. 다만, 장애학생이 재학하고 있지 아니하거나 대통령령으로 정하는 바에 따라 장애학생 수가 일정 인원 이하인 소규모 대학 등은 장애학생 지원부서 또는 전담직원을 둠으로써 이에 갈음할 수 있다.

② 장애학생지원센터(제1항에 따라 장애학생 지원부서 또는 전담직원으로 갈음하는 경우에는 이를 말한다)는 다음 각 호의 업무를 담당한다.

1. 장애학생을 위한 각종 지원에 관한 사항

2. 제31조에서 정하는 편의제공에 관한 사항

3. 교직원·보조인력 등에 대한 교육에 관한 사항

4. 장애학생 교육복지의 실태조사에 관한 사항

5. 그 밖에 대학의 장이 부의하는 사항

③ 장애학생지원센터의 설치·운영에 관하여 필요한 사항은 대통령령으로 정한다.

제31조(편의제공 등) ① 대학의 장은 해당 학교에 재학 중인 장애학생의 교육활동의 편의를 위하여 다음 각 호의 수단을 적극적으로 강구하고 제공하여야 한다.

1. 각종 학습보조기기 및 보조공학기기 등의 물적 지원

2. 교육보조인력 배치 등의 인적 지원

3. 취학편의 지원

4. 정보접근 지원

5. 「장애인·노인·임산부 등의 편의증진보장에 관한 법률」 제2조 제2호에 따른 편의시설 설치 지원

② 대학의 장은 해당 학교의 입학전형절차에서 장애수험생의 수험의 편의를 위하여 「장애인차별 금지 및 권리구제 등에 관한 법률」 제14조 제1항 각 호의 수단 중 수험편의에 필요한 수단을 적극적으로 강구하고 제공하여야 한다. 〈신설 2015. 12. 22.〉

③ 국가 및 지방자치단체는 제1항 및 제2항에 따라 필요한 경비를 예산의 범위 안에서 지원하여야 한다. 〈개정 2015. 12. 22.〉

제32조(학칙 등의 작성) 대학의 장은 이 법에서 정하는 장애학생의 지원 등에 관하여 필요한 내용을 학칙에 규정하여야 한다.

제33조 삭제 〈2016. 5. 29.〉

제34조 삭제 〈2016. 5. 29.〉

제6장 보칙 및 벌칙

제35조(대학의 심사청구 등) ① 장애학생 및 그 보호자는 대학에 이 법에 따른 각종 지원조치를 제공할 것을 서면으로 신청할 수 있다.

② 대학의 장은 제1항에 따른 신청에 대하여 2주 이내에 지원 여부 및 그 사유를 신청자에게 서면으로 통지하여야 한다.

③ 장애학생 및 그 보호자는 제1항에 따른 신청에 대한 대학의 결정(부작위 및 거부를 포함한다)

과 이 법을 위반하는 대학의 장 또는 교직원의 행위에 대하여 특별지원위원회에 심사청구를 할 수 있다.

④ 특별지원위원회는 제3항의 심사청구에 관하여 2주 이내에 결정을 하여야 한다.

⑤ 제3항에 따른 심사에서는 청구인에게 의견진술 기회를 주어야 한다.

⑥ 대학의 장, 교직원, 그 밖의 관계자는 제4항에 따른 결정에 따라야 한다.

⑦ 그 밖에 특별지원위원회에 대한 심사청구에 관하여 필요한 사항은 대통령령으로 정한다.

제36조(고등학교 과정 이하의 심사청구) ① 특수교육대상자 또는 그 보호자는 다음 각 호의 어느 하나에 해당하는 교육장, 교육감 또는 각급학교의 장의 조치에 대하여 이의가 있을 때에는 해당 시·군·구특수교육운영위원회 또는 시·도특수교육운영위원회에 심사청구를 할 수 있다.

1. 제15조 제1항에 따른 특수교육대상자의 선정

2. 제16조 제3항에 따른 교육지원 내용의 결정 사항

3. 제17조 제1항에 따른 학교에의 배치

4. 제4조를 위반하는 부당한 차별

② 제17조 제1항에 따라 특수교육대상자를 배치받은 각급학교의 장은 이에 응할 수 없는 특별한 사유가 있거나 배치받은 특수교육대상자가 3개월 이상 학교생활에의 적응에 상당한 어려움이 있는 경우에는 해당 시·군·구특수교육운영위원회 또는 시·도특수교육운영위원회에 심사청구를 할 수 있다.

③ 시·군·구특수교육운영위원회 또는 시·도특수교육운영위원회는 제1항과 제2항의 심사청구를 받은 때에는 이를 심사하여 30일 이내에 그 결정을 청구인에게 통보하여야 한다.

④ 제3항의 심사에서는 청구인에게 의견진술의 기회를 주어야 한다.

⑤ 교육장, 교육감, 각급학교의 장, 그 밖의 관계자는 제3항에 따른 결정에 따라야 한다.

⑥ 제3항에서 정하는 심사결정에 이의가 있는 특수교육대상자 또는 그 보호자는 그 통보를 받은 날부터 90일 이내에 행정심판을 제기할 수 있다.

⑦ 제1항부터 제4항까지의 규정에 따른 심사청구의 절차 등에 관하여 필요한 사항은 대통령령으로 정한다.

제37조(권한의 위임과 위탁) ① 이 법에 따른 교육부장관의 권한은 그 일부를 대통령령으로 정하는

바에 따라 교육감에게 위임할 수 있다. 〈개정 2008. 2. 29., 2013. 3. 23.〉

② 이 법에 따른 교육감의 권한은 그 일부를 대통령령으로 정하는 바에 따라 교육장에게 위임할 수 있다.

제38조(벌칙) 다음 각 호의 어느 하나에 해당하는 자는 1년 이하의 징역 또는 1천만 원 이하의 벌금에 처한다.

1. 제4조 제1항을 위반하여 장애를 이유로 특수교육대상자의 입학을 거부하거나 입학전형 합격자의 입학을 거부하는 등의 불이익한 처분을 한 교육기관의 장

2. 제4조 제2항 제4호를 위반하여 대학의 입학전형절차에서 수험편의의 내용의 확인과 관계없는 별도의 면접이나 신체검사를 요구한 자

[본조신설 2016. 5. 29.]

[종전 제38조는 제38조의2로 이동 〈2016. 5. 29.〉]

제38조의2(벌칙) 다음 각 호의 어느 하나에 해당하는 자는 300만 원 이하의 벌금에 처한다. 〈개정 2018. 2. 21.〉

1. 삭제 〈2016.5.29.〉

2. 제4조 제2항 제1호부터 제3호까지의 규정을 위반하여 특수교육 관련서비스의 제공, 수업, 학생자치활동, 그 밖의 교내외 활동에 대한 참여와 개별화교육지원팀에의 보호자 참여에 있어서 차별한 자

3. 삭제 〈2016. 5. 29.〉

4. 제4조 제2항 제5호를 위반하여 입학·전학 및 기숙사 입소 과정에서 비장애학생에게 요구하지 아니하는 보증인 또는 서약서 제출을 요구한 자

5. 제4조 제2항 제6호를 위반하여 학생 생활지도에 있어서 「장애인차별금지 및 권리구제 등에 관한 법률」 제4조의 차별을 한 자

[제38조에서 이동 〈2016. 5. 29.〉]

부칙 〈제15367호, 2018. 2. 21.〉

이 법은 공포 후 3개월이 경과한 날부터 시행한다.

2. 특수교육대상자 진단 · 평가 의뢰서 제출 및 처리절차[2]
출처:「장애인 등에 대한 특수교육법 시행규칙」[별지 제1호 서식] 특수교육대상자 진단 · 평가 의뢰서

(앞면)

특수교육대상자 진단 · 평가 의뢰서

접수번호			−		
대상자	성명(한자)			성별	남/여
	주소				
	소속				
보호자	성명		대상자와의 관계	대상자의 (　　)	
	주소		전화번호		

「장애인 등에 대한 특수교육법」제14조 제3항 및 같은 법 시행령 제9조 제4항에 따라 위와 같이 신청합니다.

년　　　월　　　일

보호자　　　　　㊞

(학교장)　　　　㊞

시 · 도교육감(교육장) 귀하

──────────────── (절취선) ────────────────

특수교육대상자 진단 · 평가 의뢰서(고등학교과정 이하) 접수증

접수번호

소속	학생명	성별	비고

위와 같이 접수하였음을 증명함.

접수자	년　　월　　일 성명　　　　서명	년　　월　　일

시 · 도교육감(교육장) ㊞

───────────────

2) 역자 주: 이 내용은 독자의 이해를 돕기 위해 역자가 추가한 내용이다.

(뒷면)

1. 특수교육대상자 진단 · 평가 의뢰서 제출 및 처리절차

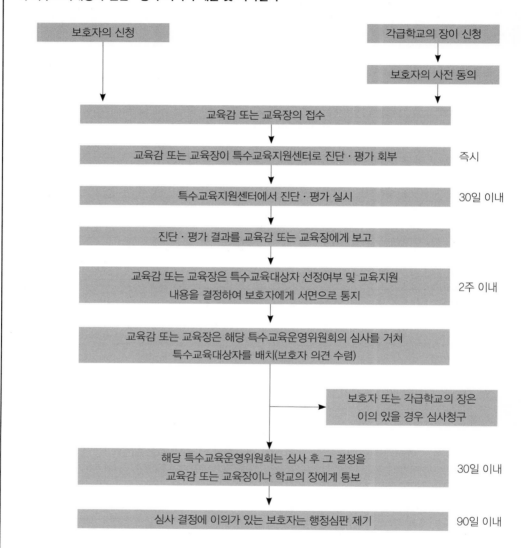

2. 작성 시 유의사항

(가) 각급학교의 장이 신청하는 경우 특수교육대상자의 보호자가 작성한 동의서를 첨부할 것

(나) 접수번호: 시 · 도(하급)교육청에서 부여하므로 지원자는 기재하지 아니함.

(다) 의뢰서의 기재사항을 수정할 때에는 반드시 해당 학교의 장 또는 시 · 도교육감(고등학교 입학자격 검정
고시 합격자에 한함)의 날인이 있어야 함.

[참고문헌]

American Psychiatric Association. (2013). *Diagnostic and statistical manual of mental disorders* (5th ed.). Washington, DC: Author.

Americans with Disabilities Act (ADA) of 1990, PL 101–336, 42 U.S.C. §§ 12101 *et seq.*

Armstrong, T. (2000a). *In their own way: Discovering and encouraging your child's multiple intelligences.* New York, NY: Penguin Putnam.

Armstrong, T. (2000b). *Multiple intelligences in the classroom.* Alexandria, VA: Association for Supervision and Curriculum Development.

Bambara, L. M., Janney, R., & Snell, M. (2015). *Teachers' guides to inclusive practices: Behavior support* (3rd ed.). Baltimore, MD: Paul H. Brookes Publishing Co.

Banerji, M., & Dailey, R. A. (1995). A study of the effects of an inclusion model on students with specific learning disabilities. *Journal of Learning Disabilities, 28*(8), 511–522.

Beratan, G. D. (2006). Institutionalizing inequity: Ableism, racism, and IDEA 2004. *Disability Studies Quarterly, 26*(2). Available at http://dsq-sds.org/issue/view/33

Biklen, D. (2005). *Autism and the myth of the person alone.* New York, NY: New York University Press.

Biklen, D., & Burke, J. (2006). Presuming competence. *Equity & Excellence in Education, 39,* 166–175.

Blatt, B. (1987). *The conquest of mental retardation*. Austin, TX: PRO-ED.

Bonner Foundation. (2008). Conflict resolution: Steps for handling interpersonal dynamics. In *Bonner civic engagement training modules*. Retrieved from http://bonnernetwork. pbworks.com/w/page/13112080/Bonner%20Training%20Modules%20%28with%20 Descriptions%29

Bouffard, S., & Weiss, H. (2008). Thinking big: A new framework for family involvement policy, practice, and research. *The Evaluation Exchange, 14*(1–2), 2–5.

Bullock, J. (1992). Touch Math fourth edition. *Intervention in School and Clinic, 28*(2), 119–122.

Byrne, R. (2006). *The secret*. New York, NY: Atria Books/Beyond Words.

Callahan, C. (2008). *Advice about being an LD student*. Retrieved from http://www. ldonline.org/firstperson/8550

Card, D. R., & Card, H. R. (2013). *The missing piece*. Bloomington, IN: Balboa Press.

Carlson, R. (1998). *Don't sweat the small stuff at work: Simple ways to minimize stress and conflict while bringing out the best in yourself and others*. New York, NY: Hyperion.

Carr, E. G., Dunlap, G., Horner, R. H., Koegel, R. L., Turnbull, A., Sailor, W., ······ Fox, L. (2002). Positive behavior support: Evolution of an applied science. *Journal of Positive Behavior Interventions, 4*(1), 4–16.

Casey, K., & Vanceburg, M. (1996). *A promise of a new day: A book of daily meditations*. Center City, MN: Hazelden.

Causton, J., & Theoharis, G. (2014). *The principal's handbook for leading inclusive schools*. Baltimore, MD: Paul H. Brookes Publishing Co.

Causton, J., Udvari-Solner, A., & MacLeod, K. (in press). Creating educational adaptations, accommodations,and modifications. In F. Orelove, D. Sobsey, & D. Giles (Eds.), *Educating children with severe and multiple disabilities: A collaborative approach* (5th ed.). Baltimore, MD: Paul H. Brookes Publishing Co.

Causton-Theoharis, J. N. (2009a). The golden rule of supporting in inclusive classrooms: Support others as you would wish to be supported. *TEACHING Exceptional Children, 42*(2), 36–43.

Causton-Theoharis, J. (2009b). *The paraprofessional's handbook for effective support in inclusive classrooms.* Baltimore, MD: Paul H. Brookes Publishing Co.

Causton-Theoharis, J., Giangreco, M., Doyle, M. B., & Vadasy, P. (2007). Paraprofessionals: The sous chefs of literacy instruction. *TEACHING Exceptional Children, 40*(1), 56-63.

Causton-Theoharis, J., & Malmgren, K. (2005). Building bridges: Strategies to help paraprofessionals promote peer interactions. *TEACHING Exceptional Children, 37*(6), 18-24.

Causton-Theoharis, J., & Theoharis, G. (2008, September). Creating inclusive schools for all students. *The School Administrator, 65*(8), 24-30.

Causton-Theoharis, J., Theoharis, G., Bull, T., & Cosier, M. (2008, March). *Changing the flow of the river: Inclusive school reform.* Paper presented at the American Educational Research Association Annual Meeting, New York, NY.

Covey, S. R. (2004). *The 7 habits of highly effective people: Powerful lessons in personal change* (15th anniv. ed.). New York, NY: Free Press.

Data Accountability Center (n.d.). Building capacity for high-quality IDEA data. Retrieved from http://www.ideadata.org

Davis, G. (2004). *Creativity is forever* (5th ed.). Dubuque, IA: Kendall Hunt.

Donnellan, A. (1984). The criterion of the least dangerous assumption. *Behavioral Disorders, 9,* 141-150.

Doyle, M. B. (2008). *The paraprofessional's guide to the inclusive classroom: Working as a team* (3rd ed.). Baltimore, MD: Paul H. Brookes Publishing Co.

Education for All Handicapped Children Act of 1975, PL 94-142, 20 U.S.C. §§ 1400 *et seq.*

Engel, D. M. (1993). Origin myths: Narratives of authority, resistance, disability, and law. *Law and Society Review, 27*(4), 785-826.

Epstein, J. L. (2001). Building bridges of home, school, and community: The importance of design. *Journal of Education for Students Placed at Risk, 6,* 161-167.

FAS Community Resource Center. (2008). *Information about fetal alcohol syndrome (FAS) and fetal alcohol spectrum disorders (FASD).* Retrieved from http://www.come-over. to/FASCRC

Ferguson, P., & Ferguson, D. L. (2006). Finding the "proper attitude": The potential of disability studies to reframe family/school linkages. In S. Danforth & S. Gabel (Eds.), *Vital questions facing disability studies in education* (pp. 217–235). New York, NY: Peter Lang.

Fontana, D. (1999). *Learn to meditate: A practical guide to self-discovery.* London, United Kingdom: Duncan Baird.

Fried, R. L., & Sarason, S. (2002). *The skeptical visionary: A Seymour Sarason education reader.* Philadelphia, PA: Temple University Press.

Gabel, A. (2006). Stop asking me if I need help. In E. B. Keefe, V. M. Moore, & F. R. Duff (Eds.), *Listening to the experts: Students with disabilities speak out* (pp. 35–40). Baltimore, MD: Paul H. Brookes Publishing Co.

Gardner, H. (1993). *Frames of mind: A theory of multiple intelligences.* New York, NY: Basic Books.

Giangreco, M. F. (1996a). "The stairs didn't go anywhere!" A self-advocate's reflections on specialized services and their impact on people with disabilities. In M. Nind, J. Rix, K. Sheehy, & K. Simmons (Eds.), *Inclusive education: Diverse perspectives* (pp. 32–42). London, United Kingdom: David Fulton Publishers.

Giangreco, M. F. (1996b). "The stairs didn't go anywhere!" A self-advocate's reflections on specialized services and their impact on people with disabilities. *Physical Disabilities: Education and Related Service, 14*(2), 1–12.

Giangreco, M. F. (2004). "The stairs didn't go anywhere!": A self-advocate's reflections on specialized services and their impact on people with disabilities. In M. Nind, J. Rix, K. Sheehy, & K. Simmons (Eds.), *Inclusive education: diverse perspectives* (p. 37). London, United Kingdom: David Fulton Publishers.

Giangreco, M. F., Cloninger, C. J., Dennis, R., & Edelman, S. W. (2002). Problem-solving methods to facilitate inclusive education. In J. S. Thousand, R. A. Villa, & A. I. Nevin (Eds.), *Creativity and collaborative learning: The practical guide to empowering students, teachers, and families* (2nd ed., pp. 111–134). Baltimore, MD: Paul H. Brookes Publishing Co.

Giangreco, M. F., & Doyle, M. B. (Eds.). (2007). *Quick-guides to inclusion: Ideas for educating students with disabilities* (2nd ed.). Baltimore, MD: Paul H. Brookes

Publishing Co.

Giangreco, M. F., Edelman, S. W., Luiselli, E. T., & MacFarland, S. Z. (1997). Helping or hovering: The effects of paraprofessional proximity on students with disabilities. *Exceptional Children, 64*(1), 7–18.

Gray, C. (2010). *The new social story book* (10th ed.). Arlington, TX: Future Horizons.

Hammeken, P. A. (2008). *The paraprofessional's essential guide to inclusive education.* Thousand Oaks, CA: Corwin Press.

Hehir, T. (2002). Eliminating ableism in education. *Harvard Educational Review, 72*(1), 1–32.

Hehir, T., & Katzman, L. (2012). *Effective inclusive schools: Designing successful schoolwide programs.* San Francisco, CA: Jossey-Bass.

Henry Ford Organization. (2004). *The Henry Ford Organization annual report 2004.* Retrieved from https://www.thehenryford.org/images/AnnualReport04.pdf

Hoff, B. (1983). *The tao of Pooh.* New York, NY: Penguin.

Huefner, D. S. (2000). *Getting comfortable with special education law: A framework for working with children with disabilities.* Norwood, MA: Christopher-Gordon.

Individuals with Disabilities Education Improvement Act (IDEA) of 2004, PL 108-446, 20 U.S.C. §§ 1400 *et seq.*

Information on bipolar and other mental health disorders. (n.d.). *Borderline personality disorder.* Retrieved from http://www.angelfire.com/home/bphoenix1/border.html

Institut Pasteur. (n.d.). *Louis Pasteur's biography.* Retrieved from http://www.pasteur.fr/en

Janney, R., & Snell, M. E. (2008). *Teachers' guides to inclusive practices: Behavioral support* (2nd ed.). Baltimore, MD: Paul H. Brookes Publishing Co.

Janney, R., & Snell, M. E. (2013). *Modifying schoolwork* (3rd ed.). Baltimore, MD: Paul H. Brookes Publishing Co.

Jones, R. C. (2012). *Strategies for reading comprehension: Clock buddies.* Retrieved from http://www.readingquest.org/strat/clock_buddies.html

Kasa, C., & Causton-Theoharis, J. (n.d.). *Strategies for success: Creating inclusive classrooms that work* (pp. 16–17). Pittsburgh, PA: The PEAL Center. Retrieved from http://wsm.ezsitedesigner.com/share/scrapbook/47/472535/PEAL-S4Success_20pg_

web_version.pdf

Keller, H. (1903). *The story of my life*. New York, NY: Doubleday, Page.

Kelly, M. (2004). *The rhythm of life: Living every day with passion and purpose*. New York, NY: Simon and Schuster.

Kliewer, C. (1998). *Schooling children with Down syndrome: Toward an understanding of possibility*. New York, NY: Teachers College Press.

Kliewer, C., & Biklen, D. (1996). Labeling: Who wants to be called retarded? In W. Stainback & S. Stainback (Eds.), *Controversial issues confronting special education: Divergent perspectives* (2nd ed., pp. 83–111). Boston, MA: Allyn & Bacon.

Kluth, P. (2005). Calm in crisis. Adapted from P. Kluth (2003), *"You're going to love this kid!": Teaching students with autism in the inclusive classroom*. Baltimore, MD: Paul H. Brookes Publishing Co. Retrieved from http://www.paulakluth.com/readings/autism/calm-in-crisis

Kluth, P. (2010). *"You're going to love this kid!": Teaching students with autism in the inclusive classroom* (2nd ed.). Baltimore, MD: Paul H. Brookes Publishing Co.

Kluth, P., & Schwarz, P. (2008). *"Just give him the whale!": 20 ways to use fascinations, areas of expertise, and strengths to support students with autism*. Baltimore, MD: Paul H. Brookes Publishing Co.

Knoster, T. P. (2014). *The teacher's pocket guide for effective classroom management* (2nd ed.). Baltimore, MD: Paul H. Brookes Publishing Co.

Kohn, A. (2006). *Beyond discipline: From compliance to community* (10th anniv. ed.). Alexandria, VA: Association for Supervision and Curriculum Development.

Kornhaber, M., Fierros, E., & Veenema, S. (2004). *Multiple intelligences: Best ideas from research and practice*. Boston, MA: Pearson Education.

Kunc, N. (1984). Integration: Being realistic isn't realistic. *Canadian Journal for Exceptional Children, 1*(1), 2.

Kunc, N. (1992). The need to belong: Rediscovering Maslow's hierarchy of needs. In R. Villa, J. Thousand, W. Stainback, & S. Stainback (Eds.), *Restructuring for caring and effective education* (pp. 21–40). Baltimore, MD: Paul H. Brookes Publishing Co.

Kunc, N., & Van der Klift, E. (1996). *A credo for support*. Vancouver, Canada: The

Broadreach Centre.

Latham, G. I. (1999). *Parenting with love: Making a difference in a day.* Logan, UT: P&T Ink.

Lovett, H. (1996). *Learning to listen: Positive approaches and people with difficult behavior.* Baltimore, MD: Paul H. Brookes Publishing Co.

Malmgren, K. W., & Causton-Theoharis, J. N. (2006). Boy in the bubble: Effects of paraprofessional proximity and other pedagogical decisions on the interactions of a student with behavioral disorders. *Journal of Research in Childhood Education, 20*(4), 301-312.

Maslow, A. H. (1999). *Toward a psychology of being.* New York, NY: John Wiley & Sons.

Mavis. (2007, October 7). *Living in the hearing and deaf worlds.* Retrieved from http://archive-org.com/page/3736996/2014-02-17/http://www.raisingdeafkids.org/meet/deaf/mavis/

McLeskey, J., Rosenberg, M. S., & Westling, D. L. (2013). *Inclusion: Effective practices for all students.* Boston, MA: Pearson.

McLeskey, J., & Waldron, N. (2006). Comprehensive school reform and inclusive schools: Improving schools for all students. *Theory into Practice, 45*(3), 269-278.

Molton, K. (2000). *Dispelling some myths about autism.* Retrieved from http://www.autism.org.uk

Mooney, J. (2008). *The short bus: A journey beyond normal.* New York, NY: Holt Paperbacks.

Moran, V. (1999). *Creating a charmed life: Sensible, spiritual secrets every busy woman should know.* New York, NY: HarperOne.

Murawski, W. W., & Dieker, L. A. (2004). Tips and strategies for co-teaching at the secondary level. *TEACHING Exceptional Children, 36*(5), 52-58.

National Association of School Psychologists. (n.d.). *Who are school psychologists?* Retrieved from http://www.nasponline.org/about_sp/who-are-school-psychologists.aspx

Nevin, A. I., Villa, R. A., & Thousand, J. S. (2009). *A guide to co-teaching with paraeducators: Practical tips for K-12 educators.* Thousand Oaks, CA: Corwin Press.

No Child Left Behind Act of 2001, PL 107–110, 115 Stat. 1425, 20 U.S.C. §§ 6301 *et seq.*

O'Brien, J., Pearpoint, J., & Kahn, L. (2010). *The PATHS & MAPS handbook: Person-centered ways to build community.* Toronto, Canada: Inclusion Press.

Orwell, G. (1981). Politics and English language. In *A collection of essays* (pp. 156–170). Orlando, FL: Harvest.

Osborn, A. F. (1993). *Applied imagination: Principles and procedures of creative problem-solving* (3rd rev. ed.). Buffalo, NY: Creative Education Foundation Press. (Original work published 1953)

Palmer, P. (1999). *Let your life speak: Listening to the voice of vocation.* San Francisco, CA: Jossey-Bass.

Palmer, P. (2004). *A hidden wholeness: The journey towards the undivided life.* San Francisco, CA: Jossey-Bass.

Parker, K. (2008). *Meet RhapsodyBlue.* Retrieved from http://www.angelfire.com/country/rhapsodyblue22/page2.html

Parnes, S. J. (1985). *A facilitating style of leadership.* Buffalo, NY: Bearly.

Parnes, S. J. (1988). *Visionizing: State-of-the-art processes for encouraging innovative excellence.* East Aurora, NY: D.O.K.

Parnes, S. J. (Ed.). (1992). *Source book for creative problem solving: A fifty-year digest of proven innovation processes.* Buffalo, NY: Creative Education Foundation Press.

Parnes, S. J. (1997). *Optimize the magic of your mind.* Buffalo, NY: Creative Education Foundation Press.

Paul-Brown, D., & Diggs, M.C. (1993, Winter). Recognizing and treating speech and language disabilities. *American Rehabilitation.*

PEAK Parent Center. (n.d.). *Accommodations and modifications factsheet.* Retrieved from http://www.peatc.org/peakaccom.htm

Peterson, J. M., & Hittie, M. M. (2002). *Inclusive teaching: Creating effective schools for all learners.* Boston, MA: Allyn & Bacon.

Pitonyak, D. (2007). *The importance of belonging.* Retrieved from http://www.dimagine.com/Belonging.pdf and http://www.dimagine.com/TASHbelonging.pdf

Pushor, D., & Murphy, B. (2004). Parent marginalization, marginalized parents: Creating a place for parents on the school landscape. *Alberta Journal of Educational Research, 50*(3), 221-231.

Rehabilitation Act of 1973, PL 93-112, 29 U.S.C. §§ 701 *et seq.*

Remick, Jill. (2006, September). *Warren elementary teacher named 2007 Vermont teacher of the year* [Press release]. Montpelier: Vermont Department of Education.

Reynolds, S. (2005). *Better than chocolate.* Berkeley, CA: Ten Speed Press.

Rosa's Law of 2010, PL 111-256, 20 U.S.C. §§ 1400 *et seq.*

Rubin, S. (2010, January). *Living and thoroughly enjoying life in spite of autism.* Paper presented at the Annandale Cooperative Preschool, Annandale, VA.

Rubin, S. (2014). *Speaking of autism.* Available at http://www.sue-rubin.org

Saotome, M. (1986). The dojo: Spiritual oasis. In *Aikido and the harmony of nature* (pp. 246-248). Boulogne, France: SEDIREP.

SARK. (1991). *A creative companion: How to free your creative spirit.* New York, NY: Fireside.

SARK. (1994). *Living juicy: Daily morsels for your creative soul.* New York, NY: Fireside.

SARK. (1997). *Succulent wild women.* New York, NY: Fireside.

SARK. (2005). *Make your creative dreams real: A plan for procrastinators, perfectionists, busy people, and people who would really rather sleep all day.* New York, NY: Fireside.

Sauer, J. S., & Kasa, C. (2012). Preservice teachers listen to families of students with disabilities and learn a disability studies stance. *Issues in Teacher Education, 21*(2), 165-183.

Schalock, R. L., & Braddock, D. L. (2002). *Out of the darkness and into the light: Nebraska's experience with mental retardation.* Washington, DC: American Association on Mental Retardation.

Schwarz, P., & Kluth, P. (2008). *You're welcome: 30 innovative ideas for the inclusive classroom.* Portsmouth, NH: Heinemann.

Snow, K. (2008). *To ensure inclusion, freedom, and respect for all, it's time to embrace people first language.* Retrieved from https://www.cibc-ca.org/wp/wp-content/uploads/PeopleFirstLanguage.pdf

Strully, J. L., & Strully, C. (1996). Friendships as an educational goal: What we have learned and where we are headed. In S. Stainback & W. Stainback (Eds.), *Inclusion: A guide for educators* (pp. 141-154). Baltimore, MD: Paul H. Brookes Publishing Co.

Tashie, C., Shapiro-Barnard, S., & Rossetti, Z. (2006). *Seeing the charade: What people need to do and undo to make friendships happen.* Nottingham, United Kingdom: Inclusive Solutions.

Taylor, R. L., Smiley, L. R., & Richards, S. B. (2009). *Exceptional students: Preparing teaching for the 21st century.* New York, NY: McGraw-Hill.

Taylor, T. R. (2002). *Multiple intelligences products grid.* Oak Brook, IL: Curriculum Design for Excellence. Available at https://www.rogertaylor.com/clientuploads/documents/references/Product-Grid.pdf

Taylor, T. R. (2007). *Differentiating the curriculum: Using an integrated, interdisciplinary, thematic approach* (pp. 59-60). Oak Brook, IL: Curriculum Design for Excellence, Inc.

Theoharis, G., Causton, J., & Tracy-Bronson, C. P. (2015). *Inclusive reform as a response to high-stakes pressure?: Leading toward inclusion in the age of accountability.* NSSE (National Society for the Study of Education), an annual yearbook published with *Teachers College Record.*

Theoharis, G., & Causton-Theoharis, J. (2011). Preparing pre-service teachers for inclusive classrooms: Revising lesson-planning expectations. *International Journal of Inclusive Education, 15*(7), 743-761.

Tomlinson, C. A. (2000). Differentiation of instruction in the elementary grades. *ERIC digest.* Available at http://www.ericdigests.org/2001-2/elementary.html

Tomlinson, C. A. (2003). *Fulfilling the promise of the differentiated classroom.* Alexandria, VA: Association for Supervision and Curriculum Development.

Tomlinson, C. A., & Edison, C. (2003). *Differentiation in practice: A resource guide for differentiated curriculum (grades K-5).* Alexandria, VA: Association for Supervision and Curriculum Development.

Tomlinson, C., & Kalbfleisch, M. L. (1998). Teach me, teach my brain: A call for differentiated classrooms. *Educational Leadership, 56*(3), 52-55.

Tomlinson, C. A., & Strickland, C. A. (2005). *Differentiation in practice: A resource guide for differentiating curriculum, grades 9-12.* Alexandria, VA: ASCD

Topchik, G. (2001). *Managing workplace negativity.* New York, NY: AMACOM.

Turnbull, H. R., Turnbull, A. R., Shank, M., & Smith, S. J. (2004). *Exceptional lives: Special education in today's schools* (4th ed.). Upper Saddle River, NJ: Merrill/Prentice Hall.

Udvari-Solner, A. (1997). Inclusive education. In C. A. Grant & G. Ladson-Billings (Eds.), *Dictionary of multicultural education* (pp. 141-144). Phoenix, AZ: Oryx Press.

Udvari-Solner, A., & Kluth, P. (2008). *Joyful learning: Active and collaborative learning in inclusive classrooms.* Baltimore, MD: Paul H. Brookes Publishing Co.

U.S. Department of Education. (2004). *Twenty-fourth annual report to Congress on the implementation of the Individuals with Disabilities Education Act.* Washington, DC: Author.

U.S. Department of Education. (2007, September). *Twenty-seventh annual report to Congress on the implementation of the Individuals with Disabilities Education Act, 2005* (Vol. 1). Washington, DC: Author.

U.S. Department of Education. (2011). Retrieved from http://www.ed.gov

U.S. Department of Education. (2015). *IDEA data center.* https://ideadata.org

Vaughn, S., Moody, S. W., & Schumm, J. S. (1998). Broken promises: Reading instruction in the resource room. *Exceptional Children, 64,* 211-225.

Villa, R. A., Thousand, J. S., & Nevin, A. I. (2008). *A guide to co-teaching: Practical tips for facilitating student learning* (2nd ed.). Thousand Oaks, CA: Corwin Press.

Waldron, N., & McLeskey, J. (1998). The effects of an inclusive school program on students with mild and severe learning disabilities. *Exceptional Children, 64*(2), 395-405.

Weil, S. (2001). *The need for roots.* London, United Kingdom: Routledge.

Wheatley, M. J. (2002). *Turning to one another: Simple conversation to restore hope in the future.* San Francisco, CA: Berrett-Koehler Press.

Will, M. (1986). *Educating students with learning problems: A shared responsibility.* Washington, DC: U.S. Department of Education, Office of Special Education and Rehabilitative Service.

Williams, R. (Presenter). (2008, August 24). Hearing impairment: A personal story [Radio broadcast]. In B. Seega (Producer), *Ockham's razor*. Transcript retrieved from http://www.abc.net.au/rn/ockhamsrazor/stories/2008/2342555.htm

[찾아보기]

저자 소개

Julie Causton (Ph.D.)

통합학교를 만들고 유지하는 데 전문가이다. 시러큐스대학교(Syracuse University)의 교육 · 리더십학과 통합특수교육 프로그램 교수로 재직 중이며, 통합교육, 차별화 교수, 특수교육법, 협력에 대한 강의를 하고 있다. 또한 여러 학술지(『Behavioral Disorders, Equity & Excellence in Education』『Exceptional Children』『International Journal of Inclusive Education』『Journal of Research in Childhood Education』『Studies in Art Education』『TEACHING Exceptional Children』)에 논문을 게재하였다. Julie는 가족, 학교, 교육구와 직접 일하면서 진정한 통합학교 만들기를 돕고 있다. '약속의 학교(School of Promise)'라는 학교개혁 프로젝트뿐 아니라 형평성 문제에 초점을 둔 학교행정가를 위한 '서머 리더십연구소(Summer Leadership Institute)'의 부소장을 맡고 있다. 위스콘신–매디슨대학교(University of Wisconsin–Madison)에서 특수교육 박사학위를 받았다.

Chelsea P. Tracy-Bronson (M.A.)

장애인 옹호활동을 하고 있으며 모두를 위한 통합기회 제공에 경력의 초점을 두어 온 전직 초등교사이다. 컬럼비아대학교(Columbia University) 사범대학을 졸업하였으며, 시러큐스대학교에서 특수교육 박사과정을 수료하였다. 통합특수교육과 관련서비스 지원을 위해 서비스를 재설계하는 교육구 및 학교와 일하고 있다. 또한 미국 뉴저지주 갤러웨이에 있는 스톡턴대학교(Stockton University) 특수교육 대학원 과정 조교수로 재직하며 통합특수교육에 대한 강의를 하고 있다. Chelsea의 연구 및 전문적 관심은 모두를 위해 접근 가능한 교육과정 설계, 통합학교 실제를 위한 리더십, 차별화 교수, 교육공학, 통합학급에 있는 중도장애 학생 지원, 통합 관련서비스 지원이다.

역자 소개

이효정(Lee, Hyojung)

동국대학교 사범대학 교육학과 교수로, 미국 캔자스대학교(University of Kansas)에서 특수교육 박사학위를 받았다. 서울시교육청에서 운영하는 '긍정적 행동지원단'에 참여하고 있으며, 한국자폐학회 대표 학술지인 『자폐성장애연구』 편집위원장을 역임하였다. 통합교육, 긍정적 행동지원, 특수아상담 분야에 초점을 둔 활동을 하고 있으며, 주로 자폐성장애(autism spectrum disorder: ASD)가 있는 학생과 그 가족에 대한 지원 및 연구를 하고 있다. 저 · 역서로는 『자폐성 장애학생 교육』(공저, 학지사, 2018), 『장애청소년을 위한 전환교육: 증거기반 교수전략』(공역, 학지사, 2015), 『지적장애학생의 중등이후교육: 대학을 생각하다』(공역, 시그마프레스, 2015), 『아스퍼거 패밀리가 사는 법』(공역, 한울림스페셜, 2013), 『자폐성 장애인을 위한 시각적 지원: 부모와 전문가를 위한 안내서』(공역, 시그마프레스, 2012), 『특수아상담: 장애학생을 위한 학교상담』(공역, 학지사, 2012) 등이 있다.

통합교육
-일반교사와 특수교사를 위한 안내서-
The Educator's Handbook for Inclusive School Practices

2018년 9월 20일 1판 1쇄 발행
2021년 7월 20일 1판 2쇄 발행

지은이 • Julie Causton · Chelsea P. Tracy-Bronson
옮긴이 • 이효정
펴낸이 • 김진환
펴낸곳 • ㈜ **학 지사**

04031 서울특별시 마포구 양화로 15길 20 마인드월드빌딩
대표전화 • 02-330-5114   팩스 • 02-324-2345
등록번호 • 제313-2006-000265호

홈페이지 • http://www.hakjisa.co.kr
페이스북 • https://www.facebook.com/hakjisa

ISBN 978-89-997-1635-5 93370

정가 19,000원

이 도서의 국립중앙도서관 출판시도서목록(CIP)은 서지정보유통지
원시스템 홈페이지(http://seoji.nl.go.kr)와 국가자료공동목록시스템
(http://www.nl.go.kr/kolisnet)에서 이용하실 수 있습니다.
(CIP 제어번호: CIP2018025652)

교육문화출판미디어그룹 **학 지사**

심리검사연구소 **인싸이트** www.inpsyt.co.kr
원격교육연수원 **카운피아** www.counpia.com
학술논문서비스 **뉴논문** www.newnonmun.com
간호보건의학출판 **학지사메디컬** www.hakjisamd.co.kr